国家出版基金项目
NATIONAL PUBLICATION FOUNDATION

大国经济丛书　　　**主编　欧阳峣**

要素禀赋、技术能力
与后发大国技术赶超

生延超　著

格致出版社　　上海人民出版社

总　序

经济学发展历史表明,经济理论的重要程度往往取决于被解释现象的重要程度。中国的崛起被称为"东亚奇迹","金砖国家"的崛起已成为"世界奇迹",这说明大国经济现象的重要程度是毋庸置疑的。如果将典型的大国经济发展现实和经验的研究提升为普遍性的理论体系和知识体系,那么,中国经济学就有可能掌握国际话语权。

一般地说,掌握国际话语权应该具备三个条件:一是研究的对象具有典型意义,被解释的现象不仅对某个国家的发展具有重要意义,而且对世界的发展具有重要意义;二是取得的成果具有创新价值,在学术上有重要发现,乃至创造出新的科学理论和知识体系;三是交流的手段具有国际性,研究方法符合国际规范,可以在世界范围交流和传播。

在大国经济研究领域,第一个条件是已经给定的,因为大国经济发展具有世界意义。关键是要在第二个条件和第三个条件上下功夫。要通过创造性的思维和研究,深刻把握大国经济的特征和发展规律,构建大国经济的理论体系和知识体系,追求深层次的学术创新和理论突破;要使用国际化的交流手段,运用规范的研究方法和逻辑思维开展研究,从中国与世界关系的角度来看待大国经济问题,并向世界传播大国经济理论和知识体系,从而使大国经济理论具有世界意义和国际影响力。

我们将联合全国的专家学者,致力于探索超大规模国家经济发展的特征和规律,进而构建大国经济理论体系和知识体系。格致出版社以深邃的目光发现了这个团队的未来前景,组织出版这套《大国经济丛书》,国家新闻出版总署将其列入"十二五"国家重点图书出版规划,为大国经济研究提供了展示成果的平台。

我们拥有这样的梦想，并且在集聚追求梦想的力量。我们期望这个梦想成为现实，并用行动构建中国风格的经济学话语体系，为中国经济学走向世界做出积极的贡献。

欧阳峣

前　言

　　技术赶超是后发大国经济发展和技术追赶的关键,那么技术赶超是否具有现实性,即后发大国能否通过实施技术赶超战略,缩短同发达国家的经济和技术差距甚至超越呢? 关于这一问题学者们有着不同的回答,且实践结果也千差万别。后发大国技术赶超的根本原因是什么,其内在作用机理是什么,怎样才能实现后发技术赶超,对这些问题的深入研究成为发展经济学的一个核心内容。

　　纵观已有理论可以看出,技术创新是缩小技术差距,实现技术赶超的关键。但是发达国家的技术是适合本国要素禀赋和技术能力的,其开发的技术可能对于发展中国家并不适合,因为发展中大国普遍缺乏像发达国家那样适应技术所必需的组织、技术基础、人力资本等要素禀赋和技术能力。基于此,本书研究认为,技术能力是后发大国技术赶超的关键,但是技术能力又是由一个经济体的要素禀赋决定的。传统的要素禀赋理论是要素的数量对比论,忽视了要素的质量维度,因此本书拓展了要素禀赋理论,将要素看做由数量维度和质量维度共同决定的复合体。

　　与发达国家的技术差距对后发大国来讲既是挑战,也是机遇,尤其是后发优势的存在使后发大国可以通过技术创新缩小技术差距,实现技术赶超。技术赶超尽管面临着“比较利益陷阱”和后发优势向后发劣势转换的困境,但仍然可以通过后发国家和地区要素禀赋的培育和技术能力的提升,使要素禀赋、技术能力和技术赶超方式之间实现螺旋上升,进而实现技术赶超。

　　要素禀赋是技术能力的核心,是后发大国技术赶超的基础。本书借用 Barro 和 Sala-I-Martin 以及 Grossman 和 Helpman 的技术创新框架,利用中间产品这个载体,分别从要素数量和要素质量两个维度对技术赶超的作用机理进行阐述,深入研究要素禀赋对技术赶超的实现途径。分析结果进一步强化了本书的第一个重要结论:要素禀赋决定了技术能力,两者共同决定了技术赶超的能力和程度。

要素禀赋是技术赶超的基础,技术能力是后发大国技术赶超的关键。为了详细阐述了技术能力的本质、内涵与来源,分析技术能力对技术赶超三种方式的对应关系,本书分析了技术能力的动态演变性决定了技术赶超方式的动态演变性。并通过 A-J 模型探讨技术能力与技术赶超方式之间的演变对应性,得出本书的第二个重要结论:当技术能力参数较低时,应该采取模仿创新的技术赶超方式;当技术参数上升到一定的程度之后,可以采取合作创新的技术赶超方式;只有技术能力上升到较高的程度时,才有可能实施自主创新的赶超方式。

要素禀赋与技术能力对技术赶超的作用机理是统一的,两者相互结合,共同作用于后发技术赶超。通过分析要素禀赋促进技术能力提升与实现技术赶超的传导机制,可进一步揭示要素禀赋、技术能力与后发技术赶超的作用机理。为了验证这个理论的科学性,并检验要素禀赋、技术能力在中国省域技术赶超中的效果,本书对要素禀赋进行筛选,提炼出技术能力测算的指标体系,对中国区域技术能力进行了科学合理的测算,并科学地测定技术能力对技术赶超的门槛效应,得出了本书的第三个重要结论:在中国区域技术赶超过程中存在着技术能力门槛效应,其中西藏、云南、贵州、海南、青海、甘肃和宁夏七个省份还没有跨越技术能力门槛,这些区域应该采取模仿创新进行技术赶超,其他省份已经跨越了技术能力门槛,应该采取高层次的技术赶超模式,比如合作创新或自主创新。

世界经济发展的过程实际上就是后发国家通过要素禀赋培育和技术能力提升不断实现技术赶超的过程。本书首先对日本和韩国的技术赶超进行梳理,从经济史学的角度证明本书的三个重要命题;然后科学地考察了要素禀赋、技术能力与后发大国技术赶超的国际经验,提出了中国实现技术赶超的策略。

Abstract

The technical catching-up is the key for the developing big countries to catch up the developed countries or regions. Is it feasible to implement technology catching-up to narrow the economic and technical gap between the developed big countries and the developing countries, or even to surpass the developed big countries? Scholars have various interpretations on this question, and the practical results are different. In other words, what is fundamental reason of the technical catching-up for the developing big countries, what is the mechanisms, and how to implement the technical catching-up, the in-depth study on the issues has become a core element for the development economics.

From the existing theories, we can see that the technology innovation is the key to narrow the technology gap and implement the technology catching-up. But technology of the developed countries is adapting their factor endowments and the technological ability, which may not be appropriate for the developing big countries because they lack the needed organization, the technological base, the human capital and other factor endowments and technology capacity as developed countries do. Based on this, our research shows that technology capability is the key to the technology catching-up, meanwhile technology capacity of the economy is determined by the factor endowments. The traditional factor endowments theory focuses on the comparison of the quantity of the factors and ignores the quality dimension of the factors, this dissertation expands the factor endowment theory and suggests the factors are determined by both the quantity and the quality dimension. It studies the internal mechanism between the factor endowments and the technology capacity and analyzes the processes and ways of catching-up determined by the factor endowments and the technology capacity, therefore, it can provide the theoretical and methodological support for the developing big countries.

Technology gap between the developed countries and developing big countries is both a challenge and an opportunity for the latter, especially the presence of the back advantages of the developing big countries makes it possible to narrow the technology gap and realize the technology catching-up through technology innovation. Although the technology catching-up is facing the difficulty of "comparative advantage trap" and the conversion from backward advantage to disadvantage, it can still be implemented through cultivating the factor endowments and upgrading the technology ability.

The factor endowments are the core of the technology capacity and the basis of the technology catching-up. Utilizing the technology innovation framework built by Barro and Sala-I-Martin and Grossman and Helpman, this book elaborates the mechanism of the technology catching-up from both quantity and quality dimensions using intermediate products as a carrier. The results further strengthen the paper's first important conclusion: the factor endowments determine the technology capacity, and both the factor endowments and the technology ability jointly determine the ability and the level of the technology catching-up.

The factor endowments are the basis of the technology catching-up, and the technology capacity is the key to the technology catching-up. In order to illustrate the essence, content, and source of the technology ability and to analyze the corresponding relationship between the technology ability and three ways of the technology catching-up, this book analyzes that the dynamic evolution of the technology ability which determines the dynamic evolution of the technology catching-up, which leads to the second important conclusion: the imitative innovation should be adopted when the technical parameters are low; the cooperative innovation should be adopted when the technology parameters rise to a certain degree; the independent innovation can be implemented only when the technical capacity increases to a higher level.

The factor endowments and technological ability are unified, which are combined together for the technology catching-up. The book analyzes the conduction mechanism of the factor endowments which promotes the technology upgrading and technology catching-up, and further elaborates the mechanism of the factor endowments, the technology capacity, and the technology catching-up. In order to verify the theory in this book and test the effect of the factor endowments and the technology capabilities in Chinese provinces, the book refines the index system of the factor endowments and the technology capacity and estimates the threshold effect of the technology ability, therefore we draw the third important conclusion: there is a threshold effect of the technology capacity in China's regional technology catching-up, Tibet, Yunnan, Guizhou, Hainan, Qinghai, Gansu and Ningxia provinces have not crossed the technology capacity threshold, these regions should take the imitate innovation to catch up, and the other provinces have already crossed the threshold of the technology capacity, thus can adopt high-level model, for example, the independent or the cooperation innovation to catch up and surpass.

The world economic development process is actually a catching-up process continuously through the factor endowments and the technology capabilities for the backward countries and regions. In order to scientifically study the international technology catching-up experience from the factor endowments and the technology capacity and to put forward China's technology strategy, this book inspects Japan and South Korea's catching-up with the developed countries and proves the three important conclusions of this paper from the history of economic development. It then provides some suggestions and strategies to nurture the factor endowments and enhance the technical capacity to provide practical and workable recommendations and strategies for China's catching-up based on its actual situation.

目　录

CONTENTS

第 1 章

导论

1.1 研究背景

1.1.1 技术创新[①]成为现代经济发展的驱动力

从技术的角度看,人类社会的发展过程也就是科学技术的发展过程,人类社会的进步同时也就是科学技术的进步。随着历史发展进程的推进,科学技术在人类经济社会发展中的作用愈来愈大。美国经济学家索洛曾计算出 1909—1949 年间美国私人非农业企业人均产出增长了 104.6%,其中技术进步的作用约占 85.3%,技术进步在经济增长中的作用是十分明显的。技术进步在社会发展和经济增长过程中起着催化剂的作用,它渗透于生产力的诸要素之中,并转化为社会生产力。它可以使生产力中劳动者、劳动对象、劳动手段发生根本性的变化,从而实现劳动生产率的提高、产品质量的提升和劳动消耗的减少,促进经济的增长。

---

① 技术创新与技术进步是既有区别又有联系的两个概念。熊彼特认为:只要发明还没有得到实际上的应用,那么经济上就是不起作用的。无论是科学发明还是技术发明,在发明未能转化为商品之前,发明只是一个新观念、新设想,在它们没有转化为新装置、新产品、新的工艺系统之前,不能创造任何经济价值。根据这种观点,我们可以认定,技术进步是技术创新的必要条件之一,但不是充分条件。对于源于技术进步的技术创新来说,技术进步仅仅是技术创新过程中的一个环节。技术创新和技术进步虽有一定的联系,但仍有本质的区别。首先,技术创新是一个经济学范畴的概念,必须有收益。如果根据新的思想,生产出新的产品,虽然很新颖,若不能应用,没有收益,这可以说是发明创造或者说技术进步,但不是严格意义上的创新。其次,技术进步是一个绝对的概念,而技术创新则是相对的概念。

在知识经济日益发展的今天,技术进步无论是在深度、广度,还是在速度方面,都大大超过以往任何一个时代,对促进经济发展产生着巨大的推动作用。

1. 技术创新推动经济总量的增长

根据有关统计资料,科学技术因素在推动经济增长中所占的比例不断上升,对经济增长的贡献愈来愈大。如美国 1929—1941 年科技因素在经济增长中所占的比例为 33.8%,1941—1948 年为 50.8%,1948—1953 年为 53.8%,1953—1964 年为 44.6%,1964—1969 年为 71.9%。世界各主要资本主义国家在进入 20 世纪 50—70 年代后,技术创新对经济增长的贡献一般都已超过劳动力投入和资本投入的总和,达到 50% 以上。如英国 1948—1969 年经济增长中各因素所起作用的比例是:资本占 19.8%,劳动力占 32.5%,技术创新占 47.7%。日本 1953—1971 年经济增长中各因素所起的作用的比例分别是:资本占 23.8%,劳动力占 21%,技术创新占 55.2%。法国 1950—1962 年经济增长中各因素所起作用的比例是:资本占 16.8%,劳动力占 27.5%,技术创新占 55.7%。美国 1950—1962 年经济增长中各因素所起的作用的比例是:资本占 22.5%,劳动力占 25.2%,技术创新占 53.4%。进入 21 世纪以来,美国技术创新的贡献进一步提高,上升到 60%—80%。我国技术创新对经济增长的贡献虽然与发达国家相比有较大的差距,但就自身的情况来看,技术创新在推动经济增长中所占的比例也是不断上升的。我国 1952—1982 年的经济增长中,技术创新所占比重为 27.3%,从 20 世纪 80 年代中期到 90 年代初,技术创新对经济增长的贡献大约为 30% 左右,进入 21 世纪,技术创新对经济增长的贡献度已经超过 40%,其中部分省市的贡献度已经高达 50% 以上。[①]

2. 技术创新促进经济效益的提高

在决定经济效益提高的诸因素中,技术创新起着重要作用。首先,它可以改进产品或工程设计,开发或推广新工艺,改进或更新设备,提高工具系统的寿命;可以降低能耗物耗,提高物资利用效率,从而使经济效益得到提高。其次,技术创

---

① 详见 http://news.jxnews.com.cn/system/2002/11/25/000293718.shtml。

新可以缩短产品生产周期或在相等的时间内生产更多的产品,用较少的劳动力生产出更多的产品,从而节约活劳动,提高生产效率。另外,技术创新还能提高产品质量,推出新品种,开发市场,增加产值和利润。许多著名企业无一不是依靠持久不断的技术创新,使自己不断发展壮大,经久不衰。美国通用电气公司在不到 120 年的时间里,完成了 6 万多项技术发明,使公司从无到有,从小到大,成为世界著名的大公司。因此,可以说技术创新是经济增长源源不断的动力。

3. 技术创新促进经济增长方式的转变

由于原有经济基础的制约,我国经济增长基本上是通过增加资源投入、扩建新建项目、扩大规模而实现的外延式增长。应该说,这是适应一定时期生产力状况的,它比较迅速地改变了我国经济发展的贫弱状态,建立起比较完整的工业体系和国民经济体系,并为后来的发展奠定了重要基础。但是,随着经济规模的扩张和经济增长的累积,这种粗放经营所带来的高投入、高消耗、低产出、低效益的矛盾也愈显突出。特别是经过 40 多年的经济建设尤其是改革开放 30 多年来的发展,我国经济在整体上已经进入工业化中期阶段,在经济总体规模巨大、社会需求日趋复杂、消费热点不断变化、国内外市场竞争更加激烈的情况下,以往那种数量扩张型经济增长模式不仅难以为继,而且带来的边际收益递减后果也更为明显。这表明以粗放经营为主的增长方式,已经不适应现在生产力状况,成为经济进一步发展的障碍。经济增长本身客观上要求增长方式的转变,即由原来的外延式增长,转向主要通过提高资源配置效率、挖掘现有潜力、提高经济效益的内涵式的增长。这种转变所要求的产业结构的调整和优化,产品质量的提高和产品的升级换代,以及生产效率和效益的最大化,则主要取决于技术的创新和应用。因此,技术不仅是经济增长的引擎,而且是经济增长方式的转换器。

4. 技术创新促进经济结构的优化

技术作为生产力,它的创新与发展,必然影响着产业结构、产品结构等经济结构的变革。从历史上看,产业结构的每一次重大变化或调整,都与技术创新密切相关。第一次大的产业结构调整是由于农业技术的发展,人类从原始野蛮的渔猎时代进入了以农业为基础的社会,农业占居主要地位。第二次大的产业结构的变化是从 18 世纪下半叶开始的,由于一系列纺织机械的发明和蒸汽机的广泛应用,手工劳动被大机器工业生产所取代,因而到 19 世纪,西欧、北美等主要资本主义国家相继建立起近代工业体系,工业在社会整个产业结构中的比重大大增加,从而由农业社会进入工业社会。第三次大的产业结构的变化发生是以电子计算机为代表的一系列新技术的蓬勃发展为标志的,受它的冲击,以广泛的服务业为内容的第三产业所占的比重越来越大。其中信息业的比重急剧上升,以致大有从第三产业中分化出来,成为第四产业之势。可见,技术创新对产业结构的调整起着巨大的推动作用。技术的创新和发展还促进了新兴生产部门的出现和建立。近代以来的第一次技术革命不仅促进了纺织工业部门的进步,同时带动了冶金、化工等部门的发展。到 19 世纪,伴随平炉炼钢、转炉炼钢技术的发展和应用,钢铁工业获得了迅速发展。从 19 世纪下半叶开始,电力技术革命促使了电力工业的出现。20 世纪 30 年代,人工合成技术的发展和应用,又使合成化工成为重要的工业部门。新兴工业部门的崛起,改变了原有工业结构的格局,引起了经济结构的调整和改组。同时,由于新技术革命的冲击,使劳动力密集型产业向知识密集型产业发展;一些传统工业在萎缩,成为"夕阳工业",而以新技术为基础的"朝阳工业"急剧发展。技术的发展,为人们在生产过程中节约能源、材料等创造了条件,从而使产品结构也相应发生了新的变化:以前那种"重、厚、长、大"的产品,正逐步变为"轻、薄、短、小"的产品;新产品朝着节能、省材、省力等方向发展;由标准化向多样化发展,以适应不同的需求。产品结构的这些新变化,都是技术创新的结果。

1.1.2 技术创新是实现后发大国技术赶超的重要途径

回顾近代经济发展史,我们可以看到同一历史时期内不同国家的经济增长业绩相差悬殊,同一国家在不同的历史时期内经济增长的业绩同样相差悬殊。库兹涅茨(1971)认为,现代经济增长(指 18 世纪后期以来)伴随着人口的增加和广泛的社会结构与思想意识的变化,由科学发现、技术革新及其在经济生产和人类福利上的系统应用和迅速扩散,推动着人均产值或总产值的持续增长。作为现代经济增长突出特征的人均产值的高增长率,主要起源于生产率的高增长,劳动力和资本质量的改进是生产率高增长的主要原因,大都可以归因于技术的进步。罗默(Romer,1986)分别考察了 1700 年之后 4 个各自延续数十年的历史时期,他发现在后一个历史时期,生产率最高的国家人均每小时的产出增长率比前一个历史时期技术领先的国家的增长率要高。

发展的道路虽历尽艰辛曲折,但我们总是能够发现,在不同的历史时期,总是有一些落后国家能够克服各种各样的困难,脱颖而出,在一段不长的时间里奇迹般地迅速赶上或超越发达国家,成功地实现后来居上。大量的历史事实表明,落后国的赶超过程,是一个逐步缩短与先进国家技术差距的过程。落后国家相对落后的一个重要特征,是落后国家与先进国家在技术水平上的根本差距,而先进国家科学技术的不断进步,导致了各个产业领域日新月异的变化,如生产方式的革新、产业结构的转换、工艺装备的改进、产品国际竞争力的增强等。落后国家的赶超成功与否,首先需要努力缩短与先进国家的技术差距,同时在由技术创新所引发的一系列生产和组织的进步方面也要跟上步伐。这一点我们可以从曾经也是落后国家的美国、日本、韩国的历史经验中得到启示。

当今作为科技大国的美国曾经是一个非常落后的农业国。美国经济由弱变强是在 18 世纪末至 20 世纪 20 年代。我们可以发现,在此期间,美国是通过不断缩小对国家经济发展起重要作用的支柱产业与先进国家的技术差距,来发展其经济实现赶超的。比如,18 世纪末,由于英国禁止新技术出口,美国通过奖赏研制新式纺织机的方式引进了英国的纺织业技术,随后不断派人到英国学习,以改进美国的纺织业技术。到 19 世纪 30 年代,美国成功地缩小了与英国的纺织技术差距,达到世界先进水平,为美国经济的发展起了先导作用。再以美国经济的重要支柱产业汽车业为例。最早的汽车于 19 世纪 80 年代中期诞生于德国。美国预感到汽车产业的巨大潜力,迅速引进汽车生产技术,并对其进行消化、吸收和改进。到 20 世纪初,福特汽车公司的技术水平已经成为当时世界先进汽车生产技术水平的代表。随后一大批汽车公司的迅速崛起,促使汽车产业形成,极大地推动了美国经济的发展。

  二战后日本经济大幅度跌落,20世纪50年代日本经济开始复苏,进入正常发展轨道。60年代起日本连续10多年保持了10%以上的高速增长,80年代日本经济飞速发展,人均收入和技术水平已同欧美并驾齐驱,部分工业技术已赶超欧美发达国家。日本经济的成功崛起要归功于通过大量技术引进,不断缩小技术差距。以对整个日本经济腾飞起过重大作用的钢铁产业为例,战后20多年,日本从国外共引进钢铁技术2 000多项,其中包括关键技术。还有汽车产业、电子工业等方面的技术引进和改进,也促成了日本经济的高速增长。

  自1953年朝鲜战争结束后,韩国经济遭到严重破坏。1953—1961年间,韩国经济处于恢复阶段。从20世纪60年代初期开始,韩国经济开始飞速增长,出现了所谓的"汉江奇迹"。60年代初期至80年代末期,韩国年人均GNP增长超过了9%。这是因为在60至70年代,韩国"把全部技术资源投入到对国际上现有技术的吸收之中"。韩国的技术能力和技术水平获得了迅速发展,到80年代末期,韩国已成为除主要工业化国家之外"拥有最高效、最广泛先进技术的制造业国家"。

  美国、日本和韩国通过缩小技术差距,促进本国经济发展和进行赶超的实例虽然未必全面,但我们可以得到这样的启示:落后国家赶超先进国家,推动经济快速发展的过程,可以通过不断缩小与先进国家的技术差距来实现。然而,迄今为止只有少数落后国家实现了成功赶超,大部分后发大国和地区与发达国家之间的差距却呈现随着时间的推移逐渐扩大的趋势。于是,如何缩小与发达国家之间的技术差距,以实现经济赶超,成为了后发大国面临的一个重要问题。

1.1.3 要素禀赋、技术能力成为后发大国技术赶超的核心

  按照新增长理论,技术是经济收敛的关键,后发大国和地区可以通过引进发达国家和地区的先进技术,而缩小与发达地区技术水平的差距,从而达到经济收敛。但是,一个痛苦的事实则是后发国家尤其是后发大国,并没有通过技术后发优势实现如新经济增长理论所预料的经济收敛(Krugman and Tsinddon,1991;Barro and Sala I-Martin,1997)。具体表现是:其一,后发大国和发达国家之间经济增长

水平的差异和它们之间技术水平的差异并不成比例。现实经济中有的后发大国在某些技术上能够达到相当高的水平,但是与此不相称的是它们的经济发展水平低下。很多后发大国的经济增长水平远远低于其技术能力所能容许的经济增长水平。到底是什么因素制约后发大国形成技术能力,并推动其经济持续增长呢?对此,新增长理论语焉不详。其二,经济增长的实践表明,后发大国与发达国家差距仍在拉大而不是在缩小,新增长理论所预见的经济增长中的"蛙跳"(leapfrogging)对于绝大多数后发大国来讲是一件可望而不可及的事情。考虑到国际贸易、技术扩散和后发大国与地区对发达国家的技术模仿,国际间和区域间增长的收敛或趋同(convergence)应该是一件理所当然的事情,但是对于绝大多数后发大国而言,它们并没有能够通过技术引进和技术模仿缩小与发达国家在人均收入上的差异。

怎样缩小技术差距,实现技术赶超成为新增长理论研究的焦点。许多学者就围绕技术差距产生的原因和技术赶超的方式、途径、机制等问题,进行过理论和实证的研究,以期找到合适的模式、途径来实现技术赶超。波斯纳(Posnoer)、克鲁格曼(Krugman)等人认为,由于发达国家在技术、资金、人力资源和研究与开发上的优势,使其在技术创新上取得突破性的进展。拥有创新技术的国家运用该项技术在产品生产、贸易中处于垄断或优势地位,从而形成了后发国家或地区与发达地区之间的技术差距(technology gap)。按照这种观点以及以往的经验可以知道,国家间收入水平和增长率的差距大部分可由技术差距解释。正如 Sachs(2000)指出的:"全球差距的核心是技术创新和扩散巨大不平衡"。而一个国家的技术可以来源于国内的自主创新,也可以来源于对其他国家创新技术的引进和吸收,即国际技术转移和扩散。发达国家在技术创新方面比后发大国和地区更具优势。而对于后发大国来说,转移、模仿现有的外国技术比起发明创造新技术的成本要低得多,因此后发大国可以通过转移、模仿发达国家创新的技术,缩小与发达国家的技术差距并实现技术赶超,因为创新使国家间的技术差距扩大,模仿和扩散使技术缺口缩小。这种观点就是 Gerschenkron(1962)所说的"后发优势"。

通过国际技术转移加快后发大国技术发展,缩小与发达国家的技术差距,是加速其技术、经济发展的一条有效途径。但是,一个国家要想构筑自己的创新能力,单纯地依靠引进、模仿还不行,首先是引进国外的技术需要付出一定的成本,而且在某些时候这个成本甚至非常高昂。因为发达国家是技术创新的主体,发达国家的企业以及各类研究机构在进行技术创新的时候,总是会考虑发达国家种种经济现实,总是尽量利用发达国家经济中业已存在的种种优势而避开其劣势。换句话说,发达国家总是会开发适合本国要素禀赋和经济技术发展水平的新技术,不适合本国经济发展实际情况的技术不可能被开发出来。但是对于后发大国来说,发达国家所开发的新技术可能对于后发大国并不适合,因为后发大国普遍缺乏像发达国家那样应用技术所必需的组织、技术或制度条件。所以在国际技术扩散中,我们可以看到一个奇怪的现象:很多后发大国引进了发达国家的先进技术,但是后发大国用这样的先进技术却往往生产不出相应的产品;即使能够勉强生产,不是实际生产的产品离设计要求相去甚远,就是企业生产从技术、设备、原材料,甚至包括技术工人都完全依赖于国外,成为发达经济的一个装配厂,与本国经济联系甚少。脱离后发大国国情的技术即使再先进,也难以推动后发大国的经济增长和发展。因此,问题的实质是后发大国在模仿发达国家先进技术的时候,一方面要注意选择适合本国国情的先进技术,积极创造使发达国家的先进技术得以吸收利用的条件。另一方面要避免一味地模仿国外技术,要将构筑国家的自主创新能力作为自己的战略目标,将技术模仿视为构筑自主创新能力的一种途径和方式。

对于技术的适宜性,阿特金森(Atkinson)和斯蒂格利茨(Stiglitz)提出了"局部性的边干边学"(localized learning by doing),他们认为对于企业(或经济)所使用的一个特定的资本和劳动的组合,企业需要时间来提高这一特定要素组合的生产率。巴速(Basu)和维尔(Well)明确提出了适宜技术(appropriate technology)的概念,他们认为发达国家的技术是与发达国家本身较高的资本存量相匹配的,因此后发大国和地区如果能够提高自己的储蓄率,从而提高自己的资本存量,就可以充分地利用发达国家的先进技术,并有可能经历一个经济迅速增长的时期。但是,正如林毅夫所指出的那样,巴速和维尔的观点并不能解释为什么拉丁美洲、非洲和"四小龙"以外的多数亚洲国家政府提高储蓄率的努力没能提高经济增长率。阿瑟莫格鲁（Acemoglu）和茨里伯提（Zilibotti）则明确提出了后发大国和地区的劳动力和引进技术的不匹配问题。发达国家开发的技术适合于发达国家的熟练劳动力使用，而后发大国和地区大量存在的是非熟练劳动力。劳动力技能水平和引进技术之间的不匹配导致了后发大国和地区与发达国家之间巨大的人均产出和人均收入的差异。

换句话说，发达国家的现有技术是适合本国要素禀赋和技术能力的，但是对于后发国家来说，发达国家所开发的新技术可能对于后发国家并不适合，因为发后发国家普遍缺乏像发达国家那样应用技术所必需的组织、技术基础、人力资本等技术能力。所以在国际技术扩散中，我们可以看到一个奇怪的现象：很多后发国家引进了发达国家的先进技术，但陷入"引进—落后—再引进—再落后"的怪圈，其根本原因就是后发地区缺乏与之相匹配的技术能力，使得引进的技术无法得到有效的消化吸收，脱离后发国家技术能力的技术即使再先进，也难以推动后发国家的经济增长和发展。因此，问题的实质是后发国家在引进、模仿发达国家的先进技术时，一方面要注意选择适合本国国情的先进技术；另一方面要积极创造使发达国家的先进技术得以吸收利用的条件。也就是说，后发地区一边要引进与自己技术能力相适应的技术，一边要注意培育自己的技术能力，保证技术引进与技术能力的螺旋上升。

与其说技术差距是国家间收入水平和增长率差异的原因，还不如说技术差距是国家间收入水平和增长率差异的外在表现，因为技术差距的本质是国家间技术能力的差距。技术能力是指一个国家或者企业从外界获取先进的技术与信息，并结合内部的技术基础，创造出新的技术与信息，实现技术创新与扩散，同时又使技术与知识得到储备与积累的能力。由于技术能力中包含大量的缄默知识，而且存在于组织过程中，因此，技术能力的获得只能通过学习获得，是一个逐渐积累的过程。而且，这种学习积累的有效性取决于两个方面：接受方的先备技术知识与努力强度。从这个意义上来说，这与安同良（2002，2003）的企业技术能力概念是一致的，他认为企业技术能力是企业在持续的技术变革过程中,选择、获取、消化吸收、改进和创造技术并使之与其他资源相整合,从而产生产品和服务的累积性学习。技术创新总是在特定的经济环境、要素背景、文化背景和组织结构中发生的,不同的经济环境、要素禀赋等决定了不同的技术能力,相对应的文化背景和组织结构又决定了技术创新的性质,两者的结合则决定了一个国家或者地区技术创新的方式。从这个意义上来讲,技术能力直接体现要素禀赋的能力。国家和企业都是要素的有机集合体,国家和企业的生存和发展离不开要素(数量和质量),而国家和企业的发展又会带来要素数量的增多和质量的提升,这些要素与技术人员相结合,就会产生不同的专门技术和知识,由此导致了国家或者企业技术能力的差异,而这种差异是在市场经济条件下构筑竞争优势的核心和关键。可以说,技术能力既是要素禀赋的直接体现,又是竞争优势的源泉。换句话说,后发大国的竞争优势来自技术能力的综合作用,而技术能力则来自要素禀赋。因此,提高后发大国的要素禀赋,是提高其技术能力从而提高竞争优势的根本。

1.2 研究意义

构筑自主创新能力是当前一项非常重要的战略任务。2006 年 1 月 9 日,党中央、国务院在北京召开了新世纪第一次全国科学技术大会。胡锦涛在会上发表了《坚持走中国特色自主创新道路,为建设创新型国家而努力奋斗》的重要讲话,明确提出了要坚持科学发展观,加强自主创新,建设创新型国家;《中央关于制定十一五规划的建议》也提出必须提高自主创新能力,把增强自主创新能力作为科学技术发展的战略基点和调整产业结构、转变增长方式的中心环节,大力提高原始创新能力、集成创新能力和引进消化吸收再创新能力。《国家中长期科学和技术发展规划纲要(2006—2020 年)》也明确提出,到 2020 年,我国科学技术发展的总体目标是:自主创新能力显著增强,科技促进经济社会发展和保障国家安全的能力显著增强,为全面建设小康社会提供强有力的支撑;基础科学和前沿技术研究综合实力显著增强,取得一批在世界具有重大影响的科学技术成果,进入创新型国家行列,为在本世纪中叶成为世界科技强国奠定基础。党的十七大报告中再次强调"提高自主创新能力,建设创新型国家",进一步提出"加快建立以企业为主体、市场为导向、产学研相结合的技术创新体系",为切实提高自主创新能力,建设创新型国家提供了方向和可操作性的建议。因此,本书研究具有理论和现实的双重意义。

1.2.1 理论意义

从理论上来说,本书的探讨有利于技术赶超理论的构建,有利于创新研究领域的进一步深化和拓展。后发大国实现技术赶超或者经济收敛,一直是学术界研究的热点,在这个领域尽管取得了不少卓有成效的成果,但是后发经济尤其是后发大国到底采取什么样的方式进行技术收敛和技术赶超一直是争论的焦点,有的认为要充分发挥后发经济的后发优势,要采取模仿创新的方式实现技术赶超;有的认为技术赶超需要相当大的资金投入,而且技术创新面临着较大的不确定性,合作创新可以有效地降低风险,分担成本,较快地实现技术跨越式发展;还有的认为要想构筑自主创新能力,必须集中精力实施自主创新方式,以避免模仿创新的滞后性和合作创新中的机会主义倾向。这些争论都有自己的理论基础,也都精选了大量的案例做支撑,这种状况使得学术上百花齐放、百家争鸣,但对实际问题的解决无济于事,并且使简单的问题复杂化。实际上,技术赶超策略的选择的关键是后发经济的技术能力,而技术能力又是要素禀赋积累和整合的结果,什么样的要素禀赋就决定了什么样的技术能力,从而也就决定了什么样的技术创新方式。这些问题的解决和相关论点的支撑急需从理论上给予解决,本书正是基于此,探讨后发经济技术赶超的本质、途径及策略,以期为后发经济赶超提供理论指导。并且,对后发经济技术赶超理论的探究,也可以将创新视角从宽泛的宏观和中观层面转向企业微观层面,因为企业才是技术创新的主体,从而推动技术创新研究领域的进一步深化。同时,本书在国内外技术赶超和技术创新发展实践和理论研究的基础上,立足于后发大国市场环境的特点,力图探索适合后发大国的技术赶超实现模式,以构建本土化适应性理论。由此,后发技术赶超是推动包括我国(企业)的后发经济构筑自主创新能力、培育创新型国家的必要途径。

从研究逻辑上看,本书体现了较为突出的理论创新意义。第一,本书从世界经济发展的现象出发,探讨世界各国技术差距的本质是技术能力的差异,并进一步挖掘技术能力的内涵是各国经济拥有的要素禀赋的差异,这为研究技术差距提供了一个理论突破点。第二,本书从技术赶超出发,结合各种技术创新理论,对后发国家或地区尤其是后发大国技术赶超的现象和实质进行深刻的剖析与阐释,归纳总结出技术赶超的本质特征和实现途径,并对各种途径进行科学的论证,将要素禀赋、技术能力进行合理的整合,全面、系统地构建后发大国技术赶超的理论框架和体系。第三,本书从技术赶超的内在机理出发,对技术赶超的实质、赶超模式的选择、技术能力的培育、要素禀赋的提升等进行具体的分析研究,为后发大国实现技术赶超提供全程的理论指导。

就方法而言,本书作出了一些前沿性的思考和探索。第一,本书从世界各后发国家或地区技术赶超和经济赶超的成功案例出发,结合技术赶超的特征和内涵,探讨技术赶超的途径和方式,并对影响后发经济技术赶超的驱动因子进行实证分析,特别是对技术赶超的实现过程进行数理模型分析,以严密的逻辑论证后发经济实现技术赶超的方式、作用机制及其赶超效果,将技术赶超理论与经济增长理论进行完美的结合,实现技术经济学和传统增长理论的融合。第二,本书依据"概念基础—理论分析—模型构筑—实证研究—比较研究—实践应用"的思路,循序渐进地构建了技术赶超的理论体系。从实践角度看,这样的研究框架能够较好地缓解当前技术赶超或者技术创新研究中存在的"缺乏结合国情和企业自身特点的系统研究、缺乏操作性研究、缺乏实践的支持"等突出问题。

1.2.2 实践意义

本书的实践意义包括以下两点:

首先,本书积极贯彻落实党的十六大、十七大、十八大精神,围绕加强自主创新,建设创新型国家的战略目标,对大力推进我国加速技术赶超,快速构筑国家的自主创新能力,提高核心竞争能力具有重要的现实意义。同时,作为一个后发大国,典型的"二元特征"使我国呈现出较发达的东部地区和比较落后的中西部地区,区域资源条件和发展能力的差异导致二者之间的技术差距日益明显,加速要素禀赋的培育和技术能力的提升显得非常必要。也就是说,我国区域间的技术赶超早已提上日程,并且实施效果有待于重新评估。本书能够对我国区域间技术赶超的实施提供一点思路,有助于区域经济的协调发展。

其次,本书的研究将对我国技术能力培育和技术创新产生积极的影响。"二元特征"的存在使得我国既有顶尖技术和高水平技术人才,也有落后的劳动生产力和大量的低素质要素,加之整体经济发展水平较低,我国企业还普遍缺乏实施技术赶超的技术能力。在这种情况下,研究要素禀赋与技术能力之间的内在关系、技术能力与后发地区技术赶超的内在机理、后发地区要素禀赋和技术能力的培育显得非常必要。

总之,本书是一项基础应用型研究,既强调基本理论、研究视角和研究方法的创新,更重视理论在实践中的应用价值,切实地解决我国企业技术联盟运作过程中所面临的问题和运作机理,以期最终为我国企业自主创新能力的提升和创新型国家的构筑做出贡献。

1.3　研究思路与内容

1.3.1　研究对象

要想深入研究后发大国的技术赶超,就应按照经济学的内在逻辑分析方法来进行探讨。内在逻辑分析方法首先是要充分了解和刻画拟解决问题的实际情况,运用恰当的相关理论,得出科学的内在逻辑结论,据此作出正确的判断和科学、准确的预测。要想描述和刻画后发大国的技术赶超,一个重要前提就是明确经验对象,只有确定了经验对象,才能对后发大国要素禀赋、技术能力与后发赶超的逻辑进行描述。因此,在后发技术赶超的研究里,还必须明确经验对象,只有立足于这个经验对象,后发大国的技术赶超才更具有代表性和一般性。

由于人口、国土面积、经济总量等分类标准不一,使得大国的界定各异,比如库兹涅茨采用人口作为尺度,以 1 000 万作为分界线把国家分为"大"(人口超过 1 000 万)、"小"(人口低于 1 000 万)两类。钱纳里等人也以人口总量为标准,提出 500 万人口以下为小国,2 000 万以上为大国的界定,此后又提出了新的标准,把处于 5 000 万—15 000 万之间人口规模的国家划分为大国,把不足 1 500 万人口的国家划分为小国。综合而言,这种单一的划分方法是不科学的,忽视了大国经济的整体性和复杂性。除了人口以外,国土面积、经济总量等都是国家大小的一个重要判断依据,必须综合考虑,全面衡量。欧阳峣、罗会华(2010)根据大国的国土、人口、经济总量情况,综合考虑他们对世界市场的控制力和市场潜力,把大国分为三个层次:特大国、中等大国和一般大国。对于在世界上具有举足轻重影响力的具有综合优势的特大国而言,因为其地域辽阔、资源丰富、人口众多、国内市场巨大、工业部门体系齐全、总量经济规模较大而具备了显著的资源优势、分工优势、劳动力优势、市场优势、技术发展优势、规模经济优势,这些国家包括美国、俄罗斯、中国、印度、巴西。在这五个特大国里,除了美国之外都是新兴大国,尤其是近年来不俗的经济表现,使占据世界领土总面积 29.7%,全球总人口42.4%的"金砖国家"成为大国经济跨越式发展的典型代表。除新加入的南非外,"金砖国家"相继进入了万亿美元经济体俱乐部。"金砖国家"对世界经济增长的贡献率在 2010 年超过 60%,其中,仅中国对世界经济增长的贡献率就超过 30%。"金砖国家"已经成为拉动全球经济增长的火车头。尽管受世界金融危机的影响,"金砖国家"的经济发展势头仍然良好,2010 年五国国内生产总值约占世界经济总量的 18%,贸易额占世界的 15%。同时,"金砖国家"的经济增长率也大大高于西方发达国家平均水平,世界银行的数据显示,21 世纪头十年,新兴经济体平均经济增长率超过 6%,其中,中国超过 10%、印度超过 7%、俄罗斯超过 6%,金砖国家整体平均增长率超过 8%,远高于发达国家 2.6％的平均增长率及 4.1％左右的全球平均增长率。

选择以"金砖国家"为代表的后发大国，符合林毅夫所谓的社会科学理论贡献的大小决定于被解释现象重要性的现实。按照林毅夫(1995，2001)的理解，社会科学的理论在本质上是一个用来解释社会现象的逻辑体系。一般说来，解释的现象越重要，理论的影响也就越大，近代经济发展史就是明证。在 20 世纪 30 年代之前，世界经济的核心是英国，当时比较成熟的经济理论大多是以英国为经验对象得出来的；经过二战的洗涤，美国成功地赶超了英国，成为世界上最发达的国家，六七十年代的美国经济处于鼎盛状态，当时的经济理论大多则是以美国为经验对象得出来的。进入 21 世纪以后，以中国、印度、俄罗斯、巴西等为代表性的新兴大国成为世界经济增长的发动机，相应地，世界经济研究中心也将由美国和西欧向这些新兴大国转移，经济发展和技术赶超的研究重点也由美国转向这些新兴的后发大国。更为重要的是，这些后发大国经济发展呈现出一些具有代表性的经验事实，如这些后发大国都处于由传统经济体系向现代市场经济的转型过程中；都表现出强劲的发展势头和巨大的发展潜力、增长速度居于世界前列；都面临转型和发展的双重压力，等等。从这些后发大国的经验事实中归纳出后发大国技术赶超的典型事实，将这些典型化事实进行升华，提炼、归纳和抽象出后发大国技术赶超的一般规律，对后发赶超具有非常重要的理论价值和实践意义。

1.3.2　基本内容

后发大国技术赶超的关键是技术能力的培育，而技术能力是一个复杂的概念，它包含了人力资本、研发投入等要素的数量和质量以及基础设施、金融系统的便利程度等，是要素数量和质量的复合函数，或者说技术能力是(拓展的)要素禀赋的外在表现。一个国家或者地区的技术能力或者要素禀赋的提升是一个循序渐进的过程，不同时期对应着不同的要素禀赋和技术能力。同时，一个国家(地区)技术赶超的方式和途径有很多，比如模仿创新、合作创新、自主创新等，每一个创新阶段都需要有不同的技术能力和要素禀赋相对应。因此，后发大国要想实现技术赶超，就必须培育自己的要素禀赋，逐步提升自己的技术能力，从而采取不同的赶超方式：当要素禀赋比较低时，技术能力也比较低，此时应该采取模仿创新进行技术赶超；当要素禀赋得到提升之后，技术能力也达到一定的水平，此时应该采取合作创新进行技术赶超；当要素禀赋进一步得到提升，技术能力也达到一定的高度后，就应该采取自主创新方式进行技术赶超。日本、韩国等后发国家的技术赶超史和经济发展历程进一步检验了该观点的正确性。本书结合前人的研究，合理地设计量化指标，对中国省域的技术能力进行了科学的测算，并针对不同省份进行技术能力门槛的测算，以确定不同地区技术赶超的具体方式。最后，本书针对中国的具体情况提出要素禀赋和技术能力的培育措施，为后发大国技术赶超奠定技术，本书的研究框架及思路见图1.2。主要内容如下：

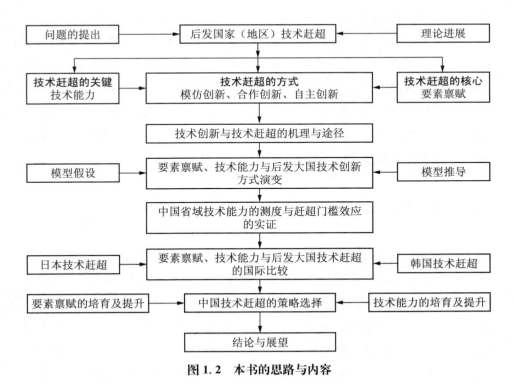

图1.2 本书的思路与内容

（1）揭示基于要素禀赋的技术能力的内涵。后发大国技术赶超的关键是技术能力的培育，而技术能力包含了人力资本、研发投入等要素的数量和质量以及基础设施、技术水平等，是要素数量和质量的复合函数，或者说技术能力是（拓展的）要素禀赋的外在表现。

（2）要素禀赋、技术能力促进后发大国技术赶超的作用机理。要素包括要素数量和质量两个维度，因此，要素禀赋通过技术能力实现技术赶超的作用机理也体现在两个方面：要素数量和要素质量。本书将要素禀赋的两个维度通过内生经济增长模型，作用与技术赶超的实现过程，通过要素数量扩张和质量提升来论证其作用机理。

（3）要素禀赋、技术能力与后发大国技术赶超方式的转变。技术赶超的方式包括模仿创新、合作创新、自主创新等，每一个创新阶段都需要有不同的技术能力和要素禀赋相对应。因此，后发国家或地区必须培育自己的要素禀赋，逐步提升自己的技术能力，从而采取不同的赶超方式：当要素禀赋比较低时，技术能力也比较低，此时应该采取模仿创新进行赶超；当要素禀赋得到提升之后，技术能力也得到提升，此时应该采取合作创新进行赶超；当要素禀赋进一步得到提升后，技术能力也达到一定的高度，就应该采取自主创新进行技术赶超。

（4）要素禀赋、技术能力与后发大国技术赶超的国际比较及中国的实证。本部分通过日本、韩国等后发国家的技术赶超史和经济发展历程，进一步检验了核心命题。同时结合前人的研究，合理地设计量化指标，对中国省域的技术能力进行了科学的测算，并针对不同省份进行技术能力门槛的测算，以确定不同地区技术赶超的具体方式。

1.3.3　研究方法

从方法上看，要按照"以后发大国为研究对象、以要素禀赋和技术能力为基础，以技术创新为导向、以实现后发经济技术赶超为目的"的思路，从理论和实证、宏观和微观、国际和国内、现实和发展的结合上开展研究，从而形成具有创新意义及实践价值的成果。

1．理论分析与实证研究相结合

首先,要对技术创新和技术赶超进行理论研究。本书的目标是进行理论的研究,因此,既要以已有的技术创新和技术赶超理论为指导,研究后发大国技术赶超问题,又要通过深入细致的研究,提出新的思想观点,概括新的理论,如基于技术能力的技术创新方式理论、基于要素禀赋的技术能力理论等。其次,以日本、韩国和"金砖国家"等技术赶超为案例,对后发大国技术赶超进行实证分析。理论的研究应该以实证分析为基础,所以,无论是研究战略问题、技术创新方式问题还是研究赶超的策略问题,都要进行相应的实证分析,以中国省域数据来测度区域经济技术赶超的实践,以支撑相关的理论和观点。

2．宏观研究与微观分析相结合

在宏观方面,要研究经济全球化趋势和国际市场环境,分析后发大国经济技术赶超的背景和发展阶段,分析技术赶超的本质、特点、方式、机理和策略,并以中国省域为实证分析技术赶超的技术能力特征。在微观方面,要研究后发大国技术赶超的机制,分析要素禀赋、技术能力促进后发大国技术赶超的内在机理,探讨后发大国技术赶超方式的动力特征以及要素禀赋的培育途径和内在机制。

3．国际研究与国内研究相结合

研究后发经济技术赶超,应该立足后发国家(地区)的现状,面向国际,既对经济全球化条件下后发大国技术赶超的一般规律进行研究,又对以中国为首的后发经济具体情况的分析。我们的研究对象是后发大国,因而要分析国际的技术环境和国际技术创新状况及赶超状况,把握技术创新和技术赶超的内在规律,把握世界前沿技术的发展趋势和规律。我们的研究又是为中国服务的,因此它自然会打上中国特色的印记,带有中国经济和中国区域经济的特征;特别是结合中国经济发展的现状,立足要素禀赋和技术能力的视角,研究中国技术赶超的历史。不仅如此,本书还将对中国区域技术赶超问题进行分析,立足不同省份要素禀赋和技术能力的现状,设置合理的指标体系,测算技术能力参数,为区域经济技术赶超发展提供思路和策略,增强本书的理论性、现实性和可操作性。

4. 现实研究与发展研究相结合

要完整地把握后发大国技术赶超,既要对其后发大国发展现状进行客观的分析,尤其是要对后发大国的要素禀赋和技术能力进行客观分析,又要对其发展潜力和发展前景进行科学的预测。一方面,我们要研究中国经济技术发展的现状和对技术创新与技术赶超的现状,分析现阶段中国技术的整体特征和中国企业的微观特征以及技术赶超的实践,提出当前的创新方式及其创新管理思路,选择切实可行的赶超途径。另一方面,我国的整体经济发展状况和区域经济发展状况都是动态的,也就是说我国的要素禀赋和技术能力是动态的,我们必须立足实际,把握好要素禀赋和技术能力的动态变化规律,根据不同时期的特点,进行技术创新方式调整和技术赶超模式调整,从模仿创新逐渐向合作创新和自主创新演变,从而不断提升技术赶超的能力。

1.3.4　理论贡献

本书结合国家加大自主创新力度,构筑创新型国家的战略背景,研究后大国的技术赶超和经济收敛,具有非常重要的意义,创新之处表现如下:

第一,多种理论的交叉融合。由于本书的目的是想构筑基于技术能力的技术赶超理论框架,所以在研究的过程中结合实际,全面地考察了技术创新理论、资源和能力理论、博弈论和内生经济增长理论,将它们应用于分析后发大国的技术创新行为,提出后发大国技术赶超的关键和核心是后发大国要素禀赋和技术能力的培育,这是后发大国技术赶超的理论依据。

第二,科学地提出了拓展的要素禀赋理论,丰富了发展经济学的内容。现有的研究无法科学地解释后发大国技术赶超的不同结果,经济发展史表明技术能力是后发技术赶超的关键,而技术能力又是要素数量和要素质量的结合体,因此本书提出了拓展的要素禀赋理论,为技术能力注入新的内涵,为发展经济学的发展拓展了范围,丰富了内容。

第三，科学地注解了要素禀赋与技术赶超的机理。新经济增长理论将创新扩展为中间投入品数量扩张和质量提升，借助这一思路，我们将从要素数量扩张和质量提升两个方面来探究要素禀赋促进后发大国技术赶超的作用机理，这对发展经济学而言具有一定的创新意义。

第四，合理地设置了技术能力衡量指标。科学地计算了技术能力参数，并以中国的区域为例进行测算，为后发大国技术赶超提供了定量意义上的指导，使后发地区的技术赶超具有较强的指导性和可操作性。

第 2 章

理论研究进展及评述

经济史的研究表明,在经济发展中存在一种被称为"蛙跳"(leapfrogging)的技术赶超机制。所谓技术赶超,就是指技术落后国家(地区)在一定条件下实现了对原先技术发达国家的超越,其中,18 世纪末英国的崛起取代了荷兰的经济技术统治地位以及 19 世纪末 20 世纪初英国的领先地位被美国和德国所取代都是这方面很好的例证。这种国家、地区或产业间领导权的交替一般可以从社会制度架构、要素禀赋以及技术变迁等因素中寻找到答案,如 Olson(1982)、Barro 和 Sala-i-Martin(1997)等。国内外关于这一问题的研究比较丰富,本书从以下几个方面来梳理国内外的研究轨迹,以期搜寻研究中的盲点。

2.1 技术赶超国外相关研究现状

2.1.1 技术赶超的可能性

早期的学者对技术下的定义比较笼统,如 Stewart(1977)给技术所下的定义可能是对技术的最为宽泛的一种解释。他认为技术是制造、使用或者从事有用事情所需要的所有的技能、知识和程序。技术不仅包括生产的硬件,而且还包括管理、教育、市场等生产的软件。Hellenier(1975)从专利意义上给出技术的定义,认为技术不仅包括法律认可的专利和商标,也包括无法专利化的技术或未经专利法化的专有知识,还包括熟练劳动内含的技术和有形商品内含的技术。ESCAP/UNCTC(1984)则把技术定义为用于生产者商业化、商品和服务销售的知识,及用于生产和销售的专有知识、经验和技巧的总和。

后期的学者则对技术进行了较为具体的解释。他们往往对技术进行分类,并进行不同的解释。Brooke(1988)则将技术分为三个层次:第一个层次是比较广泛的功能性技术;第二个层次是工序、产品工艺等方面的技术;第三个层次是真正的专有知识。Sahal(1981a,1982b)不仅给出了技术的不同定义,还对各种定义进行了区分。他指出,技术是一种"构造"或"组态",它不仅表现为一定的产品,还包含与这些产品或加工过程相联系的知识。而 Enos(1989)则给出了相对比较狭隘的技术定义,他把技术定义为内含于专利中的技术信息,或以文字为载体的可交流的技术知识。

实际上,尽管技术的定义有很多,但作为一种有价值的智能结晶,技术可以通过信息、经验心得、抽象的观念、标准作业程序、系统化的文件、具体的知识等方式呈现。技术呈现的形式虽然有很多种,但在本质上都必须具备创造附加价值的效果,否则就不能被称为技术。因此引进、学习、扩散、创新技术,都可以作为技术赶超的一种途径或方式,是驱动社会进步的最主要力量。

"技术"的不同理解也使得对"技术赶超"含义的解释同样不一致。单纯从技术自身发展规律的角度研究技术赶超,对赶超的作用机制的理解则不尽相同,但有很多学者认为共同点或者落脚点是技术的扩散与转移,当然也有学者认为技术的扩散与转移是其中的一条途径,具体的途径还包括模仿创新、合作创新、自主创新等,这里我们无须来澄清这些争论,但关键一点他们都把技术赶超看做一个客观的过程,是技术发展过程中的一个必然环节,也是技术创新的必然结果。

技术赶超属于发展经济学的研究范畴,从目前已有的文献来看,对技术赶超的研究逐渐趋热。尽管如此,国内外对于技术赶超或者说技术跨越并没有一个统一的定义。Hobday(1995)指出,技术赶超是指一些后发国家或地区跃过旧有的技术及其巨额投资,并追上发达国家的过程和方式。Lee 和 Lim(2001)基于韩国工业技术的赶超的研究,将技术赶超(catching-up)划分为路径创造型(path-creating)、路径跳跃型(path-skipping)和路径依从型(path-following)三种模式。①可以看出,Hobday 的技术赶超定义与 Lee 和 Lim 界定的技术赶超模式之一的路径跳跃型技术赶超是一致的。但事实上,只要在目前的国际经济环境中,后发大国只要能够追上并超越发达国家的技术状况就可以认为是技术赶超,这是很直观的理解。

既然技术赶超是后发大国经济发展和技术追赶的关键,那么技术赶超是否具有现实性,即后发大国能否通过实施技术赶超战略,缩短同发达国家的经济和技术差距甚至赶超呢? 根据发达国家和后发国家(地区)的技术差距以及产品发展的特点,Posner(1961)和 Vernon(1966)分别提出并建立了技术差距模型和产品生命周期模型,描述了在技术和产品的发展中,发达国家技术向后发国家(地区)扩散并使后发国家(地区)产品最终占领国际市场的过程。技术差距和产品生命周期模型说明了技术后发国家(地区)有可能追上技术领先国,特别是 20 世纪 80 年代以来,随着信息技术的发展,新技术的扩散时间越来越短,从而技术落后国(地区)技术赶超的步伐越来越快。

从国际贸易的角度出发,并且考虑了学习效应、重大技术创新的出现和技术领先国与后发国家(地区)之间工资率的差异,Brezis、Krugman 和 Tsidon(1993)建立了一个国家技术领先地位更迭的周期理论模型,说明了后发大国实现技术赶超的可能性。他们认为当一项重大创新技术出现时,一般效率低于旧有技术,技术领先国由于旧有技术经验积累带来的经济效率以及国内的高工资报酬负担,缺乏利用新技术的经济动力。相反,后发国家(地区)由于旧有技术的产业基础尚未完全建立(因而缺乏旧有技术经验),并且工资报酬率较低,所以新技术的产生可以诱使这些国家利用低工资进入新的市场和产业,在领先国家和后发大国或后发地区工资率差距达到一定阈值时,它们之间的地位就会发生更替,技术赶超就有可能在后发国家(地区)实现。

---

① 按照 Lee 和 Lim(2001)的观点,路径创造型技术赶超是指特定产业技术赶超过程中,后发国家创造出一个新的技术发展路径,这一路径和技术领先国技术发展的历史路径并不相同,但是路径跳跃型和依从型技术赶超则是指技术赶超的总体路径和发达国家的历史路径是相同的,不过跳跃型的技术赶超路径,技术赶超是非线性的,而依从型技术赶超中,技术赶超是线性的。

从后发大国与发达国家的技术差距出发，Gerschenkron(1962)提出了后发优势理论，认为后发大国由于技术落后，可以利用发达国家业已建立起来的知识、技术、管理和市场经验，减少"试错"成本，迅速实现技术赶超。其实关于这一点，国内林毅夫(2001；2002)的阐述可能更全面。他认为后发大国或后发地区可以利用它与发达国家的技术差距，实现快速的技术变迁，技术变迁越快，资本回报率就越高，从而资本和技术的积累就越快，同时，新的附加值高的产业部门出现得越快，所以从技术的层面来讲，后发大国或后发地区有比发达国家增长更快的潜力，能够更快地实现技术赶超。Mathews 和 Cho(1999)研究了韩国半导体工业的发展历史后认为，由于后发经济的资金、市场资源和技术能力缺乏等初始性困难，它们可能并不对自身的能力存在任何幻想，在此情况下，它们会利用与发达国家的技术差距，通过低成本的合同制造和技术许可等方式实现技术赶超。

2.1.2　技术赶超的时机及方式选择

1. 技术赶超的时机选择

什么时间是实现技术赶超的最佳时机？Utterback 和 Abernathy(1975)通过对美国为代表的发达国家的产业技术创新的分析，建立了一个关于技术创新的动态模式(U-A 模式)，深刻地揭示了技术发展的内在的规律。其认为技术创新可以分为产品创新(product innovation)和过程创新(progress innovation)，随着技术的发展，技术创新过程依次经过流动性阶段(fluid phase)、过渡性阶段(transitional phase)和明确性阶段(specific phase)，并且产品创新和过程创新会经历不同的创新频率。目前这一模式已经成为众多国家设计其产业竞争战略的一个重要基点，显然一个国家具体产业技术赶超时机选择必须和技术创新的规律相吻合，否则技术赶超必然导致失败。具体地说，一国应该针对自己在不同产业中不同类型的技术能力选择不同的技术进入时机：对技术能力特别是产品创新能力较强的产业，可以选择流动性阶段或过渡性阶段进入；对于过程创新能力较强的产业，可以选择明确性阶段进入。

Mathews 和 Cho(1999)通过研究韩国 DRAMS 和 CDMAS 技术的成功赶超或跨越指出,产品发展的快速变更为新来者实现技术绝对赶超提供了机会窗口。进一步,Perez 和 Soete(1992)研究了技术赶超的进入壁垒和机会窗口,他们从技术生命周期和进入成本出发,分析了技术生命周期中不同的时期技术进入成本各个组成因素大小的变化,认为技术初始引进期和成熟期是最适宜的技术赶超机会。这一结论支持了许多工业化国家在传统成熟工业产品上的出口导向战略和在诸如数字电话通信、电子存储芯片等技术上的早期进入事件。

2. 技术赶超的途径或方式

技术引进、学习、扩散、创新,都可以作为技术赶超的一种途径或方式,这些都是被前人证明过的。

(1) 基于技术扩散的技术赶超。许多学者认为,技术扩散是技术赶超的有效途径。Lake(1979)基于技术的定义,指出技术的扩散转移有三个层次:第一是市场层次,指转让一种可以重复制造的产品或者服务,扩展产品市场;第二是生产层次,所转让的是一些成熟的生产工艺技术;第三是研发层次,是对已有的生产技术的一种转让,是模仿生产已存在的产品。实际上,我们今天所谓的技术赶超更侧重于第三层次,这种层次包含有更大成分的技术模仿,而这种模仿创新对后发经济而言又的确是可行的。

在 Lake 之后,Smith、Gee 等都对技术扩散作了自己的解释。Smith(1980)认为,技术扩散就是技术从一个地方运到另一个地方或者从一个人手中传到另一个人手里,并且这种传递往往是从发达地区向后发地区传递。Gee(1981)认为,技术扩散应该是一种能力扩散,是对理解、吸收和发展所引进的技术能力的一种转移。他还认为,技术扩散是否成功,要看技术引进方在没有外部帮助的情况下是否能够独立完成技术的吸收、应用、消化和提高,从而促进技术引进方的能力提升。Gee 的技术引进观完全是站在后发国家或者地区的立场,注重后发地区技术能力的提升,这为后发大国或后发地区的技术赶超提供了切实可行的思路。

(2) 基于技术外溢的技术赶超。关于技术扩散导致的技术赶超的更多研究集中在跨国公司的技术转移行为上。早期的学者们大多数认为,跨国公司作为世界先进技术和技能的拥有者,也是技术转移的首要代理者,跨国公司的投资行为会对东道国,尤其是后发国家或地区产生正面竞争效应(pro-competitive effects)、外部性(externalities)和技术外溢(technology spillovers)。因此,跨国公司的进入和存在对于东道国的技术成长有很大的促进作用,其技术外溢效应成为后发经济技术赶超的一条主要途径(Caves,1974;Findly,1978;Keith Pavitt,1971;Patel Pavitt,1991)。

当然,也有许多经济学家认为跨国公司对后发国家的投资并不利于后发国家的技术成长。如 Hymer(1970)认为,跨国公司的对外投资是垄断优势在国际范围内的一种扩张,而垄断优势本身就是一种市场扭曲,这不利于技术的成长和发展。Moran(1970)、Lall 和 Streeten(1977)也指出跨国公司不会将最先进的技术运用到后发地区,这不利于后发地区的技术成长。此外,Lall(1985)基于技术的层次性,认为跨国公司在生产和加工技术上的溢出效应比较明显,但对更深层次的技术转让方面,则效果并不明显。或者说,在技术诀窍层次上,跨国公司是技术的有效的传播者和积极的转让者,但在技术原理层次上则效果难以确定。

综观以上跨国公司的技术外溢效应的种种理论分析,可以看出,国际间的技术转移,或者说后发大国或后发地区的技术赶超主要是通过两种主要途径:一是通过国际贸易,通过资本品和许可权交易来转让技术,这是一种外部化的技术转移模式;另一种是国际直接投资,这是实现技术转移的一种内部化方式。但是究竟哪一种形式更适宜后发大国或后发地区,还需要进一步的研究。

(3)基于技术差距和溢出效应的技术赶超。后发大国或地区要想实现技术赶超,充分地吸收跨国公司的技术溢出效应,还需要自身具备一定的技术水平。在这方面,Cantwell 的研究比较深入。Cantwell(1991)认为,如果东道国的技术水平比较落后、人力资源的素质比较低,跨国公司就会倾向于转让一些生产阶段附加值比较低、低技术含量的技术内容到该国,以便利用该国的低成本优势。相反,如果东道国的技术水平相对较高,则跨国公司相对倾向于转移一些附加值及技术含量都比较高的内容,以利用当地的技术和人才优势。因此,东道国企业的技术水平与跨国公司之间的技术差距越大,跨国公司的先进技术转移给当地公司的可能性及比例就越小。反过来讲,如果东道国当地公司的技术水平比较高,则它们可以有效利用自身的资源去应付来自跨国公司的竞争,并有机地吸收跨国公司的外溢效应,从而进一步强化自身的技术优势。

Fagerberg 在 1994 年的调查研究报告中发现,在发达国家和后发国家之间,技术赶超的潜力与技术差距正相关,因而技术赶超与技术差距有很密切的关系。Fagerberg 认为经济收敛的根源在于技术的国际溢出和扩散,在于两种冲突力量的相互作用过程,即创新(技术的产生和使用,它致力于扩大国与国之间的技术差距)和模仿(外来知识的获取和使用,它力图减少技术差距,达到技术收敛的目的)。然而,受熊彼特、阿罗等学者的启发,Cohen 和 Levinthal(1990)指出技术的生产具有很强的自我积累性和路径依赖特点,较大的现存技术意味着具有较强的技术溢出效应供后发国家或地区去学习,去开发更多的新技术,即技术差距与技术赶超呈反向关系。

以 Findly(1978)为代表的早期实证检验表明,技术差距越大,本地企业可以学习和模仿的空间越大,从技术溢出效应中获益就越多。此后 Sjoholm (1999)对印度尼西亚的研究也得出类似的结论。得出这一结论的学者普遍认为,后发大国或地区和发达国家间的技术差距越大,后发大国或地区就越具有追赶和学习的空间,因而从技术的溢出效应中获益就越大,经济收敛的可能性也就越大。而 Haddad 和 Harrson(1993)对委内瑞拉的研究、Kokko(1996)对乌拉圭的研究却得出相反的结论,他们的实证表明,当技术差距小时,技术溢出效应才越显著,后发国家可以通过消化、吸收、创新等技术能力能够实现技术赶超,从而达到经济收敛。在 Kokko(1994)对墨西哥的研究中,其在采用连乘变量来检验技术差距对后发国家企业劳动生产率的影响时发现,当技术差距较大时,相应的连乘变量与被解释变量之间的关系为负相关,表明技术差距太大会阻碍技术溢出效应的实现,进而影响到经济收敛的实现。得出这一结论的学者认为,后发大国或后发地区在技术差距小的情况下才能很好地吸收发达国家的技术溢出效应,才具备赶超的技术能力,而当技术差距太大时,后发大国或后发地区缺乏相应的技术能力,无法消化吸收先进国家的技术溢出。在上述研究的基础上,Blomstrom 和 Sjoholm(1999)

提出,技术差距与技术溢出效应之间可能存在非线性关系,溢出效应的发生要求有技术差距。在初级阶段,技术溢出效应随着技术差距的增加而增加,而当差距增大到某一水平以至于当地企业无法在现有的技术能力基础上对国外先进技术进行吸收时,溢出效应将与技术差距负相关,此时后发大国或地区就无法利用技术能力实现技术赶超。Borenztein(1998)和 Blomstrom(1994)等将这一转折点称为发展门槛(development threshold),认为后发国家应具备一定的劳动技术水平和基础设施水平,即技术能力才能跨过发展门槛,实现技术赶超和经济赶超。Xu(2000)、Keller(2003)等也得出类似的结论。

事实上,关于技术差距与技术赶超的关系目前还没有一致的结论。但无论是认为技术差距大有利于技术赶超还是技术差距小有利于技术赶超,一个不可否认的事实是:极少数后发国家,如韩国、日本等通过吸收国外先进技术的溢出效应,从而极大地促进了技术进步,缩小与发达国家的技术差距,最终实现技术收敛和经济收敛。大多数后发国家虽然经过各种努力,也采取了种种措施,但没有很好地利用发达国家的技术溢出效应,消除技术差距,实现技术收敛。经典文献并没有对这一现象做出解释,这既成为发展经济学的一个遗留问题,也成为发展经济学研究的一个热点和焦点。

(4)基于技术吸收能力的技术赶超。Borenztein(1998)和 Blomstrom(1994)认为发展门槛(development threshold)的提出,给后发大国或地区技术赶超提供了一个比较贴近实际的思路。后发大国或地区要想有效地实现技术赶超和经济收敛,就应该具备一定的劳动技术水平和基础设施水平,即技术能力才能跨过发展门槛,实现技术赶超和经济赶超。这一门槛实际上就是后发大国或地区的技术能力,并且也有大量的学者从技术能力角度考虑,进行了细致的研究,结果表明后发大国或地区的"赶超"依赖于自身的技术能力,即后发大国或地区吸收发达地区先进技术的能力依赖于过去能力的积累。如 Perez(1997)、Kokko(1994a,1996b)、Lapan 和 Bardhan(1972)等,他们认为,如果后发地区技术基础薄弱,技术积累差,学习模仿先进技术的技术能力差,会影响示范—模仿机制发挥作用。同时,后发大国或地区技术能力不足,也会使技术溢出发生作用的关联机制受到影响。换句话说,发达国家的现有技术是适合本国资源禀赋和经济技术发展水平的,但是对于后发大国或地区来说,发达国家所开发的新技术可能对于后发大国或地区并不适合,因为后发大国或地区普遍缺乏像发达国家那样应用技术所必需的组织、技术基础、人力资本等技术能力。所以在国际技术扩散中,我们可以看到一个奇怪的现象:很多后发大国或地区引进了发达国家的先进技术,但是却陷入"引进—落后—再引进—再落后"的怪圈。其根本原因就是后发地区缺乏与之相匹配的技术能力,使得引进的技术无法有效地得到消化吸收,脱离后发大国或地区技术能力的技术即使再先进,也难以推动后发大国或地区的经济增长和发展。因此,问题的实质是后发大国或地区在引进、模仿发达国家先进技术的时候,一方面要注意选择适合本国国情的先进技术;另一方面要积极创造使发达国家的先进技术得以吸收利用的条件。也就是说后发大国或地区一边要引进与自己技术能力相适应的技术,一边要注意培育自己的技术能力,保证技术引进与技术能力的螺旋上升。

2.1.3　技术赶超的学习模式及机制

1. 技术赶超的学习模式

对于后发大国而言,它们往往在远离世界的科学和创新中心,与主流的技术和研发资源脱节,工业和技术的基础设施不完善,大学和其他教育机构、技术机构技术能力弱,在国际及国内的市场竞争中,依赖于从其他国家的公司获取的技术并逐渐积累,以形成自己的技术能力。为此,它们需要一个过程,一个追赶的过程,一个学习的过程。

(1) Kim 的技术赶超学习模式。韩国学者 Linsu Kim 在其《从模仿到创新:韩国技术学习的动力学》一书中,以韩国的汽车业、电子业、半导体业为例,提出了后发国家或地区不同于发达国家的逆向技术赶超的三阶段学习模式。Kim 认为,在工业化的早期阶段,后发国家(地区)由于缺乏建立生产运作的本地能力,企业家们从工业发达国家获得成熟的国外技术,通过获得国外成套技术来启动生产。这一阶段的生产仅仅是外国投入的组装生产，生产出相当标准的、无明显差别的产品。一旦这些国外的技术在本地转移成功，生产和产品设计技术将很快在全国范围内得到传播，吸引了新的后来者加入竞争，激发了本国消化吸收国外技术来生产各具特色的产品的技术努力。通过消化吸收引进技术，本国的企业可以由模仿性分解研究来开发相关产品，引进的技术逐步获得改进提高。

后发国家(地区)三段式技术赶超轨迹不仅仅发生在特定阶段成熟技术的传播中，那些已经成功地获得、消化吸收、改进了引进技术的企业可能会利用发达国家尚处于过渡阶段的较高技术重复这一过程。如果成功的话，它们也许会最终积累本国的技术能力，在流动阶段总结出新兴的技术，向发达国家中的企业发出挑战。当有足够的企业达到这一阶段时，这个国家就可以被视为是发达国家。Kim 的逆向三段式技术赶超学习模式被认为是后发大国技术赶超的经典模式，在文献中被不断引用，是迄今为止应用最为广泛的技术赶超模式或者说技术学习模式。

(2) Hobday 的技术赶超学习模式。Hobday(1995)对技术赶超中学习问题的研究也做出了重要的贡献。他的一系列关于技术赶超、技术学习的研究，以其专著《创新在东亚：对日本的挑战》为代表。在该书中，Hobday 以技术复杂而具有高度竞争性的电子工业为研究对象，对韩国、中国台湾、中国香港、新加坡四个国家或地区的技术赶超和技术学习进行了研究，提出了后发大国或地区的技术学习模式。著名创新理论研究专家 Christopher Freeman 认为 Hobday 的理论对整个"后发国家经济追赶理论"体系做出了卓越贡献。

(3) Gil、Bong 和 Lee 的技术赶超学习模式。Gil、Bong 和 Lee(2003)认为，后发大国或地区技术赶超和技术学习的关键是技术内部化，通过企业的技术能力、学习以及自己所能开发的相应技术，对来自发达国家的技术消化、吸收和获取，以提高企业的技术能力，并最终消除其对较发达国家的技术依赖性。Gil、Bong 和 Lee 等人在 Lee、Bae 和 Choi(1998)的研究的基础上，根据技术赶超和技术学习的程度，将技术分为操作技术、设备/工艺技术、设计技术、研发/创新技术。技术内部化过程也由此可以分为两个阶段：第一阶段是工艺技术以及产品和工艺的设计技术的掌握,这依赖于获得的技术水平;第二个阶段是研发/创新技术的获得,通过研发能力的积累。通过这两个阶段的技术学习及其实践,后发大国或后发地区就可以像发达国家一样建立自己的研发能力,开发自己的独特产品,从而实现技术赶超。

(4) Putranto、Stewart 和 Moore 的技术赶超学习模式。Putranto、Stewart 和 Moore(2003)认为,发达国家向后发国家或地区的技术转移是后发国家或地区获取新技术的一个选择,后发国家或地区可以将技术转移视做发展其技术能力的基础。他们以印尼为例,基于技术转移接受者的角度,分析了后发国家或地区技术学习的四阶段模式:准备阶段(确定目标、优缺点分析、管理资源和基础结构的评价、技术需求说明、寻找和选择备选方案、评价、商谈)、生产阶段(设计、工程、构造等活动,与第三个阶段合称为实施阶段)、运作阶段(技术转移的产品的操作和使用)、评价阶段(反馈)。这种模式的提出更具针对性,但是每一个国家或地区的具体情况不同,其技术赶超和学习的模式也不一样。也就是说,没有固定的模式可以供哪一个国家去学习,去采用,要根据国家或地区的具体环境和基础,立足实践,规律是可以发现的,但是固定的模式需要各个国家自己去尝试。

2. 技术赶超的机制

早在 1915 年,Veblen 提出了一种"领导权惩罚"的想法,认为在技术变迁所带来的技术比较选择过程中,原先技术领先者可能会因循守旧,而落后者则可能会采用出现的新技术并最终赶上甚至超过技术领先者。这种技术决策所诱发的技术格局的变化后来成为研究技术变迁背景下赶超发生机制的范式。然而直到 20世纪 90 年代,技术赶超机制才真正成为经济学界的系统研究对象,因为当时兴起的经济全球化进程迫使所有国家(不论是发达国家还是后发国家),都必须思考全球化所带来的机遇与风险。目前对技术变迁背景下技术赶超问题的研究大致有两个方向,分别是在国际贸易和新经济地理学两个框架下讨论赶超的发生机制。沿着第一个方向进行开创性研究的是 Brezis 等(1993)的《国际竞争中的技术赶超:一个关于国家技术领导权更替的理论》。Brezis 等人在动态李嘉图比较优势贸易模型的基础上引入技术的外部性和独立性,指出当新技术出现时,先进国家由于在旧技术上的成功运用中掌握了丰富的经验,先进生产技术的直接提升而加以采用,而后发大国或地区则由于没有太多的经验并意识到新技术能够促进生产技术的直接提升而加以采用,从而最终实现技术领导权的更替。Brezis 和 Krugman(1997)则应用该研究成果成功地解释了不同城市之间的技术赶超现象。此模型后来衍生出了不少扩展,比较有代表性的包括 Ohyama 和 Johnes(1995),及 Desmet(2002),他们分别在技术决策中引入技术跨期比较优势和技术外溢概念,在更加宽松的假设条件下讨论了技术赶超的发生机制。与此同时,自 20 世纪 90 年代以来,Krugman(1991)、Krugman 和 Venables(1995)、Venables(1996)等运用不完全竞争、报酬递增和市场外部性等理念构建了新的经济地理模型,创立了所谓的新经济地理学。新经济地理学认为市场外部性能够推进产业集聚,对于工业中心的众多企业与消费者而言,他们能得到一种集聚收益,比如物美价廉的投入品与消费品等。当新技术出现时,企业为了继续获得这种收益而坚持使用原有技术,此时新技术就有可能被周边落后地区所采用,进而导致技术赶超的发生。

(1)基于国际贸易的技术赶超。国际贸易理论研究的是国家或地区间的贸易分工与竞争,而技术赶超作为一种二元竞争态势,很自然地可以通过国际贸易理论来加以阐释。最早将技术赶超纳入国际贸易理论框架的是 Brezis 等(1993)。Brezis 等(1993)对技术赶超的刻画其实非常简单:在某个时刻,技术创新使工业生产技术属性潜在地得到提高,但先进国并不会采用这项新技术,因为它在已有技术上积累起来的生产经验可以保证比采用毫无经验的新技术更高的生产效率;相反,落后国的生产者则会采用新技术,因为虽然同样是毫无生产经验可言,但采用新技术可以直接地提高其生产率。在这种技术决策的影响下,国际贸易分工格局就会发生变化,后发大国或地区将最终取代先进国家而专业化生产工业品,而后者则专业化生产农产品,从而发生了技术赶超。该模型很好地解释了工业革命所导致的世界经济领导权的更替,而且也很好地解释了 20 世纪 50 年代的氧化炉炼钢技术导致的美国钢铁行业在 60 年代为日本所超越等产业地位的变迁(Borrus,1983;Chen,1996)。此外,由于采用了 Heckscher-Ohlin 分析框架,该模型将资本纳入了生产函数,并藉此讨论了资本流动与技术变迁之间的关系,论证了资本流动不是简单地从富国到穷国或者从穷国到富国,资本是流向技术变迁最快的地区。而 Brezis 和 Tsiddon(1998)的研究发现资本流入可以作为后发大国或后发地区赶超先进国家过程的指示器,这与扩展模型所预测的在技术赶超过程中资本是朝着采用新技术后的后发大国或地区流动的这一结果相吻合。

(2)基于新经济地理的技术赶超。以 Krugman、Venbles 和 Fujita 为代表的新经济地理学认为,产业上游与下游企业之间具有一种需求与成本联系,这种厂商和企业之间的前后向联系与市场规模之间形成循环累积因果互动,进而导致经济活动的积聚。对于身处产业中心的众多企业而言,它们能够享受到一种积聚收益,如物美价廉而又琳琅满目的投入品等。不过这些企业也有一些不利之处。譬如,相对于周边地区,它们必须负担较高的工资水平。然而,Venbles(1996)指出产业中心可能存在着技术停滞现象,因为企业可能不愿意放弃已有技术所带来的积聚收益。如果这种技术决策是普遍的,现有的产业技术格局就不会发生变化,但若周边落后地区采纳新技术时,原先产业中心的技术水平就会被其所超越,旧有的产业技术格局就会被颠覆。Amiti(2001)明确提出积聚收益的存在是发生技术赶超的一个非常重要的原因。Amiti 建立了一个寡头竞争上游企业和完全竞争下游企业产业模型,企业垂直产业联系的存在可以形成一个"中心—周边"的产业布局,中心地区的工资水平要高于周边地区。由于假定新旧技术之间是互不兼容的(incompatible),如果一家企业突然采用新技术,由于产业链上的其他企业仍采用的是原有技术,该企业将不会得到任何积聚收益。所以新技术更有可能被周边地区所采用,因为那里没有这种依赖于既有技术的积聚收益,而且工资水平也较低。该模型证明了存在这种赶超均衡,即周边地区的技术水平超越了中心地区,周边地区将成为代表新技术的新产业中心,而原来的中心地区则沦落为其周边地区,所以技术变迁导致了技术赶超的发生。纺织技术的变迁正反映了 Amiti 技术赶超理论的正确性。机器纺纱这一新纺织技术的出现,使荷兰和英国在纺织产业中的地位在工业革命后发生了对换,其原因是荷兰企业不愿放弃原有纺纱技术所形成的产业集聚效应,而英国纺织企业却没有这种既得利益的诱惑而且工资水平也较低,所以在这种情况下,新技术在英国得到广泛应用而在荷兰却步履艰难也就不足为奇了。类似的情况也见诸 19 世纪六七十年代美国的钢铁行业,如在炼钢技术的一系列重大突破后,早先荷兰匹兹堡的钢铁中心地位逐渐为其他城市所取代等。Amiti 的技术赶超模型有一个前提假设就是不存在技术外溢,显然这是与实际不完全相符的,一个可行的办法就是能否在放松此假设的条件下对技术赶超进行讨论。Gallo(2005)对此问题进行了尝试。基于 Krugman、Venbles(1995)的不完全竞争模型,Gallo 将产业集聚与技术赶超融入统一的分析框架中,指出技术赶超的发生概率与积聚收益和技术相容度之间呈负相关关系:已有积聚收益越大,新旧技术相容度越低,积聚地发生技术停滞的风险就越大,进而就越有可能出现产业布局变迁与技术赶超。值得注意的是,引入技术相容度实际上是在更广范围内讨论了技术变迁对技术竞争的影响,技术相容度的高低表示了技术变迁的程度,就像 Brezis 等(1993)所定义的渐进性和跨越式两类技术赶超一样。如果技术相容度较高,即新旧技术之间具有较大的替代性,企业就有可能为了得到生产效率的长久提高而放弃已有技术所带来的积聚收益,技术赶超的可能性就较大;而如果技术相容度较低,即新旧技术之间的替代性较低,企业就有可能不愿放弃积聚收益,技术赶超的可能性就越小。

实际上,技术赶超的发生和实现都离不开技术变迁,技术赶超之所以能够发生,技术变迁是关键。正是因为技术变迁所带来的新技术,才会出现技术决策问题。只有当先进国拒绝技术而落后国接受新技术时,技术赶超才能发生。这种假设在今天显得非常牵强,这是因为在技术经济日益发展的今天,任何国家和任何企业都知道技术的重要性,都对技术创新以及创新得到的新技术给予足够的重视。所以,基于国际贸易和新经济地理学的技术赶超模型显得有些单薄,前提假设的局限性使得模型对现实的把握不够。尽管如此,技术赶超的政策含义仍十分明显,那就是要鼓励新技术的引进和运用,如政府可以通过税收优惠等措施鼓励本国企业引进和使用新技术,提高社会对高科技产品的需求,加强对高科技企业的扶持力度;及时调整产业发展政策,对企业的技术决策提出指导性意见;建立完善的专利制度,保护创新者的利益,降低创新的社会成本等,这对后发大国或地区进行技术赶超提供了比较可行的思路。

2.2　技术赶超国内相关研究现状

与国外相比,国内关于技术创新、技术赶超的研究相对较少,切入点比较散,成效也有限,并且主要集中在技术赶超的方式[①]和技术类型的选择上。

2.2.1　基于外商直接投资视角的技术赶超

后发大国或地区的技术赶超过程从某种程度上来讲更侧重于技术从发达国家向后发大国或地区的转移和扩散过程,或后发大国(地区)的自我发展过程。而技术转移和扩散的途径主要包括三种:贸易、技术许可和外商直接投资(FDI)。自我发展则主要是利用自身在某一方面的优势,进行自主研发,以实现技术赶超。中国近年来引进了大量的 FDI,成为国内技术赶超的一条主要途径,基于此,国内学者大都从 FDI 的视角出发来研究技术赶超。何洁、许罗丹(1999)、何洁(2000)从工业部门的 FDI 出发,测算 FDI 的溢出效应,她们认为 FDI 的溢出效应是国内技术进步的一条非常有效的途径,通过消化吸收 FDI 蕴涵的先进技术,我国企业的技术能力得到提升。彭水军、包群、赖明勇(2005)、赖明勇等(2005)、许和连(2005)不仅研究了 FDI 的溢出效应对国内技术进步的影响,还从人力资本、研究开发等角度提出要加强吸收能力的培育,以加速中国的经济增长。关于这一主题的研究还有徐雪刚(2006)、刘正良、刘厚俊(2006)等,他们都对 FDI 的溢出效应与中国技术能力的提升提出了很好的建议。

2.2.2　基于知识产权保护的技术赶超

为什么大多后发大国(地区)没有通过技术后发优势实现经济赶超? 对这问题

---

① 而我国由于拥有大量的外商直接投资,因此,技术赶超在很大程度上是从外商直接投资的视角出发的。

争论的一个焦点就是后发经济的知识产权保护,国外的 Helpman(1993)、Markusen (2001)、McCalm(2002)、Glass 和 Saggi(2002)等都提出了不同的见解。国内的韩玉雄、李怀祖(2003)认为,严格的知识产权保护牺牲了后发大国或地区的利益而保护了发达国家的利益。张亚斌、易先忠、刘智勇(2006)借鉴 Mondal 和 Gupta(2006)对具有外部性知识资本的定义,拓展了南北技术扩散模型,考虑了知识产权保护在自主创新和国外模仿两难中的权衡,分析了知识产权保护在短期和长期内对后发国家技术赶超的影响,得出了不同的结论。他们认为在技术进步初期,后发国较松的知识产权保护有利于技术进步,但在长期内,加强后发国知识产权保护有利于技术进步,后发国家能否实现技术赶超取决于自主研发投入和研发效率,这给后发大国(地区)技术赶超提供了可行的思路。随后,易先忠、张亚斌(2006)又借用中间产品种类扩张的内生技术进步模型,考虑知识产权保护在鼓励模仿创新和自主创新两难中的权衡,得出只有当后发国家(地区)相对于领先国技术水平达到临界值时,偏向于鼓励自创新的知识产权保护制度才能促进技术进步,而后发国家(地区)相对技术水平低于临界值时,模仿创新对后发国家(地区)技术进步贡献较大。偏向于鼓励模仿创新的知识产权保护有利于技术进步,这为全面考察技术差距、技术能力和技术赶超之间的关系提供了一条研究框架,也为后发大国(地区)的技术赶超政策提供了可行的建议。另外,邹薇、代谦(2003)也从不同的角度研究了后发经济赶超的关键在于加强人力资本积累,这些研究都为本书的拓展奠定了良好基础。

2.2.3 技术赶超的技术类型选择

应该选择何种类型的技术实施技术赶超,是劳动密集型技术,还是资本或资源密集型技术,这一问题也是成功实现技术赶超的关键。比较优势和资源禀赋理论认为,技术赶超过程中技术类型的选择应该遵循比较优势的原则,即各国或地区应该分析各自资源的比较优势,在此基础上发展自己的经济。蔡昉、王德文和王美艳(2003)运用比较优势理论分析了工业竞争力的内涵与决定因素,并用相对显示性比较优势指数描述了中国工业结构对比较优势变化的反应,从而得出中国要选择劳动密集型技术进行技术赶超,以充分发挥比较优势。林毅夫(2002)通过企业"自生能力(viability)"①这一概念建立了技术选择和比较优势之间的逻辑关系。他认为在转型经济和后发国家和地区,很多企业是不具有自生能力的,造成这一结果的原因在于这些国家在转型前实施了偏离基于比较优势的资源禀赋结构的赶超战略。因此,遵循比较优势,特别是本国的禀赋结构来选择响应的产业、产品和技术,会使该国的企业最具有市场竞争力,技术水平也会得到迅速提升。王永贵(2002)认为,在经济全球化时代,单纯地从资本和劳动角度分析技术类型选择,对中国经济发展并没有实际意义,他认为中国在以后一段相当长的时期内,应该将技术战略集中在技术密集型产业战略上,只有这样,中国才能把握好技术前沿,具备技术赶超的能力。

此外,徐庆瑞、陈劲、魏江等人还系统地研究了技术赶超的范式、作用机制等,关于赶超比较系统研究的还有郭熙保、宁钟、周绍森、李敦祥等,为本研究奠定了基础。

2.3　技术赶超研究现状简要评述

2.3.1　现有研究缺乏相关理论与学科的系统整合

发展经济学以及内生经济增长理论显学地位的确立,激发了后发大国(地区)技术赶超的研究。作为发展经济学中的一个重要分支,技术赶超与经济发展的互动就是知识与产业的互动,是区域经济发展和技术发展战略的互动,是企业战略与国家战略的互动,这种观点虽然已经被广泛接受,但还需要进一步的研究。就

---

① 所谓自生能力,是"在一个开放、竞争的市场中,只要有着正常的管理,就可以预期这个企业可以在没有政府或其他外力的扶持或保护的情况下,获得市场上可以接受的正常利润率"(林毅夫,2002)。

目的而言,技术赶超是通过技术创新途径来达到技术能力的获取、传递与整合,最终获取国家或企业发展的核心技术,提高后发经济的核心竞争力。但是,技术创新与产业选择、方式选择等的协同效应、整合效应以及创新技术在企业之间、行业之间甚至区域之间的传导机制和扩散途径仍是其薄弱的地方,而这往往是后发大国(地区)技术赶超的关键。

值得注意的是,后发大国(地区)技术创新和技术赶超机制,虽然与传统的技术创新和技术跨越机制没有什么大的差距,但由于技术赶超的途径和方式有很多,可选择的技术创新模式和学习机制也很多,这就使发展经济学中的技术赶超不仅融合了发展经济学的观点,还融合了区域经济学和管理学的思想,大融合的研究趋势使我们必须全面地整合已有的研究成果,克服传统研究视角的单一而出现的研究结果的泛化和不具有操作性。

2.3.2 现有研究缺乏对赶超方式的全面整合

从前文的陈述可以看出,现有的研究大多侧重于技术赶超这一现象上,特别是集中在技术赶超现实的可能性和技术赶超的时机、方式、学习机制和途径等,我们可以依据这些研究成果得出,后发大国(地区)进行技术赶超是可能的;技术赶超时机的选择需要我们考察技术发展的特点和技术能力的现状:对于成熟和技术范式更替机会极小的技术,在资本许可的条件下,应该采取成熟期进入;对于处于范式变更或混沌期的技术,在技术能力较强的情况下,应从新技术的导入期进入;技术赶超方式的选择应着重考虑技术能力,根据技术能力的不同选择合理的技术赶超模式。这些研究表面看来很成体系,比较全面地研究了技术赶超现象,但是作为一个庞大的系统,技术赶超是一项战略任务,是一个企业、产业或者区域的战略导向,涉及技术赶超的方方面面,比如技术赶超资源的获取、技术赶超能力的获取等,难以靠一家之言阐述清楚。特别是这些研究出自不同的学者,这些学者的学缘结构、学历结构、研究兴趣和研究风格的不同,导致对这些问题研究的切入点和兴奋点各不相同。研究背景的差异使这些研究有从技术经济学范畴来研究技术赶超特征的,如 Stewart、Hellenier、Brooke、Sahal、Enos 等,这些研究固然有助于我们全面地理解技术、把握技术赶超的内涵和特征,但是众多的视角和切入点使得其操作性大打折扣,特别是近半个世纪各个后发大国(地区)技术赶超和经济赶超的经历和结果的迥异,使这一问题的研究更加复杂。

技术赶超是一种技术创新的变迁现象,技术创新的变迁无非是创新方式的不同或者创新结果的不同。尽管近年来技术创新的研究成为发展经济学的显学,但是对这一问题更多是关注技术创新本身上,比如创新途径是采取模仿创新、合作创新,还是自主创新,这成为争论的一个焦点。持应该采取合作创新意见的包括 Culpan(1993)、Tissen(1997)、Nakata 和 Sivakumar(1996)、Joseph。Coombs(2004)等,他们认为合作创新是技术进步的最佳选择,同时还将合作创新方式进行了分类,并研究了合作创新的运作模式,为通过合作创新构筑竞争能力提供了详细的指导。此外,Hagedoorn(1993)、Hagedoorn 和 Narula(1996)、Gugler 和 Dunning(1993)、Kapur 和 Ziss(1994)、Klibanoff 和 Morduch(1995)、Kapur(1995)、Verspagen 和 Duysters(2004)等认为,技术合作是创新和领先的动力源泉,是后来者居上的制胜法宝,是化解竞争风险的必然选择。此外,还有大量的学者认为应该采取自主创新方式,如 Schumpeter、Kline、Rosenberg 等,他们认为模仿创新只是让自己的基础得到提高,达到一定程度之后要想实现跨越式发展,必须基于自身的努力,采取自主创新的方式,构筑国家的创新能力。这种观点得到国内学者的大力支持,如陈文化(1999)、陈劲(1995a,2003b)、陈伟、孙旭(1999)、黎贵才(2002)等。这些研究较多地把注意力放在自主创新的迫切性和意义上,认为后发大国(地区)完全可以吸引人才,选择合适的领域,进行大胆创新,构筑自主创新能力,这是一个国家的战略机遇,也是提升后发大国(地区)创新能力的有利时机。

不可否认,模仿创新、合作创新和自主创新都是后发技术赶超的途径,或者说是后发技术赶超的途径,这些研究成果为本书的研究奠定了良好的基础。但现有研究对模仿创新、合作创新与自主创新的整合研究较少。学术界在探讨企业或者国家在进行技术创新方式选择时,要么强调自主创新,要么强调合作创新,而把二者结合起来的研究相对较少。后发大国（地区）的技术创新方式是相对的，不是绝对的。对企业而言，即使同一时期，或是同一企业在不同的地区，其技术创新的方式也是不同的，这是因为企业的技术创新不仅要考虑消费者需求程度、市场的发育状况，还要考虑企业所拥有的资源状况和技术基础，这是实施技术赶超的基础环节。同样，对一个国家（地区）而言，其技术能力或者说国家的技术基础都是不断变化的，在不同时期由于采用的战略不同，其创新路径也是不同的。有可能在基础比较薄弱时期采取模仿创新；在技术上升到一定程度后采取合作创新；当国家或企业的经济实力上升到较高程度之后采取自主创新，以增强自己的竞争优势。因此，在技术赶超现象的研究过程中，必须将这些赶超方式或者说技术创新方式整合起来，将之纳入一个分析框架中，全面地考虑后发大国（地区）的技术赶超，而不应该将之刻意地割裂开来去研究或者讨论哪一种技术创新方式更适合，这是目前理论研究的薄弱领域，需要我们进一步地加强和完善。

2.3.3 现有研究缺乏将技术赶超与要素禀赋和技术能力的有机结合

后发大国（地区）技术赶超的根本应该是一个国家的技术能力的培育和发展。无论是 Kim 对韩国汽车业、电子业、半导体业的研究，还是 Hobday 对日本电子业的研究，他们都倾向于检验技术发展的一般过程，而不是技术能力的培育过程，这对处于技术创新和技术发展核心位置的企业而言，缺乏直接的借鉴意义。并且现有文献涉及知识和能力的研究，强调学习对建立和维持公司的技术能力以在全球市场竞争中的重要性，都集中于企业或国家具体学到了"什么"，很少有集中于这些赶超过程是"如何"进行的，创新方式和赶超过程对技术能力和技术能力的积累有什么实践意义的研究，也就是很少有探索技术能力对技术创新和技术赶超重要性和作用机理的系统研究。同时，现有的技术赶超经典模式几乎都是基于"技术引进"，不管是 Kim 的"引进、消化吸收和提高"还是国内学者较为认同的"引进、消化吸收和创新"、"消化吸收、提高、创新"，似乎认为只要对引进技术加强消化和吸收工作，就能产生创新，就能实现技术赶超。从引进到消化吸收，再到创新是否有必然的联系？发达国家发展技术能力和创新能力，技术引进是否是必由之路？仅仅靠技术引进是否必然能走向自主创新？技术引进的形式多种多样，既有设备等硬件的引进，也有专利、图纸等软件知识的引进，两者是否都能实现技术能力的发展？这些都是需要研究的问题。事实上，技术创新方式能否成功或者说技术赶超能否实现，依赖的是后发大国（地区）的技术能力，而技术能力又依赖于后发大国（地区）的要素禀赋，并不是所有的技术创新都能提升创新者的技术能力，创新和赶超所需的技术能力和要素禀赋往往需要通过内外部技术知识和能力的有效整合才能提高。

现有文献关于技术赶超的研究没有与要素禀赋、技术能力研究有机结合，使技术赶超的关键点——技术能力与要素禀赋成为研究盲区。具体表现则是：第一，对技术赶超方式与要素禀赋和技术能力整合的研究较少。现有的对要素禀赋与技术能力和创新方式的研究出现在两个不同的领域，在管理理论研究的文献中关注企业能力理论，而在经济理论研究的文献中关注的是微观主体的市场适应性。企业或者国家的技术创新是一个庞大的系统，无论是忽视要素禀赋还是忽略技术能力都不利于技术赶超的实现，不利于国家竞争能力的构筑；第二，缺乏将要素禀赋和技术能力与创新方式选择联系起来的研究。在技术创新方式的研究中，大多数学者关注的是采取什么样的技术创新方式更有助于企业的利润最大化，通过两种技术创新方式的绩效比较，确定企业的最优技术进步方式。这种视角的根源在于研究者认为企业是一个追求利润最大化的微观利益主体，但是，忽视企业作为一个理性的利益主体会使我们的研究进入一个误区。要想保持企业的可持续发展，企业有必要牺牲短期利益而换取长期利益。作为一个国家，要想构筑竞争优势，关键是培育要素禀赋，提升技术能力，打造核心能力。众多的研究者并没有沿着这条路径继续进行下去，没有深入探究国家选择某种技术创新方式的真正原因。例如：什么样的组织结构和管理程序或者说什么样的条件更有利于或者会阻碍创新？什么样的要素禀赋更有助于技术创新？即使在同一种技术创新方式上，为什么有些国家更为成功，而有些最终以失败告终？在技术能力对技术创新方式和技术赶超的影响方面的研究还相对较少，而且也缺乏统一的认识。上述理论的薄弱环节正是我们所要关注的主要内容,本书将要素禀赋、技术能力与技术赶超整合在同一理论模型中,以对它们之间的关系进行较为深入的研究和分析,从而为动态竞争环境下的后发大国(地区)进行技术能力培育和技术赶超提供有效的路径。

技术赶超作为经济发展的特定现象,是经济增长过程中的一个具有极强现实意义的问题,无论是对先进国家还是落后国家而言都显得异常重要。目前对技术赶超问题的研究从总体上讲仍显得比较零散,还没有形成系统化研究的态势,把赶超问题纳入一个比较完整的理论框架将是以后研究的一个重要方向。与此同时,人们对赶超因素的认识也有待进一步深化,如技术创新与要素禀赋的决定机制等都是非常具有研究价值的。虽然已经有不少的学者对要素禀赋、技术能力和技术赶超进行了针对性的研究,但调查方法的不同、调查对象的区域性差异、研究者视角的不同以及专业背景的差异,使得技术赶超的研究还远没有系统化。此外,从我国技术创新路径和技术赶超路径的具体情况来看,缺乏结合国情的系统研究、缺乏操作性研究、缺乏实践的支持是当前我国技术创新研究存在的突出问题。目前国内真正展开结合中国国情的系统研究并不是很多,或者说还未形成主流。无论是理论界,还是实务界,主要的做法是跟踪西方技术创新和技术赶超理论研究成果,同时将国际先进经验引进到国内。从研究成果看,国内对技术赶超和技术创新的讨论还是相当多的,包括高层领导、从业人员及相关专家学者等,但较多的研究只是停留上呼吁层面,大多数论文都是论述加强技术创新力度和提升自主创新能力的重要性,较少明确提出如何推进要素禀赋提升和技术能力培育的发展路径和方案。因此,在现有研究的基础上,结合中国的实际情况,探讨要素禀赋、技术能力和后发大国技术赶超方式显得非常重要。

第3章

后发大国技术赶超理论

世界经济的发展史,就是一部后进国家追赶先进国家的发展史。从美国、德国、意大利,到日本、韩国、新加坡,直至发展势头强劲的中国、印度、俄罗斯、巴西等新兴大国,后发大国(地区)赶超先进国家的情况在历史与现实中比比皆是。在经济、科技等方面似乎都处于劣势的后进国家,有的为什么能在不长的时间里赶上先进国家,有的为什么长期处于落后状态并且差距还在不断拉大呢?经济学家和经济史学家对这一令人着迷的重大问题进行了长期、多方面的研究,提出了许多理论和假说。其中最为著名的就是后发优势理论,成为发展经济学的理论基石,也成为许多后发国家技术赶超的理论支撑。

3.1 后发大国的后发优势及其实现

3.1.1 后发优势的内涵

美国经济史学家 Gerchenkron(1962)在总结德国、意大利等大国经济追赶成功经验的基础上,创立了后发优势理论。所谓"后发优势",也常常被称做"落后得益"、"落后的优势"、"落后的有利性"等。Gerchenkron 对 19 世纪德国、意大利、俄国等欧洲较为落后国家的工业化过程进行了分析,并指出:"一个工业化时期经济相对落后的国家,其工业化进程和特征在许多方面表现出与先进国家(如美国)显著不同"。他把这些差异归纳为八个对比类型:(1)本地型或者引进型;(2)被迫型或者自主型;(3)生产资料中心型或者消费资料中心型;(4)通货膨胀型或者通货稳定型;(5)数量变化型或者结构变化型;(6)连续型或者非连续型;(7)农业发展型或者农业停止型;(8)经济动机型或者政治动机型。在这八个对比类型中,相互之间的组合形态是由各国的落后程度来决定的。通过对各个组合形态的研究,Gerchenkron 得出后发大国和地区六个重要结论:第一,后发国家或地区工业化的起步缺乏联系性,呈现出的是一种由制造业的高速成长所致的大突进进程;第二,后发国家或地区在其工业化进程中对大工厂和大企业的强调比较明显;第三,后发国家或地区往往强调生产资料而非消费资料的生产;第四,后发国家或地区人们消费水平受到的压力较沉重;第五,后发国家或地区的工业化所需资本的动员和筹措带有集权化和强制性特征;第六,后发国家或地区工业化中农业不能对工业提供市场支持,经济发展相对缓慢。显然,Gerchenkron 对后起国家工业化形态差别原因的认识,首先是以工业化前夕经济落后的程度为因变量的。在他看来,不同的落后程度不仅决定了工业化起步阶段"突进"的程度,而且也直接导致了后起国家工业化在产业结构、市场结构以及工业化体制等方面的显著差别。根据落后的程度,后发大国(地区)应在缺乏促进经济增长的市场力量的情况下充当增长的工具。在极端落后的国家中,工业化过程将是被迫型的、侧重于生产资料的生产、增长迅速而不持续、而农业生产停滞不前,它的最后一个特点是:它的变化过程将取决于政治动机。

根据 Gerchenkron 的论述,后发优势是与其经济的相对落后性共生的,来自落后本身的优势。后发展是相对于先发展而言的,因而后发优势涉及的主要是时间维度,至于国家之间在人口规模、资源禀赋、国土面积等方面的差别则不属于后发优势范畴,而与传统的比较优势相关。根据他的思想,后发优势理论包含以下几个层次的含义[①]:

第一个层次的含义,即所谓"替代性"的广泛存在。格申克龙强调指出,由于

---

① 详见 http://baike.baidu.com/view/1380484.htm。

缺乏某些工业化的前提条件,后发大国(地区)可以,也只能创造性地寻求相应的替代物,以达到相同的或相近的工业化结果。替代性的意义不仅在于资源条件上的可选择性和时间上的节约,更重要的在于使后发大国(地区)能够也必须根据自身的实际,选择有别于先进国家的不同发展道路和不同发展模式。格申克龙关于替代性理论的提出,是以欧洲有关国家在形成工业化大突进时所需要的资本积累模式的经验为例证的。他将 18 世纪以来欧洲各国分为先进地区、中等落后地区和极端落后地区三类。他强调了存在着多种途径达到同一种效果或者是从事相类似活动的可能性。因此,所谓替代性,实质上指的就是这样一种取得同样结果的手段的替代性。在制度安排上的多样性和可选择性对先进技术的模仿和借用,使后发大国(地区)一开始就可以处在一个较高的起点,少走很多弯路。

后发优势的第二个层次的含义是指后发大国(地区)引进先进国家的技术、设备和资金。格申克龙指出,引进技术是正在进入工业化国家获得高速发展的首要因素。后起国家引进先进国家的技术和设备可以节约科研费用和时间,快速培养本国人才,在一个较高的起点上推进工业化进程;资金的引进也可解决后起国家工业化中资本严重短缺的问题。

后发优势的第三个层次的含义,是指学习和借鉴先进国家的成功经验,吸取其失败的教训。在这方面,后发优势主要表现为后起国家在形成乃至设计工业化模式上的可选择性、多样性和创造性。后发大国(地区)可以借鉴先进国家的经验教训,避免或少走弯路,采取优化的赶超战略,从而有可能缩短初级工业化时间,较快进入较高的工业化阶段。

后发优势的第四个层次的含义,是指相对落后会造成社会的紧张状态。格申克龙指出,在一个相对落后的国家,会产生经济发展的承诺和停滞的现实之间的紧张状态,激起国民要求工业化的强烈愿望,以致形成一种社会压力。这种压力一方面源于后发大国(地区)自身经济的相对落后性及对维护和增进本国利益的考虑;另一方面也是先进国家的经验刺激和歧视的结果。"落后就要挨打",这是人类世界的普遍法则。因此,后发大国(地区)普遍提出要迅速实现工业化的要求。

美国经济学家列维从现代化的角度将后发优势理论具体化。结合后发大国的实际，我们可以将列维的后发优势总结为五点内容：(1)后发大国(地区)对现代化的认识要比先发国在自己开始现代化时对现代化认识丰富得多；(2)后发大国(地区)可以大量采用和借鉴先发国成熟的计划、技术、设备以及与其相适应的组织结构；(3)后发大国(地区)可以跳越先发国家的一些必经发展阶段，特别是在技术方面；(4)由于先发国家的发展水平已达到较高阶段，可使后发大国(地区)对自己现代化前景有一定的预测；(5)先发国家可以在资本和技术上对后发大国(地区)提供帮助。列维尤其提到资本积累问题，认为先发式现代化过程是一个逐步进化的过程，因而对资本的需求也是逐步增强的。后发式现代化因在很短的时间内迅速启动现代化，对资本的需求就会突然大量增加，因此后发大国(地区)需要特殊的资本积累形式来实行这种资本积累，因而必然有政府的介入。

3.1.2　后发优势的实现

后发大国可以通过后发优势的实现来实现后发技术赶超。但是后发优势的实现是否具有可能，对这一问题的研究还存在着一定的争议。按照林毅夫(2002)、陈秀山和王舒勃(2002)、郭熙保(2002)、郭燕青和王红梅(2004)、侯高岚(2004)等学者的观点，后发优势是可以实现的。陈秀山和王舒勃(2002)还较深入阐述了后发优势实现的途径。

首先，发达国家在先发过程中积累了大量的诸如发展战略、资金积累、技术开发等方面以至整个经济发展模式等方面的经验和教训，这对后发大国的现代化建设来说，无疑具有重大的启发意义。其次，后发大国可以引进国外先进的科学技术和设备，在引进的基础上进行消化吸收，并在此基础上进行创新，提高本国或本地区的技术水平，改变技术落后的局面，同时可以减少探索的时间，取得事半功倍的效果。再次，可以吸引大量的国外闲置资金，以弥补现代化建设所需资金的不足。充足的资金和廉价的劳动力相结合，在一定条件下将会有效推动后发大国的现代化建设。最后，可以促进后发大国创新能力的培育，并进而推动后发大国实现历史性的跨越。后发优势为后发大国的现代化建设提供了众多的有利条件。但是要使一个国家的现代化进程得以持续、稳定、健康地发展,不能仅仅依靠外部资金和技术的输入,更重要的是要培育自身的创新能力,尤其是在技术引进过程中也要注意创新,不能一味依靠外部先进技术的"输血",必须培育自己的"造血"机能,否则将陷入"引进—落后—再引进"的恶性循环中。

总之,后发大国利用后发优势,可以少走弯路,在一定程度上节约现代化建设所需要的时间成本,可以以相对较小的社会成本和代价来取得相对较大的发展收益。当有效的创新达到一定程度时,后发大国就会实现历史性的跨越,东亚一些后发大国和地区的成功案例已经证明了这一点。

当然,后发优势的实现不是一个自然的过程,它需要一定的条件。首先是要有一个稳定的政权结构和政策环境。在稳定的政权结构下,经济增长才能成为政府追求的首要目标,后发优势才能真正实现。政权不稳固,政府更迭频繁是不可能发挥这些优势的。更重要的是制度作为经济增长的内生变量,对经济发展具有重要意义,而国家是经济发展中制度的最大供给者,只有在稳定的政权结构的前提下才能实现这种功能。同时在稳定的政权结构下,一个稳定的政策环境也是十分必要的。通货膨胀居高不下,政策反复无常,对吸引外资和出口是非常不利的。当然这个稳定的政策环境必须是建立在对外开放的基础上的,在闭关锁国的情况下,外部的资金、技术、人才以及各种先进的管理经验将很难流入,后发优势更无从谈起。

其次,要有一个良好的制度环境。制度是一系列被制订出来的规则,守法规和行为的道德伦理,它旨在约束主体福利或效用最大化利益的个人行为(诺思,1994)。在后发国家中,有效的制度安排将会对经济发展起到促进作用,使潜在的后发优势转化为现实。例如,制定鼓励性政策措施,鼓励企业和个人积极地引进、改进和模仿国外先进技术,尽快地把国外先进技术变成本国的生产力。而低效的制度安排和恶劣的制度环境,将使后发大国的优势转变为后发劣势。

再次,要拥有有利的外部环境,把握住外部机遇。有利的外部环境对后发大国的工业化具有重要的意义,它可以使后发大国在短时间内,以相对较小的成本获取发展所必须的资金、技术和市场,这已经被一些国家的发展历史所证明。韩国、新加坡、中国台湾、中国香港等亚洲新兴国家和地区的成功追赶,在很大程度上得益于当时较为有利的外部环境。20世纪60年代,西方发达国家经济结构开始进入新一轮大规模的调整和产业转移,亚洲"四小龙"及时抓住了这一历史机遇所提供的资金、技术和市场,积极推行以科技升级为先导的工业结构高级化、经济结构多元化、经济国际化的战略,使以科技为主导的生产力蓬勃发展。1963—1972年,亚洲"四小龙"工业年增长率均保持在12%以上,并由此改变了以往在国际分工中的不利地位。

最后,要具备必要的基础设施。基础设施不仅包括交通、通信、水利等硬件设施,还包括教育、卫生以及文化等软件方面的设施。硬件基础设施落后,会导致投资硬环境不良,难以吸引外来投资。软件基础设施发展滞后,导致技术承载接纳能力较弱,使后发大国的科技水平、劳动者的文化素质和生产技能水平很难与外来投资相配套。只有具备必要的基础设施,才能创造良好的投资环境和提高投资效率,加快后发大国的发展速度。

3.1.3 后发优势与技术创新

从技术层面来说,后发大国经济发展取决于三方面的条件:生产要素、产业结构和技术创新。在这三种主要条件当中,最重要是技术创新,因为前面两者都决定于后者。从资本积累的角度来看,如果技术不创新,资本不断积累,就会使投资报酬递减,资本的回报和积累的意愿就越来越低。所以,除非保持一个很快的技术创新速度,否则就不会有一个很高的资本积累。从结构变迁的角度来看,如果没有新技术,就不会有新的、附加价值比较高的产品和产业。工业革命以后,新产业不断出现,这是新技术的结果。因此,一个国家经济结构变迁的可能性,相当大程度决定于其技术变迁的可能性,也就是说后发优势的实现在很大程度上要靠技术创新。

技术创新是需要成本的,需要大量的资金和人才。后发大国的技术创新可以有两种选择,发明或引进。到底那种方式好,这要看哪一种方式成本比较低,收益比较大。从经验上来看。新技术发明一般投入非常大,风险也非常大。比如,就2000 财务年度的信息技术和计算机技术而言,IBM 在研发上投资 43.45 亿美元[1],摩托罗拉 44.37 多亿美元[2],英特尔是 38.97 亿美元[3];又比如,一些公司的医药技术投资也非常大——Merck 在 2000 财务年度研发投资 23.44 亿美元[4]。事实上,新技术投资成功率并不高。研究表明:95％的研发项目没有产生任何结果,只有 5％的项目最后成为可以申请专利的技术。就是申请专利以后的技术也并非都具有商业价值,很多最后束之高阁,没有投入使用。这是因为有些新技术生产出来的产品,消费者不一定喜欢。最有名的公司也常发生这种情形,比如IBM 最早的个人计算机用的是微软的 DOS 操作系统,后来升级为 OS 操作系统,但微软推出的 Window 系统更受市场欢迎,IBM 也就放弃了自己的 OS 系统,改用Window 系统。另外,前几年 IBM 的手提计算机附有一个手写板,不受市场欢迎,后来新出的手提计算机就没有这个附件了。根据一些研究,申请专利的技术十项中只有一两项最终投入商业生产,给公司带来回报,另外 80％—90％束之高阁。这说明新技术的开发和研究成本很高、风险非常大。如果项目研究成功,申请了专利,且具有商业价值,很可能会有全世界的市场,而且因专利技术存在 20 年左右的保护期,基本可以保证其垄断地位,如此,确实会有相当大的市场回报率。但是将所有研发投入,包括 95％的研发失败率和申请专利成功后 80％以上市场失败率全部计算进去,说明整个最新技术的研发投资巨大,风险很高,而且回报率低。

因此,如果后发大国也用自己发明的方式来取得技术创新,那么也必须和发达国家一样花费同样高的成本和面对同样的风险。但后发大国还可以利用与发达国家存在技术差距,通过技术模仿、引进来获得技术创新,很多技术模仿、引进

---

[1]　www.ibm.com/flat/fncl/3-5-18-fncl-notes.html.

[2]　www.prolytix.com/mot/table2.html.

[3]　www.intel.com/intel/annual00/f-sumary.htm.

[4]　www.anrpt2000.com/financialhighlights.htm.

不需要花费成本,因为超过专利保护期的技术引进根本不需要购买成本。在引进技术中,成本最高的是购买专利。研究表明,而对于靠引进取得技术创新的后发大国而言,只要付大约该项技术发明成本的1/3,而且引进的一定是成功的技术,可以避免发达国家所要面对的99%的失败。这样,靠引进技术的后发大国技术变迁的成本,远远低于发达国家。后发大国可以利用和发达国家的这个差距,进行快速技术变迁。技术变迁越快,资本积累回报率就越高,从而资本积累就越快;技术变迁越快,新的、附加值较高的生产环节或产业部门就出现得越快,这个国家、地区的产业结构的变迁就越快。所以,从技术的层面来说,后发大国具有比发达国家增长更大的潜力。

对广大后发大国来说,收入水平、技术发展水平、产业结构水平与发达国家有着相当大的差距,可以利用这个技术差距,通过引进技术的方式,加速后发大国和地区技术变迁,从而使经济发展得更快。这就是所谓“后发优势”的主要内容。

二战后东亚出现了经济快速增长的经验,被称为“东亚奇迹”。首先日本,接着亚洲“四条小龙”,基本上维持了三四十年,或更长时间的经济快速增长。在缩小和发达国家的经济发展水平的差距的过程中,基本上没有几项新技术是这些国家或地区自己发明的,这些技术创新主要靠引进国外技术,然后在生产过程中加以改良,凭此维持了相当快速的经济发展。对比中国在1978年底的改革前和改革后的情形也是如此。在1978年前,中国的技术创新基本上靠的是自力更生,试图“十年超英、十五年赶美”,在最尖端的技术、产业方面与欧美竞争,但经济发展的绩效很差,人民生活水平的提高很慢,与发达国家的经济差距没有缩小。而改革开放三十年来经济发展的速度和质量都有很大的提高,其主要原因并非我国是在高精尖产业的国际竞争中取得突破,而主要是通过引进国外技术、管理获得很快的发展。

基于此,我们可以得出,后发优势与技术赶超之间存在着必然的联系。首先,后发优势是实现技术赶超的前提条件,并通过技术赶超或经济赶超体现自己。后发优势一方面通过引进国外先进的技术、管理经验、资金、发展模式等为实现赶超提供了物质基础;另一方面,后发优势具有一种奋发图强的心理优势,而且通过利用一切人类文明的成果,为技术赶超提供强大的精神动力。后发优势最终是通过技术赶超体现出来的。其次,技术赶超是将潜在的后发优势转化为现实发展优势的必要途径。因为后发优势强调的就是后来者由于具有后发优势,而能够后来者居上,除了赶超外,再也没有其他发展模式能够实现后来者居上的目标。第三,具有后发优势并非就能实现赶超。因为不管是发挥后发优势,还是实现技术赶超,都需要具备一定的条件。后发优势只是一种潜在的实现追赶的必要条件,要使后发优势得以充分的利用和发挥,后发国家政府还必须创造一个有利的制度和政策环境。世界上大多数国家至今仍然发展缓慢,贫穷落后,不是不存在后发优势,而是由于种种原因没有为后发优势的发挥创造一个良好的政治和经济环境。

3.2 后发大国技术赶超及其影响因素

3.2.1 技术赶超的提出及其意义

现代社会的一个显著特征就是以科学技术的发展和应用带动经济和社会的发展和进步,熊彼特就把技术创新理解为资本主义体系及其发展的核心概念。技术是一个经济增长的内生变量,是经济波动的主要因素(Schumnpeter,中译本,1979)。然而经济学中一直把技术看成是一个外生变量,传统的经济增长理论从新古典主义的视角出发,认为资本和劳动决定了经济增长。在主流理论或多或少的影响下,大多数后发大国和地区技术赶超的努力都集中在解决投资和基础配置上,而较少地对国家层次技术积累和能力积累予以关注(佩雷斯等,1992)。直到20 世纪八九十年代新的经济增长理论才认识到这一问题。从本质上看,要素的增加、技术进步以及要素配置水平的提高是经济增长的源泉,技术是经济增长的内在变量(Romer,1990)。根据统计和测算,当今世界上经济发达国家在 20 世纪初技术进步对经济增长的贡献率为 5%—20%,80 年代上升到 60%—80%,技术进步的贡献已明显超过资本和劳动力的贡献。美国国家科技委员会在其1999年的报告中说:"据估计,技术和知识的增加占了生产率增长总要素的80%左右。"

对于后发大国(地区)而言,在新的世界经济格局中摆脱"比较优势陷阱"和后发劣势窘境是一项艰巨的任务,而其关键在于技术方面的进步。技术和知识已经成为动态竞争优势的主要源泉。以先进技术为特征的竞争优势通常无法通过引进技术的常规过程获取。后发大国和地区在技术战略选择方面,常常陷入"技术引进陷阱",即"引进—落后—再引进—再落后"的循环往复过程(陈伟,1996)。技术引进还会导致后发大国和地区忽略自主技术能力的培育,例如东南亚经济危机显示,该地区经济发展依托雁行模式,产业和科技结构建立在引进加工的"出口平台"上,没有实现自主发展。在此情况下,需要有新的理论和方法来进行指导。

1985年,索特(Soete,1985)首先提出了技术赶超发展的观点,帕雷兹和索特(Perez and Soete,1998)提出,在一些新技术经济范式中存在有许多发展的机会窗口。根据跨越发展理论,由于一些后发大国和地区在旧代技术上投资小,而且具备适宜的技能和基础设施(吸收能力),它们就有可能在新技术发展的早期,及进入障碍较少时,进入并取得跨越发展。克鲁格曼(Krugman,1998)也认为一个国家可以重塑自己的比较优势,但同时经济发展具有某种路径依赖性,即一个国家率先在某一技术发展的早期进行干预,就有可能影响以后的发展进程。

从后发优势理论的评述中也可以知道,无论是Gerschenlaon还是Leive的论述,后发国家后发优势主要表现在技术、经验等方面,其中技术是后发优势实现的关键,也是先发优势的核心。在Gerschenlaon后发优势的四个层次中有三个都涉及技术,而Leive将后发优势描述得更加具体,他认为后发优势在一定程度上主要表现在技术方面,这为后发优势的实现指明了方向,后发优势实现的关键是技术赶超。实践也证明了这一逻辑判断,德国、意大利的技术赶超,西班牙、葡萄牙、荷兰、英国等海上强国的更替,东亚日本与韩国的飞跃等,无不显示出"后发优势实现的关键就是技术赶超"这个命题。发展经济学理论的演变也证实了这一点,从Gerschenlaon(1962)"后发优势"概念的提出到现代发展经济学中的"收敛"(covergence)概念(Barro and Sala-i-Martin,1995),一直到近年来经济增长理论成为显学,发展经济学一直没有离开对后发大国(地区)的赶超和技术赶超问题的讨论,技术赶超日益成为经济学者关注的焦点。

技术赶超这一概念虽常用,却少有定义,本书认为技术赶超既可以被看做一种目标,即技术水平达到技术前沿水平,也可以被看做一个过程,即后发大国(地区)的技术水平逐渐向技术前沿水平靠拢的过程。如果将技术赶超看做一种目标,则技术创新是实现这一目标的一种手段。如果将技术赶超看做一种过程,则技术创新就是这个过程中的技术变化的一种状态,也就是说技术赶超的关键或者说核心是技术创新。

技术赶超概念的提出有极其重要的意义。后发大国(地区)在具备适当的技能和基础设施(吸收能力),即具备一定的技术能力之后,通过技术赶超,在新一代技术发展的早期,进入全新的技术领域,就有可能打破以往具有路径依赖性的技术积累和能力积累过程,进而获取以高技术为特征的竞争优势,重塑比较优势,最终摆脱"比较优势陷阱"和后发劣势窘境。对后发大国(地区)而言,技术赶超的过程就是一个以重点领域为技术突破口,以实现自主技术能力为最终目的的不平衡发展过程。

从日韩近些年来的发展道路可以看出(Kim 1997),以重点领域为技术赶超突破口的技术发展战略,将推动技术创新的深化和广延,从而实现成为技术强国的目标。技术赶超在一两个点上的成功,将拉动相关紧密层产业在国际上迅速崛起,在一定时间后,还将波及邻近产业,通过整个国家技术支撑体系的升级,乃至整个国民经济的飞跃。日本家用电子工业的崛起引领战后日本经济的复苏,直至重新成为世界工业强国即是一例。

3.2.2　技术赶超的影响因子

技术赶超是实施后发优势的关键,也是后发大国(地区)培育技术能力的一条主要路径,但是后发技术赶超的关键是什么? 或者说影响后发技术赶超的因子是什么? 不同学者答案是不一样的。Fagerberg 在 1994 年的调查研究报告中发现,后发国家技术赶超的关键因子是技术差距,而 Cohen 和 Levinthal(1990)指出技术赶超实现的关键则是技术的自我积累性和路径依赖性,也就是说技术差距和技术能力共同决定了技术赶超的实现。持有类似观点的学者还有 Findly(1978)、Kokko(1994)、Blomstrom 和 Sjoholm(1999)等,以及侯高岚(1995)的要素积累学说。实际上,技术差距是一种现实,而技术能力是技术赶超的关键。针对这一点,我们比较赞同侯高岚的影响三要素,即物质资本、人力资本和社会资本的看法①。

1. 物质资本:技术赶超的基础

技术是经济增长的引擎,是后发大国(地区)实现技术赶超的关键。后发大国(地区)可以通过技术赶超战略的实施获得新技术从而达到技术收敛,但是一个不可否认的事实是:极少数后发国家,如韩国、日本等通过吸收国外先进技术,从而极大地促进了技术进步,缩小与发达国家的技术差距,最终实现技术赶超和经济收敛。而大多数后发大国(地区)虽然经过各种努力,也采取了种种措施,却未能很好地利用后发优势,消除技术差距,实现技术收敛和赶超(Krugman and Tsinddon, 1991;Barro and Sala I-Martin, 1997)。大量的事实和研究都证明,由于国家间或区域间研发、基础设施、教育制度等的差异导致了经济总量和技术差距的离散。对此,一些发展经济学家也开始反思早期对物质资本积累的过分强调,提出与物质资本相比,人力资本是经济发展更为重要的因素的看法,认为后发大国(地区)无法有效利用国外先进技术的根源是由于这些国家的人力资本存量过低导致的。新古典增长理论认为,技术进步是外生给定的,在索洛模型中经济增长的85%只能通过存在于模型之外的一个"余值"来解释,这个"余值"代表着技术进步。20 世纪 90 年代罗默、曼昆以及威尔在增长模型中引入了一个新的解释性变量:人力资本——这使得关于增长源泉的解释变得富有说服力。

各国人民生活水平的差距主要是由于人力资本存量不同导致的,但是人力资本的积累同样是由物质资本投资所导致,没有雄厚的物质资本积累,就不可能有

---

① 侯高岚曾经对后发优势和技术赶超进行过详细而系统的研究,尤其是经济赶超的影响因素,详细内容见其系列论文,如《资本积累与经济赶超》,《当代经济研究》2005 年第 11 期;《社会资本与经济赶超》,《江淮论坛》2004 年第 1 期;《新经济、后发优势与东亚可持续发展》,《亚太经济》2007 年第 1 期;《比较优势、后发优势与后进国家产业升级》,《开发研究》2006 年第 2 期;等等。

大量的、高素质的人力资本物质。因此,物质资本投资是技术赶超的基础,是技术赶超的前提,关于物质资本投资与经济增长之间的正相关性已在许多经验性文献中得到证实;东亚之所以能够超过拉美,在一定程度上实现技术赶超和经济的高速发展,其原因就在于东亚的高速增长伴随着物质资本投资的大量增加,而拉美国家在同一时期的物质资本投资率则相应低得多。虽然物质资本投资并非经济增长的源泉,却是经济增长不可缺少的一种工具或是途径。实证结果也证明了人力资本禀赋与实物资本投资率共同决定了经济增长率,并且人力资本投资取决于物质资本投资率。这在一定程度上进一步说明了物质资本投资是技术赶超的基础,是技术赶超的前提。

2. 人力资本:技术赶超的关键

一个组织所能拥有的唯一不可替代的资本,就是组织中人的认识和能力,这是一个组织保持活力和竞争力的关键。基于这种认识,经济学家于 20 世纪 60 年代着手人力资本研究,结果发现,物质资本的增长只能解释大多数国家经济增长的一个相对较小的部分,更多的贡献应该归结于技术变革和人力资本上。在生产过程中,物质资本是以条件的形式出现的,而人力资本则是以动力作用出现的,人力资本具有高于物质资本的投资收益率。用舒尔茨的话来说就是:自然资源、物质资本以及原始的劳动,对于发展较高的生产率经济来说,是远远不够的。而且舒尔茨用比较成熟的计算方法,对 1900—1957 年间美国物质资本的收益和人力资本的收益进行了深入细致的调整、计算和分析,在这 57 年中,美国的物质资本投资额增加了 4.5 倍,而同期物质资本的收益值增加了 3.5 倍;人力资本的投资额仅增加了 3.5 倍,人力资本的收益值则增加了 17.5 倍,大大超过了物质资本的收益值。而且在生产力要素中人是核心的要素,也是最活跃的要素,人力资源水平的高低,在很大程度上决定着社会经济发展阶段和水平。所以在知识经济社会,人的素质(知识、技能、健康等)的提高,对社会经济增长所起的作用,比物质资本和体力劳动者数量的增加所起的作用要大得多,而人的知识和技能的获得,基本上是人力资源开发的产物。

后发大国(地区)技术赶超的一个主要渠道就是充分有效地利用外部资源,这在很大程度上依赖本国的人力资本存量,只有人力资本水平达到一定程度,才能有效吸收外国先进技术并将其转化为自生的技术能力。Nelson 和 Phlep(1966)的后发技术赶超模型显示,后发大国(地区)技术赶超的速率与后来者人力资本水平正相关。这就点明了人力资本在后发技术赶超中的决定作用,这一决定作用主要表现在能促进劳动生产率和科学技术水平的大大提高。在当今社会,生产力和科学技术高度发展,人在操纵现代化技术设备方面的作用更加明显。加强人力资本投资,一方面可以改善直接生产者的素质,提高劳动者的技术熟练程度,使同一劳动者在其他生产条件不变的情况下能吸收更多的劳动资料,从而提高劳动生产率;另一方面,可以有更多的技术发明创造,并同时作用于生产者、劳动资料、劳动对象,从而有利于多方位的生产增长和经济效益。邓小平提出的"科学是第一生产力"已经使人们越来越感到现代科学技术蓬勃发展的今天,任何一项高精尖的技术和产品,都不是低素质的劳动者所发明的,而是那些具有深厚知识理论的科学家、技术专家等高素质的人力资源所发明的,只有他们才能推动科学技术的发展。因此,高素质的人力资本易代替低素质的人力资本,而低素质的人力资本则难以甚至不可能代替高素质的人力资本。人力资本的开发正是把培育这些高质量的人力资本和充分发展他们的潜能作为重点。

人力资本在后发技术赶超中的作用也可以通过经济发展史表现出来。二战后帮助欧洲重建的"马歇尔计划"之所以能够成功,其根本原因在于欧洲拥有现代工业所要求的有技能的人,它所缺乏的仅仅是被战争摧毁或是陈旧过时的物质资本。后发大国(地区)的问题则不同:它们绝对地缺乏使经济的生产力达到较高标准所必需的所有东西,仅仅注入一种因素(物质资本),已被证明既是浪费的,又是令人失望的。

人力资本与实物资本除了相互决定外还存在互补性,即人力资本的增加提高了物质资本的边际产品,这会引起物质资本的进一步积累,使产出得以提高;反之,物质资本的增加也使人力资本的边际产品得以提高,并进一步引起人力资本积累。因此,后发大国(地区)要想尽快实现技术赶超,必须加速实行人力资本投资和积累。

3. 社会资本投资：技术赶超的环境

在知识经济中，技术赶超所面临技术的综合性和集群性越来越强。同时，由于资源的约束，外部环境的不确定，技术创新及技术赶超本身的动态性、不可逆性、路径依赖性和进化的特征以及创新结果的不可预测和高风险，均使得仅靠一个企业实现技术创新越来越困难。企业必须与其他组织进行广泛合作，以获得、开发、交换各种知识、信息和其他资源。因此，以企业间的分工合作的网络进行重大的技术创新，通过外部技术资源的内部化，成为新形势下企业技术创新的必然趋势。这个过程必然涉及企业文化、技能、环境、信息流动、社会服务和区域合作等的创建和协调。所以，在知识经济中，技术赶超更多地体现为一个复杂的社会经济过程，本质上它是一个动态的、集体的、多功能的、多部门的和多地域的合作过程。这个过程的实现实际上就是社会资本的协调过程，因为在知识经济时代，后发大国和地区的企业不可能拥有技术创新所必要的全部能力，技术赶超远远超过一个企业的能力。对每一个企业来说，由于它的集中认知特征，使得它解释和评估环境的能力是有限的，从它自身的知识集合来看，有时它无法认识和解释外部环境（技术、制度、市场等）的变化和发展。而其他一些企业由于其恰好具备与某种变化相适应的知识集合，因而可以认识和解释这类变化。因此，社会资本所拥有的内在的社会和文化黏合性，制约着人际关系的价值标准和人们所处的制度环境，从而通过期间所表现出来的信任、互惠、人际网络、合作以及协调等影响着企业的技术进步和后发地区的技术赶超。从广义上看，社会资本还包括政府社会资本（government social capital），即影响人们互利合作能力的政府制度，政府社会资本能够使法律、法规、产权、教育以及"好政府"的益处具体化，而这往往是后发技术赶超的制度环境。

技术赶超是一个复杂的过程，需要不同的创新主体之间相互沟通、协调和衔接，这种典型的网络特征使技术赶超体现为一个复杂的社会化的知识创造过程。信息、知识以及网络结构对技术创新的成功至关重要，也使社会资本成为技术赶超过程中的一个重要的影响因素。借用侯高岚的说法，不论物质资本投资还是人力资本投资都不是在制度真空条件下进行的，企业家的投资愿望在很大程度上依赖于一国制度和政策。当产权制度缺乏时,企业家必须花费额外的资源用于保护其投资;在对外贸易壁垒和繁琐的国内贸易规制下,可供企业家选择购买的生产设备极为有限,相应的投入品及备用件的获得也很成问题,导致投资率相应降低;基础设施的完善程度可被视作政府公共政策效率或是制度质量高低的标志。

社会资本对技术赶超的作用机理一方面表现在赶超主体的技术能力上。对企业而言,技术能力的高低与社会资本中的诚信、规范等基本内容有着直接的联系。诚信是企业技术能力提升的最基本条件。企业讲究诚信不仅是对顾客的诚信,更为重要的是企业员工要以诚实可信的科研态度对待各自的工作。规范是企业技术能力的保证。企业在管理过程中不仅要作到生产和销售等方面的规范管理,而且还要做到内部激励员工技术创新政策、措施的规范化①。这样才能实现企业技术能力的持久性和长远性。社会资本对技术赶超的作用机理另一方面表现在技术赶超的制度安排上。后发大国(地区)之所以落后,在很大程度上是缺乏刺激本国居民进行生产性投资以及国外向本国转移技术和管理经验的激励机制,而激励制度的不完善往往是由于缺乏观念、文化以及意识形态等非正式规则的支持。因此,后发大国(地区)技术赶超的实施必须建立在高质量的"制度安排"之上,制度质量更高的国家,物质资本和人力资本投资也相应更高;制度质量的不同解释了为什么有的后发大国和地区能够实现赶超型经济增长,而有的后发大国和地区却不能。因此,实施技术赶超重要的一环就是有效利用外国的制度资源,并通过移入先进的文化要素对本国文化变迁进行引导,从而使文化变迁和制度形成进程大为缩短,在这个过程中构建和积累新型的社会资本。

通过外部先进要素的引入,加快本国制度的完善,加速民族文化演进进程,能使社会凝聚力持续加强、社会风气不断净化,而社会凝聚力的加强以及社会风气的净化又使制度质量得以提高、文化禀赋得到优化。因此,与人力资本投资相似,以技术赶超为目标的国家必须在全社会范围内由政府主导在国家层面进行社会

---

① 社会资本作用于技术赶超的机理分析更多地表现在创新主体上,李新功将之归结为企业的技术创新能力、高校的技术创新能力。详见李新功:《社会资本理论与区域技术创新建设》,中国经济出版社 2007 年版,第 76—77 页。

资本投资。并且,社会资本投资具有特殊性质——不受资金制约,这决定了制度质量的高低,进而决定人力资本和物质资本投资的收益率。因此,社会资本投资是资金匮乏的后发经济实施技术赶超最为重要的、基础性的投资。

3.3　后发大国技术赶超的困境及实践基础

后发大国(地区)为了发展经济,制定和实施了各种类型的经济发展战略。由于后发国家处于相对落后的地位,它们的各种努力的基本目标是在某一局部或者整体上赶上先进国家,故而后发大国和地区,一般实施技术赶超(catch-up)的发展战略,常称为赶超战略。

3.3.1　后发技术赶超的困境

后发大国和地区的赶超有两大理论依据,即比较优势和后发优势。古典经济学家李嘉图在 19 世纪提出了比较成本理论;之后赫克歇尔在 1919 年、俄林在 1933 年提出了资源禀赋论。这一学说是指:各个国家的资源禀赋存在差异,各个国家分工生产使用本国最丰富的生产要素的产品,各个国家获得最大的福利。这是一国经济得以生存和发展的基础。美国比较经济史学家亚历山大·格申克龙(Gershenkron)在揭示和论证"大突进"(great spurt)理论和"替代性"(substitution)学说的基础上,作为对后发国赶超理论的一个总结,阐述了著名的"后发优势"(the advantage of backwardness)理论,从而指出了后发大国和地区赶超的可能性和可行途径(Gershenkron,1979)。之后,不少学者又进一步研究了赶超型国家和企业的后发优势的直接基础和内在机理(谭崇台,1989;施培公,1999)。

基于后发地区技术——经济赶超的两大理论依据——比较优势和后发优势理论,人们广泛认为后发地区的比较优势在于依靠自然资源的劳动力密集型产业,后发优势在于利用"适用技术"的低成本和低风险等因素,在于进行模仿创新,因此,应该充分利用以适用技术为基础的比较优势,取得国际贸易分工前提下的经济效益(樊纲,1998),进而谋取国家的发展。然而,客观上却存在着"比较利益陷阱"(洪银兴,1997)和后发优势向后发劣势转换的问题(郭斌,1996),使后发大国和地区的赶超困难重重。

1. 比较利益陷阱

20 世纪 50 年代,里昂惕夫(Leontief)提出了著名的"里昂惕夫之谜"。对此问题的解答是劳动密集型产品和资本密集型产品主要不是用产品本身来区分,同种产品在后发大国和地区可以以密集的劳动生产,在发达国家可能用密集的资本生产。克鲁格曼(1995)指出"如果两个国家生产同种商品,并且它们之间不存在要素间租金均等化,那么,将是资本丰裕的国家而不是劳动力丰裕的国家使用资本比较密集的生产技术,并且,前者的工资/租金比率也将高于后者。"即存在"资本替代劳动"的可能性。

同样,技术和知识也可能替代劳动和资本。Krugman(1990)认为,发达国家经济一般已经取得规模经济,更有技术竞争优势:发达国家的技术密集型产业结构产品利润率高,资本也趋于流向利润率高的工业国,这使发达国家处于更加有利的地位,进一步拉大同后发大国和地区的距离。20 世纪 50 年代,基辛等人发现,美国的国际竞争力与科学技术有密切的联系。格鲁伯等人认为,国际上商品的进出口贸易是以技术上的差距为基础的。Vernon(1966)在上述研究成果的基础上提出了著名的"产品生命周期"理论。

当代世界经济技术的一个显著特征就是以先进科学技术为基础的比较优势在国际竞争中居于主导地位,并具有越来越明显的扩散趋势。自然资源不能决定比较优势。在劳动密集型产品和技术密集型产品的贸易中,以劳动密集型和自然资源密集型产品出口为主的国家总是处于不利的地位,出现了"比较利益陷阱"。

2. 后发优势向后发劣势的转换

首先要指出的是,本书并不想否认后发优势对后发大国和地区的重要意义。

事实上,本书也将证明利用后发优势实现技术跨越和发展高技术产业,最终实现技术—经济赶超是可行的。但是,利用后发优势的路径不同,最终的结果是完全不同的,路径的选择至关重要。

Fagerberg(1987,1991,1992)指出,各国的经济增长行为存在发展的途径依赖性(path-dependent)和"锁定"(lock-in)发展的可能性。它意味着某些工业化配置较早地得到了"精选",并通过可获得的经济凝聚对其他经济配置实行了某种竞争性排斥。来自先发国家的"示范效应"(demonstration effect)在很大程度上规定了未来经济技术发展的轨道,先发国家以其在国际经济技术分工中的地位,从外部施加影响,制约了具有不同社会经济特点的后发国家或地区的发展历程①。Arthur(1989)认为技术的报酬递增机制和"锁定"效应的存在是经济发展过程中存在着非线性的不均衡状态的主要原因。经济增长和技术进步的方向和速率并非是自发的,而是一个与经济激励系统结构、累积性知识、社会制度环境等许多因素有关的外在过程。因此,发达国家与后发大国和地区的发展轨迹并非是同一发展轨道上前后两个阶段,后发大国和地区有其独特的方面。"对于后发大国和地区,由于其落后的经济、社会结构以及对国外技术的过度依赖,其内生的科学技术作用极不显著,这也就是为什么后发大国和地区的落后性问题不能视为与发达工业化国家早期发展阶段的情况的等同原因"(Choi,1988)。

Thurow(1996)认为尽管长远的市场力量会使回报平均化,但通过在同一个技术领域里快速更新转换产品,会使该产业之外的公司(国家)几乎没有机会能以足够快的速度进入该产业。进入的成本障碍很高,追赶领先者的必要时间很长。知识和技能也在流动,但比其他事物流动得慢,教育和训练需要长时间才能完成,很多有用的技能只有在生产环境中才能学会。这种迅速变化的技术环境也使后发大国和地区具有途径依赖性的技术积累和能力积累过程受到破坏。"发达国家能

---

① 卡洛塔佩雷斯和吕克苏蒂(1992)的《在技术上的追赶:进入壁垒和机会窗口》一文中对此有所集中概括和描述,参阅多西等主编:《技术进步与经济理论》,经济科学出版社 1992 年版,第 567 页。

够为自我保持的技术和经济进步提供持续的手段,而这种进步却超出了大多数后发大国和地区财政和技术的能力,这就是穷国与富国之间鸿沟似乎逐年扩大的一个真正潜在的经济学原因"(托达罗,1988)。

韩国学者金泳镐提出了"技术二重差距"的概念,他认为,在开放体系下的技术转移动态过程存在技术多重差距结构,一方面,先进国家向后发大国和地区转移相对过时的技术,这种技术的低转换问题,产生了从技术供给方发生的技术转移差距。另一方面,由于后发大国和地区技术吸收能力的相对不足,产生了从技术接受方发生的技术差距。因此,尽管后发国家在技术模仿的速度上具有相对优势,但由于现实的技术从属结构的存在,使得后发国家陷入一种困境,且这种技术先发性与后发性发展关系将持续下去(汪星明,1999)。同时,后发大国和地区往往还缺乏知识的激活能力,也存在科技的"边际化"(marginalization)问题(Choi,1988),即科研活动脱离生产,工程化能力差造成研发效率低下。

由此可见,后发优势的发挥有很多限制性前提,后发优势向后发劣势转换的困境确实存在,本书的分析认为,这并不应归结于后发优势本身,关键在于如何利用后发优势,即如何选择后发大国和地区技术—经济赶超的路径。

总的来说,现有的技术经济理论在解释乃至指导后发大国和地区赶超和发展问题上并未取得预期的成功。尽管部分国家和地区,如日本、韩国、中国台湾、中国香港、新加坡等取得了很大的实绩,然而,并不具有普遍的意义;大多数后发大国和地区与发达国家的差距并不是缩小(石川滋,1992),世界性技术经济进步有成为后起国经济发展阻碍因素的趋势(石川滋,1992)。作为倡导赶超战略主阵地的世界银行在1991年的世界发展报告(1991)中也承认:"推动经济发展的原理还远未被人们完全掌握"。

发生于1997、1998年的东亚和东南亚经济危机令日本、韩国等成功实现赶超战略的国家发生了很大的经济困难,这不免又向理论界提出了一个新问题:对日本、韩国等国成功赶超的经验是否需要再认识? 进而是否需对其赶超理论进行再认识呢?

3.3.2　技术赶超的实践基础

从世界各国的技术经济发展来看,技术赶超有着良好的实践基础,是后进国家追赶先进国家的必由之路。第一次产业革命以来,世界技术和经济中心从英国转移到德国,再转移到北美,无不依靠技术赶超。二战之后,日本大量吸收西方先进技术,并实施反求工程,向国际市场推出有竞争力的产品,从而实现了针对欧美的技术和技术—经济赶超。到 20 世纪 80 年代后期,日本在不少技术领域赶上或超过了美国,并成为世界第二经济大国。东亚的一些国家和地区仿效日本技术发展模式,也迅速发展成为新兴工业化经济体。

斯堪的纳维亚诸国曾经是技术相对落后的后发国家,他们采用了技术赶超发展战略,一举成为电信产业先进国,出现了爱立信、诺基亚等世界知名公司,这些国家的社会信息化水平也名列前茅。近年来,技术赶超策略也受到一些国际机构的重视。世界银行在其 1998—1999 年发展报告《引导发展的知识》(*Knowledge for Development*)中认为,在知识成为战略性资产之日,正是由于存在着巨大的技术差距,后发大国和地区遇到了迅速赶上发达国家的大好机遇。在电信领域,吉布提、马尔代夫、毛里求斯和卡塔尔等后发大国和地区直接采用新技术,它们跨越了金属导线和信号模拟阶段,实现了电信网络数字化。而先进工业化国家仍有半数电话网络使用高成本的落后技术。

绿色革命首先发生在南亚,是后发大国和地区利用世界知识宝库实现农业技术跨越的一个范例。绿色革命发祥地印度很快成为粮食棉花和其他经济作物的出口国。由于推广绿色革命,亚洲和南美的粮食产量从 20 世纪 60 年代以来增加了一倍以上(徐冠华,1999)。成功实现技术赶超发展的事例还包括:印度的软件出口业,英国相对落后地区苏格兰的高技术产业的兴起等等。另外,先进国家之间在经济和科技竞争中也往往运用了赶超策略。美国在 20 世纪五六十年代与苏联进行航天竞争中,在 90 年代与日本进行 HDTV 竞争中,就运用了这个策略。

3.4 后发大国技术赶超的实施

随着社会步入知识经济的大潮,技术已成为企业生产的一个重要投入要素,正如美国管理学权威德鲁克(1999)所说:"在现代经济中,技术正成为真正的资本和首要财富。"后发大国(地区)要发挥后发优势,实现技术赶超,就应该重视技术的积累与技能的提高,培育技术能力,加大技术创新力度。

3.4.1 后发大国(地区)技术赶超的方式

技术赶超是指技术水平达到技术前沿,是后发大国(地区)的技术水平逐渐向技术前沿水平靠拢的过程。前面也论述到后发大国和地区在具备适当的技能和基础设施(吸收能力),即具备一定的技术能力之后,通过技术创新战略的实施,获得后发优势,赢得竞争优势。因此,实施技术创新是后发大国(地区)实现技术赶超的主要方式。

许多发展经济学家从技术创新的角度对后发大国(地区)经济由落后走向富强的过程进行了大量的实证考察,并总结出了后发大国(地区)技术创新的发展阶段,如表3.1所示。不管从什么样的角度,用什么样的方法来划分,后发大国(地

表 3.1 后发大国技术赶超的阶段划分

研究者	技术发展阶段			
Kim(1980)	实现	吸收、消化	改进	
IDRC(1976)	进口	吸收、消化	发明创造	
Ogawa(1982)	引进	吸收	改进	创新
Fransman(1985)	搜索和适应	改进	开发	基础研究

续表

研究者	技术发展阶段				
UNIDO(1980)	选择和引进		改进和吸收		开发
Lall(1980)	初级		中级		高级
	干中学	改进中学	设计中学	改进设计中学	创立完整生产体系中学 创新中学

资料来源:吴晓波,《全球化制造与二次创新:赢得后发优势》,机械工业出版社 2006 年版,第 103 页。

区)进行技术赶超都要经历模仿、消化吸收和创新的三个阶段。从表 3.1 中也可以看出,无论是技术赶超的哪个阶段都与技术创新联系在一起,这证实了"技术创新是后发技术赶超的方式"这一命题。

技术创新具有创造性、不确定性,易受市场、环境、技术发展影响。后发国家(企业)需要根据市场发展方向、顾客需求及自身资源与创新能力,特别是一个国家或者企业的技术能力,结合其总战略以创造新的长期竞争优势,围绕产品的产量、品种、质量、服务等对技术创新的方式进行谨慎选择,以较快地实现技术赶超。由于视角不同,对技术创新方式的分类也会存在差异。本书主要从参与创新活动主体行为的不同,把创新选择分为模仿创新、合作创新与自主创新,它们都是实现技术赶超的方式。不同的国家或企业处于不同的阶段,所采用的赶超方式是不一样的,这里我们仅简单地论述技术创新的这三种方式。

1. 模仿创新

模仿创新[①]是指后发国家或企业以率先创新者的思路和创新行为为榜样,并以其创新产品为示范,跟随率先者的足迹,充分吸取率先者成功的经验和失败的教训,通过引进购买或反求破译等手段吸收和掌握率先创新的核心技术和

[①] 在这里我们将模仿创新与引进创新视为等同的含义,是一种低层次的技术创新模式。但实际上,模仿创新与引进创新是有区别的,引进创新是一种跨国技术购买行为,而模仿创新则是一种技术创新行为,技术引进是模仿创新的理想起点和途径,技术引进基础上的模仿创新在实践中占有很高的比例。两者的共同点在于都是借助外界的技术源,凭借自己的技术能力,通过模仿或者反解创新者的思路而提升自己的技术水平,达到技术进步的目的。这里我们不过分强调两者的区别,而是将两者等同起来,以便于分析问题。

技术秘密,并在此基础上对率先创新进行改进和完善,进一步开发和生产富有竞争力的产品,参与市场竞争的一种渐进性创新活动。模仿创新的理想目标是提高企业自主创新能力,实现技术赶超。实现这一目标,不仅要研究技术从输出方向输入方的转移行为,而且包括输入方的消化、吸收和创新的行为和过程。在市场需求和技术发展推动下,从技术引进、消化吸收到再创新的过程就称为模仿创新。

从资源观来看,技术是人与自然之间联系的桥梁和纽带,是人们认识自然、改造自然的工具和武器。技术与其他生产要素相结合才能保证生产连续进行,才能生产出人们所需要的产品。没有技术,生产就无法进行,可见技术是基本生产要素之一,具有资源属性。技术不仅具有一般资源属性,即成为基本生产要素,还具有一般资源所不具备的特殊性——生产力属性。技术资源在消费过程中不但自身没有消亡,反而创造出更多、更新、更好的技术或产品。因此,从资源角度看,模仿创新是指引进外部技术资源,同时整合和激活内部要素和技术资源,进而创造和形成新的技术资源,由此形成和提高后发大国(地区)的核心竞争力,从而提升自主创新能力。

从系统观来看,有三点需要注意。第一,技术引进、消化吸收和创新是一项系统工程,技术引进、消化吸收和创新之间是相互影响相互作用的关系,必须系统地认识和组织。第二,从引进的要素看,技术是一个复杂的体系,不仅包括生产制造技术,还包括组织管理技术和市场营销技术;模仿创新不仅只是模仿引进的技术,还包括与技术相关的组织、管理、文化等要素,因此消化吸收的对象不仅是技术,还包括创新组织、管理、文化等方面的思想、理论和方法。第三,从组织系统看,模仿创新既包括了技术系统的整合和提升,还包括国家或企业内部要素系统、制造系统、供应系统、销售系统、价值观系统等方面的整合和创新。东亚国家之所以能够通过模仿创新崛起而拉美地区却并没有通过类似的政策提升自己的能力,都与要素系统的匹配有关。

从知识观来看,模仿创新是指国家或企业引进外部知识,通过看中学、用中学、干中学和研究开发中学习,促进外部知识与内部知识的融合,扩大知识面,提高知识层次,形成知识创新能力的过程。

从能力观看,无论是国家还是企业,他们之间都存在技术能力的差别,模仿创新能够尽快缩小技术能力差,甚至能够在较短时间内通过消化吸收和创新,形成自主技术能力,进而超越竞争对手。引进模仿方在引进创新过程中的能力一般包括技术监测能力、技术引进能力、技术吸收能力、技术改进能力和自主创新能力等。其中技术监测能力、引进能力、吸收能力体现了企业原有的技术能力,技术改进能力反映了企业在整合内外部能力基础上的技术能力,自主技术能力是通过引进、消化吸收创新之后进一步形成的独特的难以模仿的创新能力。

综上所述,模仿创新是一条有效的技术能力提升途径,是后发大国(企业)实施技术赶超的一条主要路径。它有效地将外部技术源与内部的要素进行整合,借助外部力量充实和提升自己的要素禀赋,从而形成企业自己的技术能力。

2. 合作创新

合作创新是指企业间或企业、研究机构、高等院校之间的联合创新行为。合作创新通常以合作伙伴的共同利益为基础,跨越自身边界、实现企业间信息和资源共享、优势互补,使得各主体间信息倾向于对称分布,不确定性信息减少,并提升成员间的信任关系。各主体有明确的合作目标、合作期限和合作规则,合作各方在技术创新的全过程或某些环节共同投入,共同参与,共享成果,共担风险。借助这种特殊的组织结构,企业间技术、信息、知识等能够快速流动、传播和共享,有利于建立长期、稳定的创新协作关系。基于此,合作创新必须满足:(1)合作是基于技术方面的需求而建立的,风险投资者与创新企业之间的关系不属于合作创新。(2)合作主体之间的知识流动是双向或多向的,而非单向的,合作主体共同分享他们的专业知识和技能。

新经济条件下技术创新环境更为复杂,合作创新已成为企业集群能否良性发展的关键。具体表现为:技术创新的不确定性进一步增大,企业对创新时间、创新路径、创新结果的预测等难以把握;创新技术的融合性增强,一项技术创新往往涉及多个学科,企业可以从不同的知识源获得技术的相同效应;学术界、产业内上下游企业或不同产业间都成为技术融合的潜在来源,新技术、新产品的研制开发和创新难度进一步加大，尤其是大型技术，含量高的信息技术产品在研制中一般都需要多种先进设计技术、制造技术和质量保证技术，所需资金投入巨大，创新风险随之增加，技术外溢效应更加明显。企业合作创新往往可以避免区域研发项目选择的重复性和高风险，提高创新效率。技术作为一种潜在的公共产品，在创新过程中其溢出将产生新的技术创意，导致企业之间对新技术的学习效应，传统的封闭式技术创新模式越来越不适用。技术创新的复杂性是单个企业难以控制的，而通过多个企业间的合作来创新技术和市场信息有利于实现技术和信息的内部吸收，使合作企业共享创新成果。

合作创新具有以下特征：一是以企业为主体。合作创新是企业根据市场需求，在企业发展战略的总体指导下，选定合作项目和合作方，并发起、组织、参与合作创新的行为。企业在合作创新参与主体中处于主导地位。二是以合作研究开发为主要内容。一般情况下，企业之间、企业与高校、科研机构之间的合作创新行为可以在研究开发到产品的市场化销售过程中的任何阶段进行，但是企业合作创新行为的目标是加快技术转移，促进企业知识和技术积累，提高企业的自主创新能力。因此，企业合作创新的主要内容是合作研究与开发。三是以产学研合作为主要形式。企业合作创新包括企业与企业之间的合作和企业与高校、科研院所之间的合作两种类型。企业间的合作又可分为横向合作和纵向合作。研究开发合作一般指的是横向合作。纵向合作是指企业与供应商、客户之间的合作，这种合作往往是企业在发展战略和价值链思想的指导下，通过加强供应链管理和客户关系管理，稳定合作关系，提高合作效益。合作的主要目的是缩短技术开发时间，减少成本。纵向合作往往以管理学、组织理论为基础进行研究。对于大企业而言，重要配套产品的供应商往往列入集团内部，技术学习与扩散一般可视为企业集团内部行为，而客户主要是为企业提供产品和市场信息。因此，这种合作对提高企业自主创新能力虽然也有促进作用，但其作用不直接、不充分，不是研究的重点。横向合作是指竞争企业之间的合作，竞争企业通过合作可以共享资源和知识，提高创新能力。但是，一方面由于竞争企业在市场上是竞争对手，合作各方往往从保护商业和技术秘密，维护专有资源和产品的个性特征出发，合作与竞争之间的关系难以处理。因此,企业间的合作一般是在共性技术研发阶段,产品商业化开发阶段的合作深度和广度受到限制。另一方面,由于我国企业技术创新能力不强,国内竞争企业之间存在技术同构现象,知识、技术方面缺乏互补性,即使进行合作,也难以取得良好的效果。产学研合作是合作主体之间资源和能力方面强烈互补型的合作。寻求互补性知识资产是企业选择合作创新的主要动机之一。大学、科研机构通常拥有企业缺少的基础性、通用性和系统技术知识和基础研究的能力,而企业则拥有大学、科研机构缺少的工艺和生产技术知识以及开发、中试、工程化和市场开拓等方面的资源和能力,因此,产学研合作创新将发挥企业、大学、科研机构各自的优势,促进后发大国或企业快速积累技术知识,实现自主创新。

3. 自主创新

自主创新是仅运用自身的资源与能力来开发新的产品或服务的实践,是在内部进行的创新。凭借自身要素禀赋,以自身的研究开发为基础,通过自身的努力和研究产生技术突破,实现科技成果的商品化、产业化和国际化,从而获取商业利益的创新活动。自主创新所需的核心技术来源于内部的技术积累和突破,技术创新后续过程也是通过自身知识与能力支持实现的。自主创新对其拥有的技术、资金要求较高,并且风险较大,但一旦获得成功,则可取得丰厚的回报。自主创新能在较长时期内掌握和控制某项产品或工艺的核心技术,在相当程度上左右产业或产品技术发展的进程和方向。自主创新生产启动早,优先积累生产技术和管理方面的经验、技能和知识,较早建立与新产品生产相适应的核心能力,因而优先于其他企业获得产品成本、质量控制、生产制造方面的竞争优势,并领导或制定同类产品的生产和技术标准以制约模仿者的生产。自主创新一般都是新市场的开拓者,很容易在产品的投放初期就建立营销网络、品牌,奠定自己的垄断或先导地位,并获得高额利润。

4. 技术赶超方式研究的简要评述

三种技术赶超方式仅仅是一种划分方式,目前学者们从不同的视角进行了相当深入的研究,已经分别对模仿创新、合作创新和自主创新进行了广泛而深入的研究,这些研究成果为本书的研究奠定了良好的基础。但现有研究也存在一些不足。第一,对技术赶超方式与要素禀赋①和技术能力整合的研究较少。现有的对要素禀赋与技术能力和创新方式的研究出现在两个不同的领域,管理理论研究的文献关注企业能力理论,而经济理论研究的文献关注的是微观主体的市场适应性。技术赶超是一个庞大的系统,无论是忽视国家或企业所拥有的要素禀赋还是忽略技术能力都是不利于企业发展的,不利于国家竞争能力的构筑。第二,缺乏把要素禀赋和技术能力与技术赶超方式联系起来的研究。在技术赶超方式的研究中,大多数学者关注的是采取什么样的技术赶超方式更有助于企业的利润最大化,并通过技术赶超方式的绩效比较,确定企业的最优技术赶超方式。研究者认为企业是一个追求利润最大化的微观利益主体,这是经济学和管理学的基础,但是,忽视企业作为一个理性的利益主体会使我们的研究进入一个误区。要想保持企业的可持续发展,企业有必要牺牲短期利益而换取长期利益。作为一个企业,要想构筑竞争优势的关键是采取技术创新,打造核心能力,而打造核心能力的基础则是提升自己企业的要素禀赋,通过要素禀赋的提升提高企业的技术能力。众多的研究者并没有沿着这条路径继续进行下去,没有深入探究企业技术赶超方式选择的真正原因。例如:什么样的要素禀赋(要素数量和质量)或者说企业所拥有的要素在什么样的条件下更有利于或者会阻碍技术赶超?即使在同一种技术赶超方式上,为什么有些国家和企业更为成功,而有些国家和企业是失败的?在技术能力对技术赶超方式的影响上的研究还相对较少,而且也缺乏普遍、统一的认识。第三,对技术赶超方式选择的整合研究较少。学术界在探讨企业技术赶超方式选择时,要么强调模仿创新,要么强调合作创新,要么强调自主创新,而把三者结合起来的研究相对较少。后发大国(地区)的技术赶超方式是相对的,不是绝对

---

① 首先需要强调的一点是,我们这里的要素禀赋不同于赫克歇尔和俄林的要素禀赋理论,传统的要素禀赋理论实质上也是一种比较优势理论,强调从多种生产要素最佳配置中降低成本、提高效益,从而取得比较利益。虽然要素禀赋理论最初旨在解释国际贸易产生的原因,但由于其理论涉及不同地区生产要素的素质和状况,以及如何利用要素禀赋发展区域经济的问题。因此,近年来该理论在区域经济发展研究中占据了十分重要的地位,其理论适用范围也有了很大的扩展,不再局限于国际贸易领域。当前在区域经济发展研究中,该理论认为:一个区域经济发展中,尤其是技术赶超方式的选择,必须以地区的资本、资源、劳动力、制度、科学技术等要素构成为依据,各地只有充分发挥地区的要素禀赋,全方位地权衡要素的数量和质量,才能在技术赶超中获得有利地位。该理论强调的是要素的数量对比,这里我们不仅强调要素数量之间的对比程度,还重视要素的质量问题,这是我们与传统要素禀赋理论的一个主要区别。

的,同一个国家和企业在不同的时期,其技术赶超的方式也是不同的,这是因为一个国家或企业的技术赶超不仅要考虑要素禀赋、技术能力,还要考虑企业的消费者需求程度、市场的发育状况等。上述理论的薄弱环节正是我们所要关注的主要内容,这里我们将要素禀赋、技术能力与技术赶超方式整合在一起,以对它们之间的关系进行较为深入的研究和分析,从而为动态竞争环境下的后发国家或企业的技术赶超提供有效的路径。

3.4.2　后发大国技术赶超的要素禀赋和技术能力

后发大国(地区)有很多技术赶超方式,但是具体采用哪一种赶超模式不是随意的,不能因国家的战略导向而改变,而是由后发大国(地区)的要素禀赋和技术能力所决定。可以说,后发大国(地区)进行技术赶超的关键和核心是后发大国(地区)技术能力的提升和要素禀赋的培育。只有具备了一定的要素禀赋和技术能力之后,后发大国(地区)才能选择与之对应的技术赶超模式。我们不能简单地评价哪一种技术赶超模式更好,但我们可以肯定地说,模仿创新需要的要素禀赋和技术能力都不高,而自主创新赶超模式却需要较高的技术能力和要素禀赋。

1. 后发大国(地区)的要素禀赋

要素禀赋是一个国家或企业在其运行过程中所拥有要素的内在特性,是其内部各种要素及其要素的有机结合所形成的特性,是决定国家或企业技术能力、生存与发展能力和竞争优势的各种内在因素的总和。换句话说,一个国家或企业要素禀赋是指构成国家或企业系统中的诸要素所具有的功能及其在整体结构中,通过要素间的相互作用而显现出来的完成系统功能所应具备的条件和能力,或蕴含在系统内的但可被开发出来的能动性。由要素禀赋的含义,可推出要素禀赋具有以下特征。

(1)要素禀赋强调先天性。这是内部各种要素特性的反映,特别是构成要素的质量在一定程度上决定了一个国家或企业的技术能力,决定了其生命力的发展状况。要素禀赋也是个发展的概念,它有两层含义:一是指由于环境的变化,构成企业的各要素在不断地变化,整个企业的技术能力也在不断变化,因而不同时期要素禀赋和技术能力有不同的表现；二是企业可通过后天的学习和努力使先天优势得以发扬，先天缺陷得以克服或改善。同时，可能因后天的不努力使企业要素禀赋减弱，甚至导致企业技术能力减弱。

（2）要素禀赋是一个整体概念。它不是企业各组成要素的简单相加，而是各要素相互联系相互作用的有机合成和综合反映。决定企业技术能力大小的内部因素很多，既有技术装备方面的，也有人员方面的；既有技术方面的，也有管理方面的，但任何单方面的优劣势都不能作为衡量企业要素禀赋和技术能力的标准。企业要素禀赋和技术能力应从整体上去把握，从各要素禀赋的相互联系中去分析。

（3）要素禀赋概念明确了企业要素禀赋同企业素质及企业技术能力的关系。要素禀赋、企业素质和企业技术能力是依次分属三个不同层次却又有着密切联系的范畴。要素禀赋居于基础层次，它受企业素质所限制，同时又决定着企业素质，进而决定着企业技术能力。反过来，企业技术能力和企业素质又反映要素禀赋的程度。要素禀赋的高低取决于诸要素各自的禀赋以及诸要素的有机构成，各要素的禀赋是基础，其有机构成则是关键。这里说的要素禀赋与赫克歇尔和俄林的要素禀赋有所不同，它不仅指各种要素量的多少，还包括各种要素质量的高低。要素有机构成则是指要素禀赋内部和要素之间构成的协调性和先进性，这是从马克思的资本有机构成的概念引申而来的。马克思将由资本技术构成决定并反映资本技术构成变化的资本价值构成称为资本有机构成，它和要素有机构成两个概念的共通之处是以生产要素为考察对象，都涉及生产要素之间量的比例。两者又有着诸多的不同，特别值得注意的是要素有机构成则是为了研究要素禀赋对企业素质乃至企业技术能力的影响。企业要素既包括传统意义上的有形生产要素，也包括技术、管理、信息这些无形生产要素，后者往往是要素禀赋中最为核心的东西，它决定着要素质的匹配和功能的协调。可见，要素有机构成包含资本有机构成，特别是包括了人力资本的有机构成。

要素包括有形要素和无形要素两大类。有形要素表现为实物形态的要素，包括劳动力（技术人员）、生产场地、建筑物、设备、设施、工具、仪表、资金、有价证券等等。有形要素是企业要素禀赋的物质载体,是一个企业赖以生存的基本条件。无形要素表现为非实物形态的要素,包括技术、信息、管理、制度、机制、企业文化、企业道德等等。无形要素对企业素质和技术能力的影响主要是通过强化和提高其他要素的禀赋而实现。它可以拓展和强化有形要素的性能及功用,提高其技术含量和质量。衡量无形要素的禀赋,要看它的充足程度和经济程度,关键要看它的适用程度和先进程度,同时还要看它与其他要素的配置、整合与适应情况。它对企业技术能力的影响,取决于技术人员和技术基础、管理能力、企业的创新文化等无形要素的水平和质量。

2. 后发大国(地区)的技术能力

一个国家或企业的技术能力是指国家或企业从外界获取先进的技术与信息,并结合内部的知识,创造出新的技术与信息,实现技术创新与扩散,同时又使技术与知识得到储备与积累的能力。由于这种技术知识包含大量的缄默知识,而且存在于组织过程中,因此技术能力只能通过学习获得,是一个积累的过程。学习积累的有效性取决于两个方面:接受方的先备技术知识与努力强度,这和安同良(2003)、王子君(2002a,2002b)的企业技术能力概念是一致的。在他们的文献里都认为企业技术能力是企业在持续的技术变革过程中,选择、获取、消化吸收、改进和创造技术并使之与其他资源相整合,从而产生产品和服务的累积性学习。企业的技术能力是企业信息情报的获取能力、技术人员的整合能力、技术人员的储备能力和组织协调能力的集合。当然从可计量的角度来说,企业的技术能力是企业以资金能力支撑,为支持技术创新战略实现,由产品创新能力和工艺创新能力为主体并由此决定的系统整合功能。技术赶超总是在特定的经济环境、要素背景、文化背景和组织结构中发生的,不同的经济环境、要素禀赋等决定了不同的企业技术能力,相对应的文化背景和组织结构又决定了企业技术进步的性质,两者的结合则决定了企业技术创新的方式。

结合上述定义可知,技术能力主要包括三个方面:(1)技术吸收能力。技术吸收能力包括技术鉴别及评价能力、技术获得和存储能力、学习和转化新知识的能力等。企业的技术吸收能力取决于企业员工的素质、在研发上的投入、职工培训、吸收技术的驱动力等。对一个后发大国而言,技术吸收能力则表现为该国拥有的人力资本素质、研发投入、技术消化吸收的机制等。(2)应用能力。应用能力是指将技术投入实际应用并取得商业价值的能力,包括技术设备的投资能力、获得符合质量技术要求的投入品的能力、培训有技能的劳动者的能力、质量保证能力、生产组织管理能力及新产品营销能力等。(3)创造能力。创造能力包括对产品进行局部改进的能力、新产品的开发能力、设备和工艺的改造能力、新工艺的开发能力等。从这三个方面来看,后发大国的技术能力则是指其拥有的独具特色的、不易为其他国家或地区复制的、直接体现要素禀赋的能力。对后发大国而言,企业是其技术赶超的微观主体,其技术赶超是要通过企业来实现。从这个角度来讲,企业是要素的有机集合体,企业的生存和发展离不开要素,而企业的发展又会带来要素的增值,增值的要素与企业的技术人员相结合,就会产生不同的专门技术和知识,由此导致了企业技术能力的差异,而这种差异是企业在市场经济条件下构筑竞争优势的核心和关键。可以说,技术能力既是要素禀赋的直接体现,又是竞争优势的源泉。换句话说,竞争优势来自技术能力的综合作用,而技术能力则来自要素禀赋。因此,提高后发大国要素禀赋,是提高其技术能力从而提高其竞争优势的根本。基于此,后发大国对技术能力的考察主要有:(1)后发大国的要素禀赋,主要是指后发大国要素高于一般或者平均水平的程度,包括平均数量和平均质量。(2)后发大国现有技术能力。包括现具备的技术能力水平,在国际中的技术地位,与国际先进水平的比较等。(3)可挖掘的技术能力。指在不增加或少量增加投入的条件下,经过内部调整可增加的技术能力。(4)经过努力可能获得的新的技术能力。获得技术能力的方式有:技术硬件的投资;人力资源的引入;新技术的引进;通过合作、联合、兼并等方式获得开发、生产的整体性能力等。

可以说后发大国(地区)的竞争优势来源于企业技术能力,后发大国(地区)技术赶超的关键也在于技术能力,而企业技术能力则取决于企业要素禀赋。故此,我们是在要素禀赋这个更深的层面上来考察企业技术能力的。我们知道,企业技术能力是企业技术赶超的决定因素,是企业要素禀赋的一种外在的、客观的体现,要素禀赋是企业技术能力的核心。从国家层面来讲,后发大国的技术能力是其技术赶超的决定因素,而要素禀赋又是后发大国技术能力的核心。

3. 后发大国(地区)的要素禀赋与技术能力的关系

在战略管理理论中,企业要素禀赋是指那些企业可用于规划和执行其战略的各种力量,包括资产、能力组织过程、企业属性、信息、知识等所具备的质量和能力,或者说企业所拥有的资源在执行企业战略过程中,在正常的情况下能显示出效率的程度。当企业拥有某些能够创造超额价值的资源而其当前或潜在的竞争者所没有时,则该企业具有能够构筑独特的技术能力和竞争优势的要素禀赋。当企业拥有某些能够创造超额价值的独特的资源而其当前或潜在的竞争者不能同时拥有时,则该企业具有持续的、高素质的企业资源和竞争优势。当企业要素具有非同质分布(heterogeneous)且缺乏流动性(immobile)时,就可能成为企业特有的要素和持续竞争优势的来源。企业要素非同质性与缺乏流动性的程度,决定了这些资源对产生技术能力和持续竞争优势的作用。因此,基于要素禀赋的企业竞争优势理论认为,企业的竞争优势是与企业在其生命周期中获取、开发和经营的特定素质要素的种类和数量严格相关的。根据上述观点,中小企业的竞争力是与其获取和开发战略要素的能力相关联的,而知识型中小企业的竞争力很大程度上等价于其技术能力。由此可得出下述结论:企业的技术能力是与其要素禀赋是有关的,是与其获取和开发资源的能力严格相关的,通过对企业在其生命周期内经营的特定素质要素的种类和数量的分析就可以评价企业的技术能力。

综上所述,后发大国(地区)的技术赶超方式是由后发大国(地区)的技术能力决定的,而技术能力则由要素禀赋决定。相应地,后发大国要素的数量和质量状况决定了该国的技术能力状况,进而决定了该国的技术赶超方式。

3.4.3　要素禀赋、技术能力与后发大国技术赶超方式的关系

传统的要素禀赋理论认为各国的相对要素丰裕度是各国具有比较优势的基础原因和决定因素,而这些比较优势又决定了其具有不同的技术能力,进而决定了技术赶超的具体方式。但在微观层面,后发大国(地区)如何利用自己的资源禀

赋和技术能力,选择合理的技术赶超模式却仍缺少理论层面的指导。

1. 后发大国(地区)在技术赶超方式上面临的困境

(1)技术赶超方式选择在宏观层面所面临的问题。根据传统的要素禀赋理论,后发国家或地区大多都是劳动资源相对丰裕,比较优势就在于劳动密集型产业。如果我国完全遵循这一比较优势的发展思路,那就是从发展劳动密集型为主的产业入手,首先在某些相关产业获得竞争力,然后再逐步进行产业结构的升级,推动后发国家技术赶超。虽然能在短时期内获得经济的快速发展,但这种发展思路会造成产业间的发展不均衡,尤其是非劳动密集型产业会失去发展机会,后果是不可想象的。基于这一点,一些学者对基于要素禀赋理论的技术赶超方式选择的理解逐渐从产业间转向整体经济的运行,我们可以从林毅夫(1999,2001)的自生理论和技术选择假说中找到这样的分析思路。林毅夫认为产业结构和技术结构总体水平的升级,都是经济发展过程中内生的变量,是一个经济中要素禀赋结构变化的结果。因此后发大国和地区政府应以促进要素禀赋的结构升级为目标,而不是以技术和产业结构的升级为目标,因为一旦要素禀赋结构升级,利润动机和竞争压力就会驱使企业自发地进行技术和产业结构升级,这与我们扩展的要素禀赋理论相一致,即要素禀赋决定了技术能力,而技术能力又决定了技术赶超的方式。

(2)技术赶超方式选择在微观层面上的局限性。从技术能力理论来看,最重要的观点是在技术赶超方式的选择上。技术能力理论认为,在市场机制充分发挥作用的经济中,技术赶超方式的选择将是一个要素禀赋自然进化发展的过程,是寻求产量最大、成本最小的必然结果。如果一个经济中的要素价格结构能够充分反映各种要素的数量状况和质量状况,并且最终产品的价格是由竞争性的国际市场所决定的,那么,对于追求成本极小化的厂商,其在依据这样的价格信号从事经营和生产的过程中,会对通过市场价格传递的关于产品和要素的数量和质量的供求状况及相对稀缺性作出反应,并对应一定的市场需求和要素禀赋状况进行技术赶超方式的选择。从全社会的角度来看,这样的技术赶超方式选择的结果就形成了与特定的要素禀赋相适应的技术结构,或者说形成了一个要素禀赋、技术能力与技术赶超方式选择的决定体系。经济发展的结果表现为社会财富的增多,社会福利的增加,以及技术的大幅度进步,这些表现就在于要素禀赋结构的升级决定着技术能力的提升。

技术能力理论给一个国家或企业在技术赶超方式选择上提供了一定的指导,对于各种要素数量和质量配比相对均衡的某些产业来说更有解释力和借鉴意义。但对于技术高度密集的产业,企业的技术赶超方式选择便没有多少空间。另一方面,技术能力理论因为基于"企业黑箱"的假设,对于企业内部要素禀赋的结构如何相互作用决定技术赶超方式选择和组合不能给出更为具体的指导,因此技术能力理论依然有其局限性。这种微观层面上的局限性决定了要素禀赋、技术能力与技术赶超方式选择上的混乱。

2. 后发大国(地区)技术赶超方式的决定

基于后发大国(地区)在技术赶超方式选择上的困境,我们必须将三者紧密结合起来,以更直接的方式确定三者之间的内在关系。一般而言,模仿创新需要投入的要素的数量和质量都比较低,相应地对技术能力的要求也比较低,而自主创新需要投入大量的人力资本、研发资金和基础技术,也就是说需要较高的技术能力与之对应,从而需要较多数量和较高质量的要素。假设将要素禀赋表示在坐标轴上,纵轴表示要素的数量,横轴表示要素的质量。结合扩展的要素禀赋理论,我们知道在技术能力决定中,更侧重的是要素质量,要素禀赋曲线因而是一个向要素质量轴线方向递增的曲线(图 3.1)。

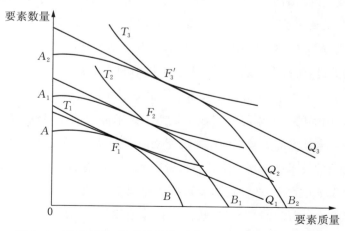

图 3.1 要素禀赋、技术能力与后发大国技术赶超方式选择

图 3.1 中 AB，A_1B_1，A_2B_2 曲线表示后发大国（地区）要素禀赋曲线，T_1，T_2，T_3 依次表示模仿创新、合作创新和自主创新等技术赶超模式，Q_1，Q_2，Q_3 则表示相应的技术能力曲线。从图 3.1 中可以看出，当后发大国（地区）的要素禀赋为 AB 时，决定了该国只能采取模仿创新 T_1 的方式进行技术赶超，此时交点 F_1 的切线 Q_1 表示其对应的技术能力曲线；当其拥有的要素上升到禀赋曲线 A_1B_1 时，其最佳赶超方式应该是合作创新 T_2，此时对应的技术能力为 Q_2；同样，如果后发大国（地区）随着经济的发展，其拥有的要素的数量和质量有较大程度的提升 A_2B_2，较高的要素禀赋决定了后发大国（地区）较高的技术能力，两者的相互作用决定了后发大国（地区）可以采取自主创新的方式进行技术赶超，以构筑国家的自主创新能力。

上述研究发现，对于后发大国（地区）而言，技术创新模式的选择主要取决于该国的要素禀赋和技术能力。当后发大国（地区）所拥有要素的数量和质量上升到一定程度时，该国的技术能力就相应地上升一个层次，也就决定了该国必须选择与之相对应的技术赶超模式，只有这样才能实现经济的跨越式发展。

3. 后发大国技术赶超方式转变的动力层次及作用机理

后发赶超的趋势无外乎两种：一是采取科学合理的技术赶超方式，发挥后发优势加速经济发展，缩短与发达国家的差距，实现技术赶超；二是因采取不当的技术赶超方式，受到后发劣势的束缚使得经济发展陷入停滞甚至逆转，与先发国家的差距进一步扩大（邹东颖，2009）。因此，采取科学合理的技术赶超方式是后发经济赶超的关键，而技术赶超方式又取决于该国的要素禀赋和技术能力。由于要素禀赋的内涵和类别不一，导致了技术能力的分层和特点。

日本、韩国等的相继崛起的实践也证明了技术能力的相对性，是具有动态演变特征的。原来技术能力较强的国家可能逐渐衰落，原来技术能力薄弱的国家也可能经过适当的技术创新模式实现后来者居上。对目前的后发大国（地区）而言，在经济社会发展过程中，往往伴随着资源的空间聚集，这些资源的投入需要一定的熟练工人配合，辅以相对较好的政治、商业、法律等方面的制度，从而形成一定的社会能力，实现经济的快速发展。因此，在后发大国（地区）的起步阶段，技术创新依托的是要素的持续投入,经济发展的动力是投入驱动,其表现则是经济总量的增加,是一种典型的要素驱动型技术创新模式,在这个阶段,容易形成技术吸收能力,这时的技术吸收能力又可理解为社会能力。所谓社会能力是指后发经济利用投入资源实现经济发展的能力,这种能力要通过教育、政治、工业和金融制度等多种形式形成(Abramovitz,1989)。按照经济增长理论的理解,社会能力可以定义为那些不能轻易纳入常规生产函数的各种发展激励,用来解释经济增长中所遇到的一些难以解释的原因,如初始技术水平、制度环境、人口、自然资源和技术设施等社会因素。由于社会能力难以度量、不易量化,因此可以将之抽象等同于一国的"经济发展水平"。一国经济发展水平越高,社会能力越强,学习模仿先进国家的技术的障碍就越小,后发经济就可以以发达国家的创新产品为示范,通过逆向工程等进行消化吸收,从而吸收和掌握部分创新成果。可以说,社会能力决定下的要素驱动型技术赶超方式适合采取模仿创新实现经济发展。

随着社会能力的提升,后发大国(地区)经济的要素禀赋逐渐得到提升,尤其是要素的质量得到一定程度的提升,基础设施逐渐完善,社会制度逐渐健全,其技术水平也得到一定程度的提高,后发大国(地区)开始和其他国家通过商品贸易、外商直接投资、国际技术转让和人才流动实现技术能力的提升。以商品贸易为例,后发国家通过供应者对商品使用信息的提供掌握现有商品的操作诀窍,由于维护和修理机器的需要逐步掌握维修诀窍,由于更替出现故障和磨损零部件而掌握制造诀窍,最终通过不断的"干中学"学习和掌握相关商品的制造技术。同时,后发大国(地区)为了加快学习和掌握先进技术的速度,还可以有意识地通过对进口商品的技术分解,从而掌握相关技术信息甚至是产品的制造技术,这种反求工程在后发大国(地区)技术学习和引进中发挥了巨大作用。日本在经济高速增长时期,提出了"一号机进口,二号机国产"的目标,通过大量的反求工程,实现了钢铁、汽车、石油化工等主导产业技术的突破性进展。韩国也是通过反求工程,实现技术进步的。可见,在社会能力达到一定程度之后,后发大国(地区)的技术能力表现为较高层次的学习能力,通过学习能力的溢出效应,使后发国家通过模仿创新和合作创新缩小后发大国(地区)与发达国家的技术差距,实现技术的扩散。在这个时期,后发大国(地区)的经济发展表现为经济效率的提升。

随着社会能力和学习能力的逐渐提升,资本边际收益呈现递减的趋势,效率增进受到要素禀赋和技术能力的限制。在这个时期,后发大国(地区)与发达国家的技术差距逐渐缩小,技术水平也随之提高。根据技术差距理论,技术差距越大,可供新兴大国技术选择的范围与类型越多,但随着技术差距的缩小,后发大国(地区)可获得的技术范围越来越小,而且后发大国(地区)与发达国家在创新技术方面的冲突不断涌现,发达国家将会加强对其专利技术及知识产权的保护,使后发大国(地区)缩小与发达国家间技术差距的努力受到限制,因此,采取自主创新的模式显得越来越重要。在这个时期,后发大国(地区)的技术能力表现为自主创新能力,其经济表现经济社会的全面发展。

上述分析可以看出,在不同的时期,由于投入的要素禀赋不一,使得技术能力呈现出不同的层次和特点,由其决定的技术赶超方式也不一样,如图3.2所示。

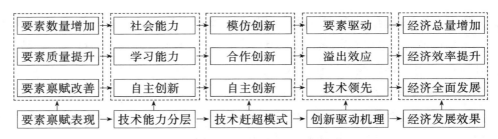

图3.2　技术赶超模式动力层次及作用机理示意图

从图3.2可以看出,后发大国(地区)的技术创新能力可以分为三个层次或者三个阶段。第一个阶段是后发大国(地区)凭借其庞大的资源优势,不断增加要素投入,通过社会能力的培育,实行模仿创新。此时的后发大国(地区)经济社会发展水平相对较低,与发达国家的技术差距较大,学习领域非常广阔,但由于自身的社会能力不高,只能凭借要素投入,实现浅层次的模仿创新模式,以实现经济总量的增加。第二个阶段是后发大国(地区)提升要素质量,通过学习能力的培育,实行合作创新。在这个时期,后发大国(地区)在进一步的开放战略指引下,通过人员流动、国际商品贸易、技术交流和外商直接投资等方式,通过合作创新的溢出效应,在合作中学习国外先进的技术和制度,实现经济效率的大幅度提升。第三个阶段是后发大国(地区)改善要素禀赋,提升自主创新能力,通过自主创新模式的实施实现技术领先战略。在这个时期,后发大国(地区)与发达国家的技术、制度方面的差距逐渐缩小,后发大国(地区)的学习领域和范围也越来越窄,只能通过自主创新模式实现经济的全面发展。

第4章

拓展的要素禀赋与后发大国技术赶超的机理

　　要素禀赋是后发大国在其运行过程中所拥有要素的内在特性,是内部各种要素及其要素的有机结合所形成的特性,是决定后发大国技术能力、生存与发展能力和竞争优势的各种内在因素的总和。换句话说,后发大国要素禀赋是指构成后发大国系统中的诸要素所具有的功能及其在整体结构中,通过要素间的相互作用而显现出来的完成系统功能所应具备的条件和能力,或蕴含在系统内的但可被开发出来的能动性。要素包括有形要素和无形要素两大类。有形要素表现为实物形态的要素,包括劳动力(技术人员)、生产场地、建筑物、设备、设施、工具、仪表、资金、有价证券,等等。有形要素是国家或企业要素禀赋的物质载体,是一个国家或企业赖以生存的基本条件。无形要素表现为非实物形态的要素,包括技术、信息、管理、制度、机制、企业文化、企业道德,等等。其中无形要素对国家或企业素质和技术能力的影响主要是通过强化、提高其他要素的禀赋而实现的。它可以拓展和强化有形要素的性能、功用,提高其技术含量和质量,可以改进、创新工艺流程、产品配方、方法诀窍、管理技巧等无形要素,还可以增强人的技术素质,提高其技能等等。衡量无形要素的禀赋,不仅要看它的充足程度和经济程度,关键的是要看它的适用程度和先进程度,同时还要看它与其他要素的配置、整合与适应情况。在要素与技术能力衡量中它好比大脑。对技术能力的影响,取决于技术人员和技术基础、管理能力、企业的创新文化等无形要素的水平和质量。

　　扩展的要素禀赋包括要素数量和要素质量两个维度,这就使后发大国经济收敛过程具有更生动的内涵。要素的质量维度摆脱了像资本、基础设施等要素所具有的边际报酬递减规律特点,而使之与内生经济增长理论中技术要素一样具有报酬递增的规律。本章将结合要素禀赋理论中的要素数量和要素质量两个维度分别来考虑后发大国技术赶超的作用机理。要素数量和要素质量无法像传统内生增长理论中资本、劳动力等要素那样简单地放入模型中,尤其是资本,无法兼顾到数量和质量两个维度,因而无法判断哪一种资本是高素质的资本,哪一种是低质量的资本。Spence(1976)、Dixit 和 Stiglitz(1977)等人曾将中间投入品纳入内生增长理论中,并且考察了中间投入品的数量和质量两个方面;且借用这种思路,以中间投入品的数量和质量代表拓展的要素禀赋理论,来探讨要素禀赋与后发技术赶超的作用机理。当然,中间投入品是一个综合性载体,是其他所有要素的综合,这种所有要素的综合以中间投入品的形式出现就使它有了数量和质量两个维度。

4.1 要素数量、中间投入品扩张与技术赶超的机理

在本部分的分析中,首先我们将引入 Spence(1976)等人的思路,将要素禀赋先转化为中间投入品数量的增加①。表面看来,要素数量和中间投入品数量之间似乎并没有必然的联系,但是在推导过程中我们将会逐渐发现,中间品的生产函数实际上是生产要素的一个线形函数,这样,中间投入品的数量就表现为要素的数量,这在文中会做出交代。基于此,我们在本部分中将通过中间投入品数量的增加来表示要素数量的增加对后发技术赶超的作用机理。实际上,我们可以把要素数量上的变化理解为新开辟了一个行业,比如新要素的发明,这正好也与熊彼

① 本部分参阅了 Barro 和 Sala-I-Martin 的 Economic Growth(详见何晖、刘明兴译:《经济增长》,中国社会科学出版社 2000 年版,第 198—248 页)及 Grossman 和 Helpman 的 Innovation and Growth in the Global Economy(详见何帆等翻译的《全球经济中的创新与增长》,中国人民大学出版社 2003 年版,第 40—90 页)。这些研究更多关注的是技术创新对经济增长的作用机理,而技术创新往往难以直接衡量,将之笼统地表现为中间投入品数目的扩大和种类的增多。如果将这些投入,包括中间投入品仍作为一种要素,将中间投入品数量扩张和质量提升当作要素禀赋的两个维度,而事实也正是如此,这样就建立了要素禀赋与中间投入品之间的联系。换句话说,在我们的分析中,要素禀赋通过中间投入品来表现,就如同 Robert J. Barro and Xavier Sala-I-martin 和 G. M. Grossman and E. Helpman 等将创新转化为中间投入品一样。

特的技术创新原理是一致的。当然，把技术状态等同于要素数量应该被视为一个隐喻，它只选择了技术赶超方式的一个方面，并提供了一个研究后发大国技术赶超易于处理的理论框架。

4.1.1 模型的描述

1. 生产技术

沿袭 Spence(1976)、Dixit 和 Stiglitz(1977)、Romer(1987，1990)的思路，我们把企业 i 的生产函数写为：

$$Y_i = AL_i^{1-\alpha} \cdot \sum_{j=1}^{N} (X_{ij})^{\alpha} \tag{4.1}$$

式(4.1)中，Y_i 是最终产品的产量，L_i 是劳动投入，$A > 0$ 为技术水平参数，可视为政府行为、法律体系、产权安排等的函数，且 $0 < \alpha < 1$，$(X_{ij})^{\alpha}$ 的可加性意味着中间投入品 j 的边际产量独立于所使用的中间产品数量 j'。从这种意义上讲，在技术赶超过程中，新开发出的产品既不是对旧有产品的直接替代，又不是直接互补。在特殊情况下，一种新产品 j 会替代一种现有产品 j'（也就是减少该产品的边际产量）或互补这种产品（提高该产品的边际产量）。但在一般情况下，边际产量的独立性是成立的。独立性假设之所以重要，是因为它暗示了新产品的发现并不会使任何一种现有产品过时。同时，为了考察 N[①]的影响，假定中间投入品可以共同的物质单位来衡量，而且所使用的数量都相同，即 $X_{ij} = X_i$，则由式(4.1)得：

$$Y_i = AL_i^{1-\alpha} \cdot \sum_{j=1}^{N} (X_{ij})^{\alpha} = AL_i^{1-\alpha} \cdot N \cdot X_i^{\alpha} = AL_i^{1-\alpha} \cdot (NX_i)^{\alpha} \cdot N^{1-\alpha} \tag{4.2}$$

---

① 为方便起见，可把中间产品数量 N 理解为连续而非离散的，这样，N 就可以代表后发国家在技术赶超过程中技术的复杂程度或代表性企业所雇用要素禀赋的程度。我们还可以形式化地证明 N 的连续性，把式(4.1)中的 N 进行积分：$Y_i = AL_i^{1-\alpha} \cdot \int_0^N X_i(j)dj$，其中 j 是数量的连续指标，N 是可利用种类的范围。

对于给定的 N,公式(4.2)意味着生产呈现出了对 L_i 和中间投入总数量 NX_i 的规模报酬不变。对于给定的 L_i 和 NX_i,式(4.2)中的 $N^{1-\alpha}$ 还表明,产出 Y_i 随着 N 的增加而增加,这一特征正好体现了技术创新的实质,反映出将给定的中间品总量 NX_i 分散到更广的范围 N 上所获得的收益。并且,如果是增加投入品的数量 N 而不是 X_i 可以避免报酬递减,这一性质为技术赶超提供了内生增长的基础。

我们假设所有企业生产出的产品在实物上都是一样的,产出可以被用于消费、中间投入品 X_i 的生产以及发明新的中间品(增加 N)所需要的创新投入,以同质的产品流 Y 的单位来衡量所有的价格,则最终产品的生产者的利润为:

$$\pi_i = Y_i - wL_i - \sum_{j=1}^{N} P_j X_{ij} \tag{4.3}$$

其中,w 是工资率,P_j 是中间投入品的价格。由于生产者是竞争性的,因而他们把 w 和价格 P_j 视为给定的,对式(4.1)求导数:

$$\partial Y_i / \partial X_{ij} = A\alpha \cdot L_i^{1-\alpha} \cdot X_{ij}^{\alpha-1} \tag{4.4}$$

则对式(4.3)分别关于中间投入品 X_{ij} 和劳动 L_i 求导,使其结果等于零,则分别得出:

$$X_{ij} = (A\alpha/P_j)^{1/(1-\alpha)} \cdot L_i \tag{4.5}$$

$$w = (1-\alpha) \cdot (Y_i/L_i) \tag{4.6}$$

2. 消费偏好

我们假定每个家庭的效用函数为:

$$U = \int_0^{\infty} (C^{1-\theta} - 1)/(1-\theta) \cdot e^{-\rho t} dt \tag{4.7}$$

家庭按照效用最大化进行决策选择,其中 c 是人均消费,人口增长率 n 为 0,θ 为边际效用弹性,ρ 为消费者偏好。家庭在资产上获得了报酬率 r,在固定的劳动力总数量 L 上获得工资率 w(等于劳动的边际产品)。家庭最优消费增长率为:

$$g_c = (r-\rho)/\theta \tag{4.8}$$

4.1.2 市场行为分析

后发大国（地区）要想加快技术赶超速度，就必须加大中间品的创新投入，因而要靠要素的大量投入。我们假定创新出一种新的产品需要投入 η 单位的 Y，也就是说发明一种新产品的成本不会持续变化。为了激发创新，加快技术赶超速度，应该以某种方式对成功的技术创新进行补偿。由于技术具有公共产品的性质，其外溢效应往往导致创新者的收益小于新技术的收益，为了保证创新者的创新动机，我们沿用传统的分析思路，以专利制度为技术创新提供激励。

假定一旦新技术被发明出来后，第 j 种中间产品的生产成本为 1 单位 Y，那么，从第 j 种中间产品中获得的报酬的现值为：

$$V(t) = \int_t^\infty (P_j - 1) \cdot X_j \cdot e^{-\bar{r}(v,\,t) \cdot (v-t)} dv \qquad (4.9)$$

其中 X_j 是在每一时期所生产的总数量，$\bar{r}(v,\,t) \equiv [1/(v-t)] \cdot \int_t^v r(w) dw$ 是 t 到 v 之间的平均利率。如果利率等于一个常数 r（这是可以被证明的），那么现值因子就可以被化简为 $e^{-\bar{r} \cdot (v-t)}$。上式（4.9）表明只有当对于 t 期之后的一段时间而言销售价格 P_j 超过边际生产成本 1 时，创新一种新产品的固定成本 η 才能得到补偿。

对中间投入品企业而言，它的市场行为受 $\pi_j = (P_j - 1) \cdot X_j$ 的约束，根据利润最大化要求可得：

$$\pi_j = (P_j - 1) \cdot \sum_i X_{ij} = (P_j - 1) \cdot (A\alpha/P_j)^{1/(1-\alpha)} \cdot \sum_i L_i$$
$$= (P_j - 1) \cdot (A\alpha/P_j)^{1/(1-\alpha)} \cdot L$$

可以解得中间产品的价格

$$P_j = P = 1/\alpha > 1 \qquad (4.10)$$

由此可以看出，中间投入品的价格是不变的。如果我们把式（4.10）代入式

(4.5)中,则可以确定每种中间投入品的总数量为:

$$X_j = X = (A\alpha^2)^{1/(1-\alpha)} \cdot L \qquad (4.11)$$

值得说明的是,到目前为止,我们的要素禀赋中的数量维度终于出炉了,前面这么多的推导实际上都是为要素数量的出台做铺垫的。从上式(4.11)我们可以看出,我们在开始的时候用中间投入品的数量来表示要素数量是一致的。一般来讲,中间投入品也是生产要素投入生产出来的,所以在间接渠道上两者是等同的。只不过在这里仅仅简化为劳动要素的数量,这与现实是不相符的。按照传统的要素禀赋理论,要素之间是可以相互替代的,资本、劳动不是绝对的,他们之间的替代关系决定了在技术赶超作用机理过程中的简化是能够说明问题的。比如,如果在式(4.1)中我们将劳动替代为资本,同样能够得出类似的结果。所以,要素数量维度与中间投入品数量扩张模型是一致的。

我们将式(4.10)、式(4.11)代入式(4.9)中,经过变形可得:

$$V(t) = (A\alpha^2)^{1/(1-\alpha)} \cdot L \cdot (1/\alpha - 1) \cdot \int_t^\infty e^{-\bar{r}(v,\,t) \cdot (v-t)} dv \qquad (4.12)$$

由于技术是一个国家经济增长的动力,任何一个国家或地区都大力支持进行技术创新,以进行技术赶超,增强自己的自主创新能力。因此,可以认为技术创新市场是自由进入的,任何企业或者个人都可以支付创新成本 η,以保证技术创新的顺利进行。实际上,按照创新市场所具有的特征,可以近似地认为它是一个完全竞争性市场。在这个市场上,$V(t) = \eta$ 时市场达到均衡[①]。即

$$\eta = L \cdot A^{1/(1-\alpha)} \cdot \alpha^{2/(1-\alpha)} \cdot (1/\alpha - 1) \cdot \int_t^\infty e^{-\bar{r}(v,\,t) \cdot (v-t)} dv \qquad (4.13)$$

从上式(4.13)可以看出,除积分之外其他都是常数,所以积分项也必须等于常数才能保证上式成立。从而就要求利率 $r(t) = r$ [②]。此时积分化简为 $1/r$,式

[①]　因为,若 $V(t) > \eta$, 则在 t 时会有无穷的要素投入到研发市场中,若 $V(t) < \eta$, 则在 t 时没有相应的要素投入到创新中,因此产品数目 N 不会随着时间而变化。所以,在均衡时 $V(t) = \eta$。

[②]　这个结果也可以这样得到,把积分 $I = \int_t^\infty e^{-\bar{r}(v,\,t) \cdot (v-t)} dv$ 对 t 求导,结果为: $dI/dt = -1 + r(t) \cdot I = 0$。因此 $r(t) = r$, $I = 1/r$。

(4.13)可变为：

$$r = (L/\eta) \cdot A^{1/(1-\alpha)} \cdot \alpha^{2/(1-\alpha)} \cdot (1/\alpha - 1) \tag{4.14}$$

技术创新行为和市场结构将报酬率保证在式(4.14)所表示的值上，当然 N 的增长率为正。打算开发第 $N+1$ 种产品，即要素的数量再增加到 $N+1$ 种产品产生了刚好弥补技术创新成本 η 的垄断利润，既保证了技术创新者的创新激励，又保证了市场的均衡。由于新旧产品所获得的垄断利润流是相同的，对每种现有中间产品而言的现值也必须等于技术创新的成本 η。因此，拥有能生产一种中间产品的蓝图的企业的市场价值为 η，这些企业的总市值为 ηN。

4.1.3 竞争性市场均衡分析

1. 静态分析

将式(4.8)代入式(4.14)后得命题1。

命题1 在开放经济条件下，均衡增长路径上各经济变量的增长率为：

$$g = g_c = (1/\theta)\left[(L/\eta) \cdot A^{1/(1-\alpha)} \cdot \alpha^{2/(1-\alpha)} \cdot (1/\alpha - 1) - \rho\right] \tag{4.15}$$

由上式(4.15)可知，只有当基本参数能够使 $g > 0$ 时，式(4.15)才能成立。当要素数量增加时，也即中间投入品数量扩张时，N 开始于某个值 $N(0)$，然后以式(4.15)所示的不变速度 g 增长。由式(4.2)及式(4.11)可确定如下的总产出水平：

$$Y = AL^{1-\alpha} \cdot X^{\alpha} \cdot N = AL^{1-\alpha} \cdot N \cdot \left[(A\alpha^2)^{1/(1-\alpha)} \cdot L\right]^{\alpha}$$
$$= A^{1/(1-\alpha)} \cdot \alpha^{2\alpha/(1-\alpha)} \cdot LN \tag{4.16}$$

因此，对于给定的 L，Y 的增长速度和 N 一样。

市场中总的资源约束为 $Y = C + M + Z$，其中 X 代表投入技术创新中的要素数量或者说是资源数量。根据前文的论述我们可以知道，$M = \eta g N = \eta \dot{N}$，$Z$ 代表花费到中间投入品上的数额，$Z = NX$，则消费函数为 $C = Y - M - Z$，将 Y、M、

Z 代入函数,则得:

$$C = (N/\theta) \cdot \{[L \cdot A^{1/(1-\alpha)} \cdot (1-\alpha) \cdot \alpha^{2\alpha/(1-\alpha)}] \cdot [\theta - \alpha \cdot (1-\theta)] + \eta\rho\}$$

(4.17)

由于大括号内的数值也是常数,则消费支出的变化也是技术指数的倍数,即 C 的增长率与 N 相同。

到此为止,我们得出了后发大国技术赶超的路径。给定一个初始的技术指数和人口数量 L,总产出 Y、要素的数量 N(中间投入品的数量)以及消费支出 C 都以式(4.15)所示的不变速度增长。

2. 比较静态分析

现在来考虑式(4.15)中所示的增长率 g 的决定因素。

命题 2 $\partial g/\partial\theta = -(1/\theta^2)[(L/\eta) \cdot A^{1/(1-\alpha)} \cdot \alpha^{2/(1-\alpha)} \cdot (1/\alpha - 1) - \rho] < 0$, $\partial g/\partial\rho = -(1/\theta) < 0$。

边际效用弹性参数 θ 越大,则跨期替代弹性越小,意味着代表性家庭越来越不愿意接受对持久平滑消费模式的偏离,因此,他们努力将消费从未来转移到现在,家庭减少储蓄。如果 θ 越小,则稳态增长率将变大。人们的主观时间偏好 ρ 增大,意味着消费者越缺乏耐心,相对于未来消费而言,当期消费能够带来更大的效用,从而减少当前投资,导致稳态增长率减小。也就是说 θ 和 ρ 能够代表储蓄意愿,更低的 θ 和 ρ 意味着更高的储蓄意愿,而更高的储蓄意愿都将提高增长率,都能促使技术赶超,促进经济发展。这一点已经被许多经济学家证实。比如 Feldstein 和 Charles(1980)通过对 1960—1974 年间 21 个工业化国家投资占 GDP 的平均份额进行了一个跨国回归,考察了储蓄率与投资率之间的关系,他们发现,储蓄率与投资率是强相关的:储蓄率增加多少,投资率就几乎增加多少。Barro、Mankiw 和 Sala-I-Martin(1995)对储蓄率与贴现率之间的关系进行了更具体的研究,发现在有些国家存在着贴现率与储蓄率之间的负相关关系。作为经济发展的一个重要驱动力,较高的储蓄率所导致的较高的投资率能够促进经济快速地发展,凯恩斯学说正是建立在这个定理的基础上。

命题 3 $\partial g/\partial A = (1/\theta)(L/\eta) \cdot A^{\alpha/(1-\alpha)} \cdot \alpha^{2/(1-\alpha)} \cdot (1/\alpha) > 0$

技术基础的提高对稳态增长率的影响表现在两个方面：首先，从式（4.1）可以看出，A 的提升将直接提高本国经济增长率，这是直接效应；其次，技术基础是后发大国（地区）进行技术赶超或者经济增长的基础，较高的技术基础与投入创新的要素数量相结合，通过人力资本的干中学、用中学、练中学等加速技术的扩散，从而产生强大的动力，促进经济增长。并且，前面也曾经假设 A 是产权制度、法律环境等的函数，健全的法律制度和产权制度是后发大国（地区）技术创新和经济快速发展的前提。即使单纯地考虑原有的技术水平也容易理解，后发大国（地区）要想加快技术进步的速度，不仅要有大量的要素投入，还要有一定的技术基础才行，二者缺一不可。

命题 4 $\partial g/\partial \eta = -(1/\eta^2)(L/\theta) \cdot A^{1/(1-\alpha)} \cdot \alpha^{2/(1-\alpha)} \cdot (1/\alpha - 1) < 0$

技术创新是需要付出成本的，命题 4 表明，创新成本是与技术赶超速度和经济发展速度是呈反方向的，降低创新的成本就可以加快创新的速度，就可以加快经济发展，从而能够较快地实现后发技术赶超。

命题 5 $\partial g/\partial L = (1/\theta)(1/\eta) \cdot A^{1/(1-\alpha)} \cdot \alpha^{2/(1-\alpha)} \cdot (1/\alpha - 1) > 0$

命题 5 表明后发大国经济赶超的速度是与人口规模成正比的，这就是经济发展的规模效应：一个更大的劳动力禀赋（数量）提高了后发大国经济发展的速度。与技术外溢干中学模型和具有公共物品模型中产生的规模效应相似，如果在前面的假设中我们容许人口 L 以一个正速度增长，那么经济就不会趋向一个稳态。一般而言，人口规模代表了市场的规模，而这对发达国家的企业来说是极具有诱惑力的。即使对国内的企业来讲，发明一项新技术并在整个经济体中被广泛地利用，也能够充分降低成本并增加利润，因此，人口规模大的后发大国，技术创新的激励相对较大。对后发大国来说，人口增长率和人口规模一般远远高于其他国家或地区，这是被事实所证明了的。根据式（4.15），在其他情况相同的条件下，后发大国（地区）的总产出及技术创新的速度会高于一般国家和地区，这为后发大国

（地区）进行技术经济赶超提供了可能。这一观点得到了 Feldstein(1976)、Romer(1986)等的证实和认可。

林毅夫认为,人口众多的现实在推动技术赶超和技术进步方面具有显在的比较优势。他认为,人口中具有发明创造的天才是呈正态分布的,人口基数越大,不仅能工巧匠的绝对数量多,有天分的科学家的绝对数量也会越多;科学家越多,科学家群体的结构优势越强;经济规模越大,科学家个人能力的辐射范围越大,开展技术创新进而推动技术赶超和经济发展的条件就越好。另一方面,模型中的人口总数实际上还可以代表人力资本的数量,这就更有利于说明问题。人力资本是现代经济发展过程中的技术载体,是经济增长过程中最为活跃的因子,它对经济发展的作用是多方面的,已经被许多经济学家所证实。

由上可见,传统的要素禀赋理论实际上就是要素的数量论,要素数量的增加能够加速后发经济的赶超。要素数量的扩张实际上是内生的,只不过以更为间接的形式来表述。以人口规模来表示要素的数量,与资本等其他要素的表达是一样的。根据命题 5 不难发现,拥有较大人口规模的后发大国,只要措施得当,完全有可能实现技术赶超和经济赶超,增强自我发展的能力。以巴西、中国、印度、俄罗斯等新兴大国为代表的后发大国的成功实践,为技术后发优势观点提供了支持。技术落后的后发大国可以通过技术模仿、合作创新或者自主创新实现技术赶超和经济发展。

4.1.4　结论及启示

本部分将要素数量转化为中间投入品引入到内生经济增长模型中,重点考察了技术赶超过程中要素数量通过中间投入品数量扩张对长期经济增长的内在机理,得出的结论较好地解释了后发大国（地区）技术赶超的事实,同时对我国经济政策的制订具有重要的借鉴意义。模型重点突出了人力资本这种要素数量对经济发展和技术赶超的重要性,但是我们知道,人口规模是一方面,一个国家经济的快速发展和增长更需要大量的人力资本。模型也间接表明,劳动力市场的自由竞争和自由流动是人力资本投资,特别是数量投资的重要驱动力。

4.2　要素质量、中间投入品质量提升与技术赶超的机理

传统的技术进步模型要么是将技术进步作为外生变量，将之假定为与经济内生因素无关的变量，如 Solow(1956)、Swan(1956)和 Griliches(1988)等，要么是将技术进步内生于经济增长模型中，将之称为"有效劳动"，通过有效劳动的作用，促进经济增长，如 Romer(1990)、Grossman 和 Helpman(1991)，Aghion 和 Howitt(1992)等的研究开发增长模型，及 Mankin、Romer 和 Weil(1992)等的人力资本模型等，但实际上促进技术进步的关键是要素的投入，尤其是高质量要素的投入。

要素数量对后发技术赶超是通过中间投入品扩张来实现的，这种中间品的引入虽然使创新对经济发展过程更加明显，但同时又使要素数量对技术赶超的作用机理显得更加复杂，更加使人不易明白。对中间投入品的控制不如要素投入那样容易，效果也没有那么明显。拓展的要素禀赋理论包括两个部分，在一定数量的基础上，要素的质量似乎比数量具有更强大的推动作用，人力资本与劳动力的对比就是明证。要素质量维度的引入使后发技术赶超过程具有更生动的内涵，使要素推动经济发展的作用机理更为强大和畅通，效果也更加明显。前文提到要素数量对经济发展具有很大的作用，在这一节中，我们将从要素质量维度来考虑后发技术赶超的作用机理。

4.2.1　模型的假定及描述

我们仍然沿用 Spence(1976)等人的思路，将要素禀赋先转化为中间投入品质量的提升。基于此，我们在本部分中将通过中间投入品质量的提升，表示要素质量的提升对后发技术赶超的作用机理。实际上，我们把要素质量的变化可以理解

生产方法的创新,这正好与熊彼特的技术创新内容是一致的。当然,把技术状态等同于要素质量仍然是一个隐喻,它只选择了技术赶超方式的一个方面,并提供了一个研究后发经济技术赶超的易于处理的理论框架。

在本节中,我们保持中间产品种类数目 N 不变,但容许每种产品的质量或生产率的改进。我们可以把 N 的增加理解为等同于新的产品种类或生产方法的基础创新。与之对应的是,现有产品的质量提高则涉及产品和技术的连续一系列改进和修正。按照 Grossman 和 Helpman(1991)等人的研究框架和思路,每种中间产品的质量(leading-edge quality)位于纵轴上,质量改进则意味着中间产品沿着纵轴向上移动。在中间品数量增进模型中,大都是假定新类型的中间投入并不与旧的中间投入发生直接互动。采用 Spence(1976),Dixit 和 Stigliz(1977)的函数形式,其中投入品是可分的,也就是说引进一种新产品并不会使任何一种老产品过时。而在中间品质量增进模型中,当一种产品或技术被改进后,新的产品或方法就把老的淘汰掉了,也就是说把对于给定的一种产品来说的不同质量等级模型化为近似替代品。可以作一个极端的假设,假定一种特定的中间投入品的不同质量之间是完全替代的,那么,一种更高质量等级的发现将完全排除掉更低的等级。出于这个原因,沿着质量维度,研究者将消除掉前人的垄断租金,这也正是熊彼特(1934)以及 Aghion 和 Howitt(1992)所描述的"创造性毁灭"过程,这是本模型与传统中间品数量模型差别的关键所在。

值得注意的是,中间产品质量的提升能否代替要素质量的提升,也就是说两者之间有没有必然的联系,这在表面上是有点让人难以置信的,但是在下面的研究中我们会发现两者是等价的。其实仔细分析技术对经济发展的作用过程也可以明白,技术不会直接作用在最终产品上,它需要技术工人在生产过程中将先进技术与其他要素融合在一起,要么作为其中的一个关键部位,要么作为其中的中间投入品来促进经济的发展。同样,较高质量的要素并不会直接作用在最终产品上,而是将较高质量的要素当做一个部件或者是一种中间投入。也就是说,我们假定用中间投入品的质量来代替要素质量作用于经济增长的过程是科学的,也是合理的。

1. 生产技术

在进入技术创新模型之前,我们对技术创新的形式做一简单的叙述。最终产品的生产者仍然使用 N 种中间投入品,但是这里 N 是一个常数。每种中间产品都有一个质量阶梯(quality ladder),沿着它发生产品质量改进。质量改进以当前市场上最前沿的技术为基础,但要经过企业的大力投入和研发人员的努力。同时我们假定市场是完全的,也就是说企业对它研发出来的技术拥有排他性的垄断权利。这种垄断权利的存在保证了研发企业能够克服知识或者技术公共产品的性质,从而有动力不断地从事新技术的开发。

在生产过程中,随时都存在着一定的知识或者技术水平,企业可以利用这些技术来生产中间产品,然后将这些含有技术水平的中间产品卖给最终产品的生产者用以生产最终产品。但是模型有一个奇怪的地方:如果一种新技术被研发出来,则市场上现有的技术将被淘汰,也就是说一项新技术的发明必将结束市场上现有技术的利润流。因此,企业在进行研发时首先要考虑的问题就是,研发成功后利润流的大小和预计持续的时间,这个持续时间是随机的,因为它依赖于竞争者的研究努力程度以及企业研发投入要素的质量状况。一般而言,垄断预期持续时间越短,技术创新的预期报酬就越小;并且,成功的技术创新者具有创造性毁灭效应,它能够将垄断租金由现任创新者向新来者转移,正是这种转移才驱使企业有动力进行技术创新。

沿袭 Spence(1976),Dixt 和 Stigliz(1977)等人的思路,我们将最终产品生产部门的生产函数写为:

$$Y_i = AL_i^{1-\alpha} \cdot \sum_{j=1}^{N} (\bar{X}_{ij})^{\alpha} \qquad (4.18)$$

其中,Y 是最终产品的产量,L_i 是劳动投入,$A > 0$ 为技术水平参数,可视为政府行为、法律体系、产权安排等的函数,且 $0 < \alpha < 1$。新的因素是 $\bar{X}_{ij}$,它是第 j 种中间产品经过质量调整(quality-adjusted)后的使用数量。

由于每种中间产品潜在等级沿着一个质量梯级排列,这一梯级成比例地分布在区间 $q > 1$ 上,实际上是将质量调整进行标准化,使每种产品当首次被发明时以质量 1 开始,后续的梯级按照等比数列的形式发生。于是,如果在部门 j 中发生过 k_j 次质量改进的话,那么该部门中可以获得的质量等级为 1, q, q^2, $\cdots$, $(q)^{kj}$。

令 x_{ijk} 为第 i 个企业所使用的质量梯级为 k 的第 j 种中间产品的数量。梯级 k 对应于质量为 q^k,所以当 $k = 0$ 时表示质量为 1 时的中间产品, $k = 1$ 表示经过一次质量改进后的中间产品,如此等等。因此, k_j 是部门 j 可达到的最高质量水平。对于这个部门而言,经质量调整后的中间投入品数量为:

$$\bar{X}_{ij} = \sum_{k=0}^{k_j} (q^k \cdot X_{ijk}) \tag{4.19}$$

上式(4.19)中的假设,是在一个部门之内质量等级作为生产投入相互之间是完全替代的。一个部门的总投入 $\bar{X}_{ij}$ 是每一等级的使用数量 $q^k \cdot X_{ijk}$ 的质量加权和。中间产品数量扩张模型往往是假定 $k = 0$,中间投入品没有质量变化,其技术变化只能通过产品数量 N 的增加来表现,现在的中间产品数量 N 是固定的,我们隐含假设现有的中间产品类型都是在过去的某个时刻被发明出来的。但是现在容许每个部门为了旨在改进该部门产品质量的研发努力, k_j 随时间变化。

此时,为了避免新技术公共产品的性质,同时也激励创新,我们假定每次质量改进的研究者拥有该中间产品在这一质量水平上的垄断权利。尤其是如果质量水平已经达到了 k 时,其创新者就拥有了质量水平为 q^k 的中间产品。假定中间产品是非耐用品,且其边际生产成本为 1(以产出 Y 为单位)。也就是说对于所有质量 q^k 的中间产品,其中 $k = 0$, 1, $\cdots$, k_j,生产成本都一样。因此该部门中最近的创新者比先前的创新者更具有效率优势,但对于未来的创新者而言又处于劣势。

2. 消费偏好

家庭的效用函数与第 4.1.1 节中论述的一样,为:

$$U = \int_0^\infty (c^{1-\theta} - 1)/(1-\theta) \cdot e^{-\rho t} dt \tag{4.20}$$

其他假设条件也一样,家庭按照效用最大化进行决策选择,其最优化所需要的关键条件仍然是对消费增长率而言的,为:

$$g_c = (r - \rho)/\theta \tag{4.21}$$

4.2.2 市场行为分析

1. 企业行为

假定最新技术或者最前沿技术生产出来的中间品的质量水平为 $(q)^{k_j}$ 并在生产上利用,由式(4.18)及式(4.19)可以计算出这种产品的边际产量:

$$\partial Y_i / \partial X_{ijk} = A\alpha \cdot L_i^{1-\alpha} \cdot (q)^{\alpha k_j} \cdot (X_{ijk})^{\alpha-1} \tag{4.22}$$

如果单位先进质量产品的价格定为 P_{jk_j},而且没有产品 j 的其他质量等级可以利用,则根据边际产品等于价格可以得出中间产品的需求函数:

$$X_{jk_j} = L_i \cdot [A\alpha \cdot (q)^{\alpha k_j} / P_{jk_j}]^{1/(1-\alpha)}$$

$$X_j = \sum_i X_{ij} = \sum_i L_i \cdot (A\alpha \cdot (q)^{\alpha k_j} / P_j)^{1/(1-\alpha)} = L \cdot (A\alpha \cdot (q)^{\alpha k_j} / P_j)^{1/(1-\alpha)}$$

$$\tag{4.23}$$

在这种情况下拥有先进技术的企业就像垄断者一样追求利润最大化,结合前面的论述,其边际生产成本为 1,则其利润函数为:

$$\pi = (P_j - 1) \cdot X_j = (P_j - 1) \cdot [A\alpha \cdot (q)^{\alpha k_j} / P_j]^{1/(1-\alpha)} \tag{4.24}$$

对 P_j 求导,则可以解出 $P_j = P = 1/\alpha$。

垄断价格是常数,不随时间变化且在各部门之间相同。由式(4.23)可以确定第 j 种中间产品(即所有的先进质量)的总产量为:

$$X_j = LA^{1/(1-\alpha)} \cdot \alpha^{2/(1-\alpha)} \cdot (q)^{k_j \alpha/(1-\alpha)} \tag{4.25}$$

到这里为止,我们已经证实了在模型假设中用中间投入品的质量来代表要素质量是合理的。从式(4.25)中可以看出,中间投入品可以近似地等价于基于质量维度的投入要素,这里的要素仅仅局限于劳动力或者说人力资本,公式后面的质量指数代表了人力资本质量的提升系数。

前面我们已经假定不同质量等级的中间产品是可以相互替代的,只是要被他们各自的等级加权。也就是说,每单位先进产品等价于 q 单位的次级质量的中间产品,如果某种最先进的产品定价为 P_{jk_j},则其次级产品定价只能为 P_{jk_j}/q,再低一级则为 P_{jk_j}/q^2。在完全竞争的市场中,边际成本等于价格的,低于边际产品价格的中间产品很难赢利。也就是说在竞争性市场中,技术落后的中间产品很难生存下去。依据本书的分析,技术领先者的中间产品定价为 $P_j = P = 1/\alpha$,相对落后技术厂商的中间产品定价为 $1/\alpha q$,当其大于边际生产成本为 1 时,才能赢利,技术落后者也能生存下去。当其小于 1 时,技术落后者就无法生存下去,此时市场上存在着垄断竞争者,也就是 $\alpha q > 1$ 是垄断盛行的原因,其他相对落后技术生产出来的产品都将被驱逐出市场。我们将生产函数写为:

$$Y_i = AL_i^{1-\alpha} \cdot \sum_{j=1}^{N} (q)^{\alpha k_j} \cdot (X_{ijk_j})^{\alpha} \tag{4.26}$$

把式(4.25)代入,并对企业 i 进行加总,可得到关于总产出的表达式:

$$Y = A^{1/(1-\alpha)} L \cdot \alpha^{2\alpha/(1-\alpha)} \cdot \sum_{j=1}^{N} (q)^{\alpha k_j/(1-\alpha)} \tag{4.27}$$

由于 L、N 都是固定不变的,则在这个模型中,产出只随着技术的变迁而变化,也可以说,技术越先进,总产出就越多。我们定义 $T = \sum_{j=1}^{N} (q)^{\alpha k_j/(1-\alpha)}$ 为技术指数,表示技术进步程度,$Y = A^{1/(1-\alpha)} L \cdot \alpha^{2\alpha/(1-\alpha)} \cdot T$。技术指数 T 是各个技术进步程度的加总,技术进步使得 kj 增加,进而 T 提升。中间产品总产出也与技术指数有关,因为技术进步本来就表示为中间产品投入质量的提升,$X = LA^{1/(1-\alpha)} \cdot \alpha^{2/(1-\alpha)} \cdot T$。

2. 中间产品部门的技术创新行为

对中间产品来讲,与技术进步程度 k_j 相对应的利润流为:

$$\pi_{jk_j} = (P_j - 1) \cdot X_j = L \cdot A^{1/(1-\alpha)} \cdot \alpha^{2/(1-\alpha)} \cdot (1/\alpha - 1) \cdot (q)^{\alpha k_j/(1-\alpha)} \tag{4.28}$$

当中间产品部门开发出新技术 k_j,其利润流会一直持续到更先进的技术被开发出来为止,如果中间持续时间从 k_j 到 $k_j + 1$,则此利润流持续时间为 $t_{jk_j} = t_{k_{j+1}} - t_{k_j}$,当

利率为 r 时，该利润流的现值为：

$$V_{jk_j} = \pi_{jk_j} \cdot [1 - \exp(-rt_{jk_j})]/r \qquad (4.29)$$

这一现值即为企业技术创新获得的垄断利润，是对企业进行技术创新的一种奖励。现在我们来探究技术保持先进性的持续时间 t_{jk_j}。企业要确保技术创新成功，必须要投入一定的资源，如资金、人力资本等，这里设 Z_{jk_j} 代表其花费的资源总量，设 $\varphi(k_j)$ 表示企业技术创新的努力程度，用 P_{jk_j} 表示每单位时间中技术创新成功的概率，投入的资源 Z_{jk_j} 越多，企业技术创新的努力程度 $\varphi(k_j)$ 越大，则其成功的概率 P_{jk_j} 也就越大。这里设 $P_{jk_j} = Z_{jk_j} \cdot \varphi(k_j)$。企业进行技术创新成功的概率是随机的，它并不是随着时间的变化而变化，也就是说，企业技术创新成功的概率将在 t_{jk_j} 内不均匀地发生。我们定义 $P(T)$ 为 t_{jk_j} 的累积概率分布函数，即 $t_{jk_j} \leqslant T$ 的概率。$P(T)$ 对 T 的变化代表了创新在 T 上发生的概率。这样，以创新为发生条件，一种技术创新发生的概率为每单位时间 P_{jk_j}，则 $P(T)$ 的导数为：

$$\partial P(T)/\partial T = [1 - P(T)]P_{jk_j} \qquad (4.30)$$

创新概率并不随时间变化，利用边界条件 $P(0) = 0$，可以解出微分方程式（4.30）：

$P(T) = 1 - \exp(-P_{jk_j}T)$，其概率密度函数为 $g(T) = P'(T) = P_{jk_j} \cdot \exp(-P_{jk_j}T)$，该式实际上给出了 t_{jk_j} 的概率密度，t_{k_j} 时的利润的期望值为：

$E(V_{jk_j}) = (\pi_{jk_j}/r) \cdot P_{jk_j} \cdot \int_0^\infty (1 - e^{-rT}) \cdot \exp(-P_{jk_j}T)dT$，计算积分可得：

$$E(V_{jk_j}) = \pi_{jk_j}/(r + P_{jk_j}) \qquad (4.31)$$

将之代入式（4.28），可以得到：

$$E(V_{jk_j}) = L \cdot A^{1/(1-\alpha)} \cdot \alpha^{2/(1-\alpha)} \cdot (1/\alpha - 1) \cdot (q)^{\alpha k_j/(1-\alpha)}/(r + P_{jk_j}) \qquad (4.32)$$

该式（4.32）显示了企业在做出第 k_j 次创新成功所能得到的期望利润，不确定性主要表现在技术创新成败的不确定性上。

由于每单位时间的成功概率为 P_{jk_j}，进行第 $k_j + 1$ 次创新能得到的每单位时

间的期望回报则为 $P_{jk_j} \cdot E(V_{j,\,k_j+1})$，一个位于技术梯级 k_j 上的企业从事技术创新能得到的期望净利润流为 $P_{jk_j} \cdot E(V_{j,\,k_j+1}) - Z_{jk_j}$，即

$$\pi_{jk_j} = Z_{jk_j} \cdot \left[\varphi(k_j) \cdot L \cdot A^{1/(1-\alpha)} \cdot \alpha^{2/(1-\alpha)} \cdot (1/\alpha - 1) \right.$$
$$\left. \cdot (q)^{\alpha \cdot (k_j+1)/(1-\alpha)} / (r + P_{j,\,k_j+1}) - 1 \right] \qquad (4.33)$$

由于技术创新市场是完全竞争的，也就是说技术创新是可以自由进入的，则最终均衡时创新利润为 0。式(4.33)改写为：

$$r + P_{j,\,k_j+1} = \varphi(k_j) \cdot L \cdot A^{1/(1-\alpha)} \cdot \alpha^{2/(1-\alpha)} \cdot (1/\alpha - 1) \cdot (q)^{\alpha \cdot (k_j+1)/(1-\alpha)} \quad (4.34)$$

假定 $\varphi(k_j) = 1/\zeta \cdot (q)^{-\alpha \cdot (k_j+1)/(1-\alpha)}$，其中 ζ 代表技术创新的成本，对于给定的 Z_{jk_j} 和 k_j 值，更高的 ζ 降低了技术创新的成功概率，其中上式(4.34)中的 $(q)^{-\alpha \cdot (k_j+1)/(1-\alpha)}$ 指出了技术创新的复杂性对成功概率的负面影响。这一特殊形式将使式(4.34)得到简化，特别是右边成为常数，这样，技术研发自由进入条件改写如下：

$$r + p = L/\zeta \cdot A^{1/(1-\alpha)} \cdot \alpha^{2/(1-\alpha)} \cdot (1/\alpha - 1) \qquad (4.35)$$

每单位时间中一次创新的概率为：

$$p = L/\zeta \cdot A^{1/(1-\alpha)} \cdot \alpha^{2/(1-\alpha)} \cdot (1/\alpha - 1) - r \qquad (4.36)$$

如果 r 保持不变，则公式(4.36)也保持不变。根据 $P_{jk_j} = Z_{jk_j} \cdot \varphi(k_j)$，我们可以得到创新资源的数量 $Z_{jk_j} = P_{jk_j}/\varphi(k_j)$，将式(4.36)代入，则：

$$Z_{jk_j} = (q)^{\alpha \cdot (k_j+1)/(1-\alpha)} \cdot \left[L \cdot A^{1/(1-\alpha)} \cdot \alpha^{2/(1-\alpha)} \cdot (1/\alpha - 1) - r\zeta \right] \qquad (4.37)$$

从式(4.37)中可以看出，越是拥有先进技术的国家或企业，致力于技术创新的费用就越大。以 Z 表示技术创新的总支出，则

$$Z = \sum_{j=1}^{N} Z_{jk_j} = T \cdot q^{\alpha/(1-\alpha)} \cdot \left[L \cdot A^{1/(1-\alpha)} \cdot \alpha^{2/(1-\alpha)} \cdot (1/\alpha - 1) - r\zeta \right] \quad (4.38)$$

总产出 $Y = A^{1/(1-\alpha)} L \cdot \alpha^{2\alpha/(1-\alpha)} \cdot T$，$Y$ 的中间产品投入 $X = LA^{1/(1-\alpha)} \cdot \alpha^{2/(1-\alpha)} \cdot T$，以及技术创新总投入 $Z = T \cdot q^{\alpha/(1-\alpha)} \cdot \left[L \cdot A^{1/(1-\alpha)} \cdot \alpha^{2/(1-\alpha)} \cdot (1/\alpha - 1) - r\zeta \right]$ 都是

技术指数 T 的常数倍。这些参数都等于 T 的增长率,即:

$$g_Y = g_X = g_Z = g_T$$

我们知道,$T = \sum_{j=1}^{N} (q)^{\alpha k_j/(1-\alpha)}$,如果没有创新发生时,$q^{\alpha k_j/(1-\alpha)}$ 项不会发生变化,但在一项创新成功的情况下,它上升到 $q^{\alpha(k_j+1)/(1-\alpha)}$,由于创新成功而导致该项的变化比例为 $q^{\alpha/(1-\alpha)} - 1$,每单位时间的成功概率为式(4.36)所示的 p。由于 p 对所有部门都相同,每单位时间中 T 的期望变化比例为:

$$E(\Delta T/T) = p \cdot (q^{\alpha/(1-\alpha)} - 1) \tag{4.39}$$

在市场中,企业的数量 N 非常多,我们假定 N 大得足以将之视为可微,即 $\frac{\dot{T}}{T} = E(\Delta T/T)$,则将式(4.36)代入,得:

$$g_T = g_Y = g_X = g_Z = \left[L/\zeta \cdot A^{1/(1-\alpha)} \cdot \alpha^{2/(1-\alpha)} \cdot (1/\alpha - 1) - r \right]$$
$$\cdot \left[q^{\alpha/(1-\alpha)} - 1 \right] \tag{4.40}$$

4.2.3 竞争性市场均衡分析

1. 静态分析

市场中总的资源约束为 $Y = C + X + Z$,消费函数为 $C = Y - X - Z$,将 Y、X、Z 代入函数,则得:

$$C = \left[L \cdot A^{1/(1-\alpha)} \cdot (1-\alpha^2) \cdot \alpha^{2\alpha/(1-\alpha)} - p\zeta \cdot q^{\alpha/(1-\alpha)} \right] \cdot T \tag{4.41}$$

由于方括号内的数值也是常数,则消费支出的变化是技术指数的倍数,即 C 的增长率与 T 相同,我们假定相关的增长率为 g。在式(4.21)中我们推出了消费增长率为 $g_c = (r - \rho)/\theta$,代入式(4.40)可以得到:

$$r = \frac{\rho + \theta \cdot \left[\dfrac{L}{\zeta} \cdot A^{1/(1-\alpha)} \cdot \alpha^{2/(1-\alpha)} \cdot (1/\alpha - 1) \right] \cdot \left[q^{\alpha/(1-\alpha)} - 1 \right]}{1 + \theta \cdot \left[q^{\alpha/(1-\alpha)} - 1 \right]} \tag{4.42}$$

$$g = \frac{\left[\dfrac{L}{\zeta} \cdot A^{1/(1-\alpha)} \cdot \alpha^{2/(1-\alpha)} \cdot (1/\alpha - 1) - \rho\right] \cdot \left[q^{\alpha/(1-\alpha)} - 1\right]}{1 + \theta \cdot \left[q^{\alpha/(1-\alpha)} - 1\right]} \tag{4.43}$$

根据式(4.39),我们知道,

$$p = \frac{\left[L/\zeta \cdot A^{1/(1-\alpha)} \cdot \alpha^{2/(1-\alpha)} \cdot (1/\alpha - 1) - \rho\right]}{1 + \theta \cdot \left[q^{\alpha/(1-\alpha)} - 1\right]} \tag{4.44}$$

命题 6　给定一个初始的技术指数,T、Y、X、Z 和 C 都以式(4.43)所示的不变速度增长,利率是式(4.42)所示的常数。

2. 比较静态分析

现在考虑式(4.43)中所示的增长率 g 的决定因素。

命题 1 表明稳态经济增长率取决于本国人力资本存量(L)、技术创新成本(ζ)、技术基础和创新环境(A)、偏好参数(θ, ρ)与质量等阶参数(q)。为了弄清楚各个参数对稳态经济增长率的影响,通过对命题 1 式(4.43)的方程求偏导数,则得到以下命题:

命题 7　$\partial g/\partial \zeta < 0$

技术创新是需要大量的付出的,也正是较大的创新成本才促使以共担创新成本、共享风险这种合作创新大行其道,同时,这也是众多中小企业对创新望而却步的根本原因。创新成本对企业和国家来说是一种负担,它与技术赶超速度和经济发展速度是呈反方向的,降低创新的成本就可以加快创新的速度,就可以加快经济发展,从而能够较快地实现后发技术赶超。

命题 8　$\partial g/\partial A > 0$, $\partial g/\partial L > 0$

实施技术创新需要一定的技术基础,更需要一定的创新环境,比如健全的产权制度、完善的法律规范、科学的管理体制等。命题 8 很好地证明了这一点,随着技术基础的提升,后发国家或地区技术赶超的速度会更快,更能促进经济发展。前面曾经假设 A 是产权制度、法律环境等的函数,而健全的法律制度和产权制度是一个国家技术创新和经济快速发展的前提。并且,即使单纯地考虑原有的技术水平也容易理解,一个国家或地区要想加快技术进步的速度,不仅要有大量的要素投入,还要有一定的技术基础才行,二者缺一不可。

此处的 L 有两个含义:第一是一个国家或地区的人口规模,这就体现了经济发展的规模效应;第二是代表一个国家和地区人力资本的数量。命题 9 表明,后发大国人力资本的数量越高,就越能促进经济发展。当然,作为人力资本的 L 还有更深一层的含义,那就是人力资本 L 本身是一个纵向维度,人力资本的质量是可以得到提高的,这也正体现了教育、培训的重要性。这一点虽然没有在命题 9 中得到体现,但它对经济发展的作用却是有目共睹的。21 世纪是知识经济时代,后发大国拥有大量高素质的人力资本,可以说这些国家就拥有了繁荣和竞争力的基础,对顶尖级人力资本的争夺是知识经济时代的一个突出特点。

命题 9 $\dfrac{\partial g}{\partial q} = \dfrac{\left[\dfrac{L}{\zeta} \cdot A^{1/(1-\alpha)} \cdot \alpha^{2/(1-\alpha)} - \rho \cdot \alpha/(1-\alpha)\right] \cdot q^{(2\alpha-1)/(1-\alpha)}}{\left[1 + \theta \cdot q^{\alpha/(1-\alpha)} - \theta\right]^2}$ 不能确定与

0 的关系,也就是说稳态经济增长率与质量指数之间的关系不能确定。

当 $\rho \geqslant (1-\alpha) \cdot \dfrac{L}{\zeta} \cdot A^{\frac{1}{1-\alpha}} \cdot \dfrac{1+\alpha}{1-\alpha}$ 时,$\dfrac{\partial g}{\partial q} \leqslant 0$,作为家庭或者居民主观时间偏好率 ρ 表示相对未来对现在消费的偏好,当 $\rho \geqslant (1-\alpha) \cdot \dfrac{L}{\zeta} \cdot A^{\frac{1}{1-\alpha}} \cdot \dfrac{1+\alpha}{1-\alpha}$ 时,表示人们更注重当前的消费。也就是说人们对未来经济发展没有信心,居民的消费信心下降,对经济发展的预期也随之下降,于是居民便将大量的资金转向当前消费而不是转为投资作为未来的消费。换句话来讲,相对于未来消费而言,居民认为将资金在当前进行消费能够给消费者带来更大的效用。对企业而言,市场是一个投资决策的信号,由于对经济发展预期不佳,企业纷纷减少当前投资,而投资又是经济发展的内在动力之一,投资的减少会导致稳态经济增长率的下降。同样,当 $\rho < (1-\alpha) \cdot \dfrac{L}{\zeta} \cdot A^{\frac{1}{1-\alpha}} \cdot \dfrac{1+\alpha}{1-\alpha}$ 时,居民对当前的消费偏好降低,将大量的资金作为储蓄,转化为投资,以期作为未来的消费支出。由于居民对未来经济发展的信心十足,企业也就将大量的资金进行投资,于是稳态经济增长率随着质量指数的上升而下降。从表面看来,作为衡量技术进步的中间投入品或者要素质量提升的参

数应该是与稳态经济增长率是没有关系的,但研究发现两者之间实际上被居民消费偏好所联系起来,但有一点需要注意的是,这里的临界值并不是一个固定的参数,它是一个关于人力资本总量、创新成本和技术基础的一个函数,每一个国家和地区都是不一样的,它是一个混合变量,需要根据具体的国家和地区来确定。

4.2.4　结论及启示

本节将要素质量维度转化为中间投入品质量提升,通过将要素质量提升对经济发展过程转化为中间投入品质量提升对经济发展过程,这一分析思路将扩展的要素禀赋理论与技术赶超或者经济收敛之间的关系更加具体化,避免了传统内生经济增长理论中作用机理的抽象性和复杂性,使得后发大国和地区技术赶超或者经济收敛更具有可操作性。

通过研究我们得出了五个重要的命题,这些命题对后发大国来讲是非常重要的,这些结论一方面较好地解释了后发国家或地区经济发展的事实,另一方面也证明了后发大国和地区技术赶超和经济收敛的可能性和可行性。

4.3　要素禀赋、中间产品与技术赶超作用机理

从前两节的推导可以看出,拓展的要素禀赋理论是从要素数量和要素质量两个维度来对技术赶超发生作用,并且这个过程还要借助中间投入品这个载体(二者对技术赶超的作用机理见图 4.1)。

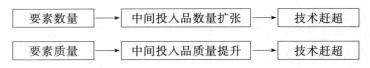

图 4.1　要素数量、要素质量、中间产品与技术赶超

从图 4.1 可以看出,要素数量和要素质量通过中间产品对技术赶超的作用机理是平行的两条线,两者之间没有很好地结合在一起。而事实上,随着一个国家经济实力的增强,技术水平提升到一定的程度,技术能力和要素禀赋也得到较大规模的提升。在这个过程中,是要素数量和质量是一个共同提升的过程。不可能出现单一的质量不变而数量大增或者是数量不变而质量有较大程度提升的情况。同时,要素数量和要素质量也是一起通过中间产品的作用来实现技术赶超的,要素的数量和质量成为一个硬币的两个方面(见图 4.2)。

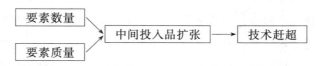

图 4.2　拓展的要素禀赋、中间产品扩张与技术赶超

因此,在这一部分,将要素数量和要素质量纳入同一个分析框架,来研究要素禀赋通过中间产品的扩张实现技术赶超的作用机理。

4.3.1　模型的假定及描述

1. 生产技术

我们仍然沿用 Spence(1976)等人的思路,将要素禀赋先转化为中间投入品数量增加和质量的提升,以此来表示要素禀赋的改善对后发技术赶超的作用机理。在本部分中,我们仍然结合 Spence(1976),Dixit 和 Stiglitz(1977)、Romer(1987,1990)的思路,我们把企业 i 的生产函数写为:

$$Y_i = AL_i^{1-\alpha} \cdot \sum_{j=1}^{N} (X_{ij})^\alpha \tag{4.45}$$

其中,Y_i 是最终产品的产量,L_i 是劳动投入或者说是人力资本投入,$A > 0$ 为技术水平参数,仍可视为政府行为、法律体系、产权安排等的函数。且 $0 < \alpha < 1$,$(X_{ij})^\alpha$ 的可加性意味着中间投入品 j 的边际产量独立于所使用的中间产品数量

j'。在一般情况下,中间投入品边际产量是独立的,它暗示了新产品的发现并不会使任何一种现有产品过时。同时,为了考察 N 的影响,假定中间投入品可以共同的物质单位来衡量,而且所使用的数量都相同,这里假定所有的中间投入品为 X_{ij},则由式(4.45)得:

$$Y_i = AL_i^{1-\alpha} \cdot \sum_{j=1}^{N} (X_{ij})^\alpha = AL_i^{1-\alpha} \cdot N \cdot X_{ij}^{\ \alpha} = AL_i^{1-\alpha} \cdot (NX_{ij})^\alpha \cdot N^{1-\alpha}$$

$$(4.46)$$

对于给定的 N,式(4.46)意味着生产呈现出了对 L_i 和中间投入总数量 NX_i 的规模报酬不变。对于给定的 L_i 和 NX_i,式(4.46)中 $N^{1-\alpha}$ 表明,产出 Y_i 随着 N 的增加而增加,这一特征正好体现了技术创新的实质,反映出把给定的中间品总量 NX_i 分散到更广的范围 N 上所获得的收益。并且,如果是增加投入品的数量 N 而不是 X_i 避免了报酬递减,则这一性质为技术赶超提供了内生增长的基础。

实际上,式(4.46)意味着中间投入品可以共同的物质单元来衡量,并且所使用数量都相等,将这些中间投入品设定为共同的物质单元就可以来衡量要素的数量,也可以等同于在生产过程中只投入了一种要素,只不过该要素需要 N 的数量。但是该中间投入品(要素)是有好有坏的,也就是说有质量高低之分的,如果政府部门刻意培训或者经过技术进步的洗涤,部分要素的质量就有可能较大幅度地提升。基于此,我们将要素质量与技术赶超的模型进行适应性地改造,由于最终产品的生产者仍然使用 N 种中间投入品,只不过这里 N 是一个常数。每种中间产品都有一个质量阶梯(quality ladder),沿着它发生产品质量改进。质量改进以当前市场上最前沿的技术为基础,但要经过企业的大力投入和研发人员的努力。同时我们假定企业对它研发出来的技术拥有排他性的垄断权利。这种垄断权利的存在保证了研发企业能够克服知识或者技术公共产品的性质,从而有动力能够不断地从事新技术的开发。

为了使问题简单化,这里仍然假设当一种新技术被发明后,原有的技术将被淘汰,也就是说新技术与旧技术之间是一种严格的替代关系。相对应地,当高质量的要素或者中间投入品被开发出来并投入生产过程中时，低质量的要素或者过时的中间投入品将被替代或被淘汰，这虽然在理论上有点牵强，因为高质量的要素或者先进的中间投入品的价格相对会比较高，并且采用新技术还必须拥有一定的技术基础和人力资本，只有这样才能充分消化吸收新技术，采用高素质的要素和中间投入品，企业应该根据各自的具体情况各取所需。一般来讲，在一个成熟理性的市场中，企业都会根据自己的具体情况确定自己需要的人力资本、要素和中间投入品，一般不会刻意地要求或者拔高自己的需求，例如，一个技工能够很好地完成的工作并非需要一个硕士或者博士来完成。完善的市场体制保证了要素被充分利用，也保证了市场信号的真实性和可靠性。而在一个转轨市场或者不健全的市场中并不完全是这样。就以人力资本来讲，似乎都在刻意拔高自己的需求，结果导致非理性的出现，一个专科生能够完成的事情一定要录用一个本科生，能够硕士完成的事情非得要求博士，要素的非理性配置导致了资源的浪费，也使得市场信号无法有效地甄别。这种情况在后发大国和地区非常普遍，这也使本模型这样假设比较符合后发大国和地区的实际。

很显然，一项新技术的发明将结束市场上现有技术的利润流，这使企业在进行研发时首先要考虑的问题就是，研发成功后利润流的大小和预计持续的时间，这个持续时间是随机的，因为它依赖于竞争者的研究努力程度以及企业研发投入要素的质量状况。一般而言，垄断预期持续时间越短，技术创新的预期报酬就越小；并且，成功的技术创新者具有创造性毁灭效应，它能够将垄断租金由现任创新者向新来者转移，正是这种转移才驱使企业有动力进行技术创新。

基于此，我们假定每种中间产品潜在等级沿着一个质量梯级排列，这一梯级的梯级成比例地分布在区间 $q > 1$ 上，实际上是将质量调整进行标准化，使得每种产品当首次被发明时以质量 1 开始，后续的梯级按照等比数列的形式发生。于是，如果在部门 j 中发生过 k_j 次质量改进的话，那么该部门中可以获得的质量等级为 $1, q, q^2, \cdots, (q)^{k_j}$。

令 x_{ijk} 为第 i 个企业所使用的质量梯级为 k 的第 j 种中间产品的数量。梯级 k 对应于质量 q^k，所以当 $k = 0$ 时表示质量为 1 时的中间产品，$k = 1$ 表示经过一次质量改进后的中间产品,如此等等。因此,k_j 是部门 j 可达到的最高质量水平,那么对于这个部门而言经质量调整后的投入为(这里的论述同第 4.2 节中生产技术的表述):

$$X_{ij} = \sum_{k=0}^{k_j} (q^k \cdot X_{ijk}) \tag{4.47}$$

2. 消费偏好

每个家庭的效用函数仍然为:

$$U = \int_0^\infty (c^{1-\theta} - 1)/(1-\theta) \cdot e^{-\rho t} dt \tag{4.48}$$

家庭最优化所需要的关键条件仍然为:

$$g_c = (r - \rho)/\theta \tag{4.49}$$

4.3.2　市场行为分析

1. 最终产品生产企业行为分析

将式(4.46)、式(4.47)两个更简化一些,即 $Y_i = A \cdot L_i^{1-\alpha} \cdot N \cdot X_{ij}^\alpha$, $X_{ij} = q^k \cdot X_{ijk}$,则:

$$Y_i = A \cdot L_i^{1-\alpha} \cdot N \cdot q^{k\alpha} X_{ijk}^\alpha \tag{4.50}$$

在市场均衡时,边际产量等于价格,则:

$$\frac{\partial Y_i}{\partial X_{ijk}} = A \cdot L_i^{1-\alpha} \cdot N \cdot q^{k\alpha} \cdot \alpha \cdot X_{ijk}^{\alpha-1} = p_{ij}, \text{可以得出:}$$

$$X_{ijk} = \left(\frac{A \cdot N \cdot \alpha \cdot q^{k\alpha}}{P_{ij}} \right)^{\frac{1}{1-\alpha}} \cdot L_i \tag{4.51}$$

又因为我们曾假设中间产品的生产成本为 1(单位的最终产品 Y),则中间产品生产商的利润函数为 $\pi_{ij} = (p_{ij} - 1) \cdot X_{ijk}$,通过利润最大化条件可以得出:

$$p_{ij} = p = \frac{1}{\alpha} \tag{4.52}$$

将之代入中间投入品生产函数和最终产出函数,可得:

$$X_{ijk} = (A \cdot N \cdot \alpha^2 \cdot q^{k\alpha})^{\frac{1}{1-\alpha}} \cdot L_i \tag{4.53}$$

$$Y_i = A \cdot L_i^{1-\alpha} \cdot N \cdot q^{k\alpha} \big[(A \cdot N \cdot \alpha^2 \cdot q^{k\alpha})^{\frac{1}{1-\alpha}} \cdot L_i \big]^{\alpha}$$

$$= L_i \cdot (A \cdot N)^{\frac{1}{1-\alpha}} \cdot \alpha^{\frac{2\alpha}{1-\alpha}} \cdot q^{\frac{k\alpha}{1-\alpha}} \tag{4.54}$$

对所有的厂商进行加总,可得中间投入品总量和最终产品总量:

$$X = (A \cdot N \cdot \alpha^2 \cdot q^{k\alpha})^{\frac{1}{1-\alpha}} \cdot L \tag{4.55}$$

$$Y = L \cdot (A \cdot N)^{\frac{1}{1-\alpha}} \cdot \alpha^{\frac{2\alpha}{1-\alpha}} \cdot q^{\frac{k\alpha}{1-\alpha}} \tag{4.56}$$

从上述式(4.55)及式(4.56)可以看出,后发大国(地区)的中间投入品和最终产量取决于该国家或地区内人力资本总量(人口基数)、要素(中间投入品)的数量、要素的质量指数以及该经济体的技术基础。

实际上,这里的分析只考虑一种情况,正如我们所说的那样并不符合传统的经济学理论,也就是说我们认为一种高质量的要素或者中间投入品被生产出来,以前相对低质量的要素和中间投入品就被淘汰。另外一种情况就是假定现在部门 j 中质量梯级低于 k_j 的要素或者中间投入品也能在生产上被利用,前面得出的垄断价格也适用,即 $p_{ij} = p = 1/\alpha$ 并且如果这一价格足够高,则次佳质量的要素或中间投入品通过生产过程仍将获得正利润。在第一种情况中,每单位先进质量要素等价于 $q > 1$ 单位的次佳质量要素,由此可知,如果最高质量的要素或投入品定价 P,则次佳质量的要素或投入品最多定价为 $\frac{1}{q} \cdot p$,如此类推随着质量的递减,要素的定价分别应该为 p/q^2,p/q^3,$\cdots$,如果 p/q 小于要素的成本 1,则所有更低质量的要素或中间投入品都将被淘汰。也就是说,如果 $\alpha q > 1$ 意味着第一种情况成立,也就是说在市场上只有最先进的要素或中间投入品才能存在下去,次级质量的要素将被淘汰。如果 $\alpha q < 1$,则次级质量的要素也有可能在市场上存在,

最先进的要素生产者将会制订一个极限价格,也就是制订一个足够低于垄断价格的价格以使生产次级质量的要素或中间产品刚好不盈利,此时的极限价格为 q,此时次级质量的要素供应者刚好无盈利,如果先进要素供应者再将价格压低一个很小的正数,则就有可能将次级质量的要素逐出市场。按照上述推导过程,我们会发现极限定价下的产量至少与垄断定价下产量是一样的,并且主要的推导结论也是相同的。

2. 中间投入品生产企业的市场行为

对中间产品来讲,与技术进步程度 k_j 相对应的利润流为 $\pi_{ij} = (p_{ij} - 1) \cdot X_{ijk}$,将式(4.55)代入这个利润流中,可得:

$$\pi_{ij} = (A \cdot N \cdot \alpha^2 \cdot q^{k\alpha})^{\frac{1}{1-\alpha}} \cdot L \cdot (1/\alpha - 1) \tag{4.57}$$

当中间产品部门开发出新技术 k_j 时,其利润流会一直持续到更先进的技术被开发出来为止,如果中间持续时间从 k_j 到 $k_j + 1$,则此时利润流持续时间为 $t_{jk_j} = t_{k_{j+1}} - t_{k_j}$,当利率为 r 时,该利润流的现值为:

$$V_{jk_j} = \pi_{ij} \cdot [1 - \exp(-rt_{jk_j})]/r \tag{4.58}$$

这一现值即为企业技术创新获得的垄断利润,是对企业进行技术创新的一种奖励。现在我们来探究技术保持先进性的持续时间 t_{jk_j}。

与要素质量、中间投入品质量提升与后发技术赶超机理模型一样,设 Z_{jk_j} 代表后发大国(地区)进行技术创新所投入的资源总量,设 $\varphi(k_j)$ 表示企业技术创新的努力程度,用 P_{jk_j} 表示每单位时间中技术创新成功的概率,则投入的资源 Z_{jk_j} 越多,企业技术创新的努力程度 $\varphi(k_j)$ 越大,则其成功的概率 P_{jk_j} 也就越大,因此这里设 $P_{jk_j} = Z_{jk_j} \cdot \varphi(k_j)$。企业进行技术创新成功的概率是随机的,它并不是随着时间的变化而变化,也就是说,企业技术创新成功的概率将在 t_{jk_j} 内不均匀地发生。因此我们定义 $P(T)$ 为 t_{jk_j} 的累积概率分布函数,即 $t_{jk_j} \leqslant T$ 的概率。$P(T)$ 对 T 的变化代表了创新在 T 上发生的每单位的概率。为使创新在 T 时发生,首先不能让它在这之前发生,这一结果有 $1 - P(T)$,这样,以创新为发生为条件,一种技术创新发生的概率为每单位时间 P_{jk_j},则 $P(T)$ 的导数为:

$$\partial P(T)/\partial T = [1 - P(T)]P_{jk_j} \tag{4.59}$$

由于创新概率并不随时间变化,则利用边界条件 $P(0) = 0$,可以解出微分方程(4.59):

$P(T) = 1 - \exp(-P_{jk_j}T)$,其概率密度函数为 $g(T) = P'(T) = P_{jk_j} \cdot \exp(-P_{jk_j}T)$,该式实际上给出了 t_{jk_j} 的概率密度,因此,在 t_{k_j} 时计算的利润的期望值为:

$$E(V_{jk_j}) = (\pi_{jk_j}/r) \cdot P_{jk_j} \cdot \int_0^\infty (1 - e^{-rT}) \cdot \exp(-P_{jk_j}T)dT$$

计算积分可得:

$$E(V_{jk_j}) = \pi_{jk_j}/(r + P_{jk_j}) \tag{4.60}$$

将之代入式(4.58),可以得到:

$$E(V_{jk_j}) = [(A \cdot N \cdot \alpha^2 \cdot q^{k\alpha})^{\frac{1}{1-\alpha}} \cdot L \cdot (1/\alpha - 1)]/(r + P_{jk_j}) \tag{4.61}$$

该式显示了企业在做出第 k_j 次创新成功所能得到的期望利润,其不确定性主要是由技术创新成功的不确定性上。由于每单位时间的成功概率 P_{jk_j},则进行第 $k_j + 1$ 次创新能得到的每单位时间的期望回报为 $P_{jk_j} \cdot E(V_{j,k_j+1})$,则目前一个位于技术梯级 k_j 上的企业从事技术创新能得到的期望净利润流为 $P_{jk_j} \cdot E(V_{j,k_j+1}) - Z_{jk_j}$,即:

$$\pi_{jk_j} = Z_{jk_j} \cdot \left[\varphi(k_j) \cdot (A \cdot N \cdot \alpha^2 \cdot q^{k\alpha})^{\frac{1}{1-\alpha}} \cdot L \cdot (1/\alpha - 1)/(r + P_{j,k_j+1}) - 1\right] \tag{4.62}$$

由于技术创新市场是完全竞争的,也就是说技术创新是可以自由进入的,则最终均衡时创新利润为 0,则式(4.62)改写为:

$$r + P_{j,k_j+1} = \varphi(k_j) \cdot (A \cdot N \cdot \alpha^2 \cdot q^{k\alpha})^{\frac{1}{1-\alpha}} \cdot L \cdot (1/\alpha - 1) \tag{4.63}$$

假设创新成本为 ζ,根据相关含义,为了将式(4.63)化简,使方程的右边成为常数,则设 $\varphi(k_j) = 1/\zeta \cdot (q)^{-\alpha \cdot k/(1-\alpha)}$,于是创新市场的自由进入条件改写为：

$$r + p = L/\zeta \cdot A^{1/(1-\alpha)} \cdot \alpha^{2/(1-\alpha)} \cdot (1/\alpha - 1) \cdot N^{1/(1-\alpha)} \qquad (4.64)$$

则每单位时间中一次创新的概率为：

$$p = L/\zeta \cdot A^{1/(1-\alpha)} \cdot \alpha^{2/(1-\alpha)} \cdot (1/\alpha - 1) \cdot N^{1/(1-\alpha)} - r \qquad (4.65)$$

如果 r 保持不变，则式（4.65）也保持不变。并且技术创新企业或者部门投入到创新中的资源，根据 $P_{jk_j} = Z_{jk_j} \cdot \varphi(k_j)$ 我们可以得到创新资源的数量 $Z_{jk_j} = P_{jk_j}/\varphi(k_j)$，将式（4.65）代入，则：

$$Z = (q)^{\alpha \cdot k/(1-\alpha)} \cdot [L \cdot A^{1/(1-\alpha)} \cdot \alpha^{2/(1-\alpha)} \cdot (1/\alpha - 1) \cdot N^{1/(1-\alpha)} - r\zeta] \qquad (4.66)$$

从式（4.66）中可以看出，越是拥有先进技术的国家或企业，其致力于技术创新的费用就越大。

从上述推导过程可以看出，总产出 Y、生产要素或者中间投入品 X 以及技术创新的总投入 Z 都是要素质量参数和要素数量的函数，并且总产出 Y、生产要素 X 的增长率、创新数量 Z 等都相等，即 $g_Y = g_X = g_Z$。令 $T = (q)^{\alpha k/(1-\alpha)}$，则企业进行技术创新时，如果没有创新发生时，$q^{\alpha k/(1-\alpha)}$ 项并没有发生变化，但在一项创新成功的情况下，它上升到 $q^{\alpha(k+1)/(1-\alpha)}$，由于创新成功而导致该项的变化比例为 $q^{\alpha/(1-\alpha)} - 1$，而且每单位时间的成功概率为式（4.65）所示的 p。由于 p 对所有部门都相同，每单位时间中 T 的期望变化比例为：

$$E(\Delta T/T) = p \cdot (q^{\alpha/(1-\alpha)} - 1) \qquad (4.67)$$

在市场中，企业进行技术创新使用的要素的数量非常多，我们假定这个数量大得足以将之视为可微，即 $\dot{T}/T = E(\Delta T/T)$ 非随机且等于式（4.67）右边，则将式（4.67）代入得

$$g_Y = g_X = g_T = g_Z = [L/\zeta \cdot A^{1/(1-\alpha)} \cdot \alpha^{2/(1-\alpha)} \cdot N^{1/(1-\alpha)}$$
$$\cdot (1/\alpha - 1) - r] \cdot [q^{\alpha/(1-\alpha)} - 1] \qquad (4.68)$$

4.3.3 竞争性市场均衡分析

1. 静态分析

市场中的总的资源约束为 $Y = C + X + Z$，则消费函数为 $C = Y - X - Z$，将 Y、X、Z 代入函数，则得：

$$C = [L \cdot A^{1/(1-\alpha)} \cdot (1-\alpha) \cdot \alpha^{2\alpha/(1-\alpha)} \cdot N^{1/(1-\alpha)} + r\zeta] \cdot q^{k\alpha/(1-\alpha)} \qquad (4.69)$$

由于方括号内的数值也是常数，则消费支出的变化也是技术指数的倍数，即 C 的增长率与 T 相同，我们假定相关的增长率为 g。在式（4.49）中我们推出了消费增长率为 $g_c = (r-\rho)/\theta$，则代入式（4.69）可得：

$$r = \frac{\rho + \theta \cdot \left[\dfrac{L}{\zeta} \cdot A^{1/(1-\alpha)} \cdot \alpha^{2/(1-\alpha)} \cdot (1/\alpha - 1) \cdot N^{1/(1-\alpha)} \right] \cdot \left[q^{\alpha/(1-\alpha)} - 1 \right]}{1 + \theta \cdot \left[q^{\alpha/(1-\alpha)} - 1 \right]}$$

$$(4.70)$$

$$g = \frac{\left[\dfrac{L}{\zeta} \cdot A^{1/(1-\alpha)} \cdot \alpha^{2/(1-\alpha)} \cdot (1/\alpha - 1) \cdot N^{1/(1-\alpha)} - \rho \right] \cdot \left[q^{\alpha/(1-\alpha)} - 1 \right]}{1 + \theta \cdot \left[q^{\alpha/(1-\alpha)} - 1 \right]} \qquad (4.71)$$

根据式（4.67），我们知道：

$$p = \frac{\left[L/\zeta \cdot A^{1/(1-\alpha)} \cdot \alpha^{2/(1-\alpha)} \cdot (1/\alpha - 1) \cdot N^{1/(1-\alpha)} - \rho \right]}{1 + \theta \cdot \left[q^{\alpha/(1-\alpha)} - 1 \right]} \qquad (4.72)$$

命题 10 后发大国稳态经济增长率取决于该国的消费偏好参数（ρ, θ）、人力资本总量 L、技术基础 A、进行技术创新的要素数量 N 以及要素质量参数 q，也可以说后发大国技术赶超的速度是这些参数的函数。

2. 比较静态分析

为了弄清楚各个参数对稳态经济增长率的影响，通过对命题 10 中式（4.71）中方程求偏导数，我们容易得到以下命题：

命题 11　$\dfrac{\partial g}{\partial q} = \dfrac{\left[\dfrac{L}{\zeta} \cdot A^{1/(1-\alpha)} \cdot \alpha^{2/(1-\alpha)} \cdot N^{1/(1-\alpha)} - \rho \cdot (\alpha/(1-\alpha))\right] \cdot q^{(2\alpha-1)/(1-\alpha)}}{[1 + \theta \cdot q^{\alpha/(1-\alpha)} - \theta]^2}$　不能

确定与 0 的关系,也就是说稳态经济增长率与质量指数之间的关系不能确定。

当 $\rho \geqslant (1-\alpha) \cdot \dfrac{L}{\zeta} \cdot A^{\frac{1}{1-\alpha}} \cdot N^{\frac{1}{1-\alpha}} \cdot \alpha^{\frac{1+\alpha}{1-\alpha}}$ 时,$\dfrac{\partial g}{\partial q} \leqslant 0$,作为家庭或者居民主观时

间偏好率 ρ 表示相对未来对现在消费的偏好,当 $\rho \geqslant (1-\alpha) \cdot \dfrac{L}{\zeta} \cdot A^{\frac{1}{1-\alpha}} \cdot N^{\frac{1}{1-\alpha}} \cdot \alpha^{\frac{1+\alpha}{1-\alpha}}$

表示人们更注重当前的消费。也就是说人们对未来经济发展没有信心,居民的消费信心下降,对经济发展的预期也随之下降,于是居民便将大量的资金转向当前消费而不是转为投资作为未来的消费。换句话说,相对于未来消费而言,居民认为将资金在当前进行消费能够给消费者带来更大的效用。对企业而言,市场是一个投资决策的信号,由于对经济发展预期不佳,企业纷纷减少当前投资,而投资又是经济发展的内在动力之一,投资的减少会导致稳态经济增长率的下降。同样,

当 $\rho < (1-\alpha) \cdot \dfrac{L}{\zeta} \cdot A^{\frac{1}{1-\alpha}} \cdot N^{\frac{1}{1-\alpha}} \cdot \alpha^{\frac{1+\alpha}{1-\alpha}}$ 时,居民对当前的消费偏好降低,将大量的

资金作为储蓄,转化为投资,以期作为未来的消费支出。由于居民对未来经济发展的信心十足,企业也就将大量的资金进行投资,于是稳态经济增长率随着质量指数的上升而下降。从表面看来,作为衡量技术进步的中间投入品或者要素质量提升的参数应该是与稳态经济增长率是没有关系的,但研究发现两者之间实际上被居民消费偏好所联系起来,但有一点需要注意的是,这里的临界值并不是一个固定的参数,它是一个关于人力资本总量、创新成本和技术基础的函数,每个国家和地区都是不一样的,它是一个混合变量,需要根据具体的国家和地区来确定。

命题 12　$\dfrac{\partial g}{\partial N} = \dfrac{\left[\dfrac{L}{\zeta} \cdot A^{1/(1-\alpha)} \cdot \alpha^{(1+\alpha)/(1-\alpha)} \cdot N^{\alpha/(1-\alpha)}\right] \cdot \left[q^{\alpha/(1-\alpha)} - 1\right]}{1 + \theta \cdot \left[q^{\alpha/(1-\alpha)} - 1\right]} > 0$

一般来说,一个国家的要素越充裕,可用于技术创新的要素就越多,就越有可能推动该国的技术创新,有助于后发国家或地区实现技术赶超。相反,一个国家

或地区的经济越繁荣,人力资本、资金、劳动等要素就会逐渐增多,而增多的这些基本要素又会投入技术创新过程中,从而实现技术创新与经济增长的良性互动。命题12证实了这一点,这给一些拥有较大规模人口、资源和发展潜力的后发大国(地区)实现技术赶超提供了可能。

4.3.4 结论及启示

从上述命题可以看出,后发大国(地区)实现技术赶超是可行的,也是可能的。并且技术赶超的速度与诸多变量有关,需要后发大国和地区精心培育,科学实施。结合前文提到的扩展的要素禀赋理论,对要素数量而言,后发大国(地区)实现赶超的速度取决于该国的人力资本总量 L,同时也取决于该国创新要素的数量 N,它们的规模越大,就越能很好地促进后发大国和地区实现技术赶超。就要素的质量而言,并不是我们感觉的那样:要素的质量越高,就越有助于实现技术赶超,而是要充分考虑创新要素和其他因素的协调,考虑创新要素的质量和创新环境和其他创新要素的匹配。在命题11中,我们是用家庭消费偏好来表示要素质量的界限,而实际上则是,当后发大国(地区)的要素质量 q 较低时,这些较低质量的要素不能充分发挥其在创新中的作用,也影响了其他要素的协调作用,因此,较低的要素质量参数会影响技术赶超的速度。同样,当后发大国(地区)的要素质量参数过于高时,这些较高质量的创新要素也不能有效地与其他要素相匹配,使其他创新要素和创新环境显得格格不入,影响到后发大国和地区的技术赶超。也就是说,后发大国(地区)的要素质量参数必须要适中,这样既能充分发挥这些创新要素的效能,也能够有效地激发其他配套要素的内在效能,进而有力地促进后发大国和地区的技术赶超。

结合这些结论,我们还可以提供一些前两节之外的政策建议:大力培育要素的质量,尤其是人力资本,采取加大教育投资、加大培训力度等,同时还可以创造良好的创新环境,使创新环境与技术创新要素的质量相匹配,使之充分发挥内在的潜能,以有效地促进后发大国和地区的技术赶超。

1. 加大人力资本投资,提升技术基础

本书的理论模型表明了人力资本这种要素数量对经济发展的重要性,但是我

们知道,人口规模是一方面,后发大国经济的快速发展和增长更需要大量的人力资本。人力资本投资对后发经济增长的关键作用在于:一方面,人力资本投资通过提高劳动者受教育程度、职业技能、技术熟练程度以及劳动生产率而直接增加产出水平,另一方面,人力资本投资还通过增强本国技术吸收能力和研发水平而间接促进经济增长,即存在人力资本对经济增长的双重效应。加大人力资本投资的另一个意思其实就是提升要素的质量,通过高素质的人力资本与其他经济要素相结合,从而产生强大的乘数效应,促进经济增长。值得注意的是,人力资本投资对产出的水平效应可以通过工资报酬率的提高而得到补偿,然而人力资本通过增强要素素质而提高经济增长率的间接效应则无法通过工资率变化来反映。因此,政府在私人人力资本投资方面可采取以下措施:(1)对私人人力资本投资提供适度补贴(尤其是高层次的人力资本投资),因为人力资本的外部效应决定了私人人力资本投资收益率低于社会收益率;(2)为私人人力资本投资提供融资方便;(3)更为重要地,通过增强劳动力市场的竞争性和自由流动性提供鼓励私人人力资本投资的刺激信号。

2. 加大创新补贴,降低创新成本

技术的重要性已经得到广泛的认可,但技术创新极大的风险和较大的投入使许多企业望而却步,严重地影响到后发大国(地区)经济的发展。对政府来说,应该设立创新基金或者创新风险基金,同时采取税收、补贴等相关的措施,刺激企业加大创新力度,并为企业创新提供必要的保障措施。同时,政府部门也应该尽量理顺产权关系,加大创新的环境建设,为中小企业技术创新提供一个便利的环境,从外部环境上降低企业的创新成本。对一些重大项目,要创造条件,促使企业和科研机构之间加大合作力度,以有效地化解风险,共担研发成本。

3. 注重经济发展信心的培育,正确引导消费偏好

经济发展信心是经济健康发展的前提和关键,如果民众对一个国家的经济发展失去信心,那么这个国家的经济就面临着崩溃的危险。尤其是在信用经济日益发展的今天,全社会无不是围绕信用而运转,如果存在信心危机,那么股市立即就有崩盘的危险,这对以股市为指南进行投资、消费的居民和企业来说无异于灭顶

之灾。每一次的经济危机无不是以消费信心的崩溃为引子的。因此,政府部门首先要增加政府部门信息透明度,监督企业和各级机关及时发布经济发展信息,并及时纠正错误的信息导向,避免发生诸如信用危机、诚信危机等。同时,政府部门要正确引导消费倾向,特别要注重营造健康和谐的消费偏好,保证居民科学合理的消费倾向,保证消费者有充足的消费信心,从而保证居民收入在当期消费和未来消费之间科学合理地分配,既保证当期旺盛的居民需求和经济的快速发展,又保证未来的消费支出和长期稳态的经济增长率。

第 5 章

技术能力与后发大国技术赶超方式

5.1 技术能力与技术赶超

5.1.1 技术能力的本质与内涵

1. 技术能力的概念

自 20 世纪 80 年代以来,技术能力(technology capability)研究作为一种技术后进国家技术追赶过程中新的分析范式和企业能力理论的核心基础,受到世界众多学者的关注。后发大国和地区与地区的技术能力发展路径与发达国家不同,这些后进国家企业的技术发展多起源于选择获取消化吸收和改进国外技术。因此,后发大国(地区)的企业是在了解国外技术环境和发达国家技术发展轨迹的情况下,寻求技术能力。

纵观技术能力的定义,已有的研究主要分为三大流派:(1)结构学派,将技术能力分解为生产能力、投资能力和创新能力三要素;(2)过程学派,将技术能力看做从技术选择、使用、改进到创新的行为流程;(3)资源学派,将技术能力看做一种生产和管理技术辩护所需要的资源。关于技术能力代表性的定义与分类见表 5.1。

从表 5.1 中可以看出,技术能力的定义具有多样性,是一个广泛使用但没有严格规范的定义。三大流派的定义都是不完备的,首先他们对技术能力本身没有

表 5.1 国外学派关于企业技术能力的定义与分类

学派	作　者	定　　义
结构学派	Fransman 和 King（1984）	寻找、引进技术的能力 实现从投入到产出的能力 适应当地生产的能力 局部创新的能力 研发投资能力 基础研究并提高改进技术的能力
	Westphal，Kim 和 Dahlman（1985）	生产能力、投资能力、创新能力
过程学派	Stewart（1981）	一种独立做出技术选择、适应、改进已选择的技术和产品，并最终内生地创造新技术的能力
	Desai（1984）	购买技术、生产运作、复制与扩展创新的能力
	Lall（2000）	有效购买、使用、适应、改进与创造技术的能力
资源学派	Pavitt（1992）	产生和管理技术变化所需要的资源，这些资源包括引进的国外技术、在学习、培训和研究上的投资、激励创新和模仿的经济手段、鼓励公司重视技术积累的制度和政策等

资料来源：安同良，《企业技术能力理论》，载《国外社会科学前沿（2002）》，上海社会科学院出版社 2003 年版，第 230 页。

给出界定，都是仅仅给出技术能力的内容和层次，致使技术能力的结构和过程的形成机制仍然很空洞。另外也缺乏对技术能力本身的精确把握，并且这些研究更多地关注微观的内涵，这与本书的研究视角是有区别的。

根据《世界经济学大辞典》（2003），技术能力是指技术系统或个人在技术及其相关活动中所具有的能力。它是一个系统概念，是由技术人员、技术装备、技术信息、技术投资和技术教育等要素通过技术劳动的社会结构有机组成的多功能整体。对技术系统而言，它是技术系统内部诸技术力量的总和，是技术系统发展的内在动力。对个人而言，它表现为人在从事某项技术活动中所具有的行为方式及心理特征。从概念上可以看出技术能力分为四个层次，即个人层次、企业组织层次、产业层次和国家层次。在这里我们将后三个层次结合起来，因为我们认为企业层次是基础，产业层次是核心,而国家层次则是表现。但不管怎么分层,他们的本质是一样的,我们不去深入地去挖掘技术能力的来源、成长过程等,我们仅仅将其作为技术赶超的一个核心或者说是一个载体,从宏观上、总体上去考察技术能力在要素禀赋和技术赶超之间的作用[①]。因此,在后文的分析中我们没有严格地区分,而是将他们视为一样的。

从本质上讲,技术能力是以技术发展为导向的,具有行动指向的技术知识资源,而技术知识本身可以按照潜在可观察的行为来定义,技术知识往往表现为凝聚在个人群体或物品中的以信息为基础的能力或物化的能力。从技术知识经济学的理论看,它的效益递增规律强调了技术知识作为特殊的资源,对企业竞争优势的获取和维持具有重要的意义。后发国家或企业技术赶超的实现是技术创新的结果。一个国家或企业如何提高自己的技术能力,除了 Kim(2001)作了比较初步的分析研究之外,在现有的研究技术能力文献中(Gonsen,1998;La11,2001;Cyhn,2002 等)往往是就能力论能力,没有认识到仅有技术能力还是不够的,没有将技术能力与技术赶超方式进一步结合起来,因而这些分析不够细致、未能规律化。学者安同良(2004),邵云飞、唐小我、陈光(2006),唐春晖、唐要家(2006)等在这方面的研究与他们大体相同,从实证及其理论指导意义而言,我们不应该仅仅去剖析技术能力这个黑箱,而应该把精力放在技术赶超方式的选择以及创新方式对赶超速度的影响上,这是剖析技术能力发展内在机理的首要工作。传统认为,只要加大研发投入就是促进技术创新,加大技术赶超,这种观点忽视了研发仅仅是整个赶超过程中的一部分,或者说这种观点忽视了其他创新要素对技术能力的作用,也忽视了其他创新要素对技术赶超的作用。实际上,技术赶超是人力资本、技术基础、研发资本等创新要素质量和数量相互作用的过程,这个过程包括操作学习(提高生产操作的效率)、使用学习(通过使用先进的设备和复杂的系统来提高效率)、与供应商和顾客交往学习(Archibugi,1992;Mitchie,1998;Freeman 1998),等等。

综上所述,在技术赶超过程中,技术能力是指对技术赶超机会进行识别,选择

[①]　在第 3 章中我们讲到,技术能力包括技术吸收能力、应用能力和创造能力,与这里的提法并不矛盾,这里是从宏观层次上去强调技术能力,而前者更多地是关注微观主体,关注技术能力的内容。

技术跨越突破点,同时尽可能地从外界获取先进的技术和知识,进行消化吸收,并结合内部的知识,产生新的技术与知识,突破技术赶超临界点,实现技术赶超,同时又使技术与知识得到储备与积累的能力。

2. 技术能力的本质

技术能力是企业在持续的技术变革过程中,选择获取吸收学习改进和创造技术并使之与其他创新要素相整合而具有的能力[①]。它包含三个层次:一是技术能力的本质是技术知识;二是技术能力的载体是一个国家或企业内部的技术基础、资金、人员、设备、信息和组织等要素;三是技术能力的强弱要通过技术创新反映出来。具体来说技术能力反映在以下四个过程:一是技术与信息的引进,包括选择购买国内外的技术,实现技术转移;二是技术学习的过程;三是产生新的技术与技术知识,保证技术的储备和技术知识的积累过程;四是实现技术创新创造经济效益的过程,它包括生产与组织市场开拓、技术的扩散。概括地说技术能力反映了后发大国(地区)从外界获取先进的技术与信息并结合内部的要素及技术知识创造出新的技术与信息,实现技术的创新与扩散,同时又使技术与技术知识得到储备与积累。

技术能力在技术赶超或者技术创新中的重要地位,是国内外学者探讨的热点问题。尽管他们对技术能力概念的具体表达方式不尽相同,但所揭示的内容本质上却大致类似,他们几乎一致地把企业的技术能力看成是一个由若干要素构成的、综合性的能力系统,是国家或企业作为技术创新行为主体能够实施,并完成技术创新行为的诸种内在条件的总和。由于各自分析问题的视角不同,对技术创新能力要素的分解方式也各有差异:有的从组织行为的角度,如拉里把技术创新能力看成是组织能力、适应能力、创新能力和技术与信息获取能力的综合,伯格曼则把技术能力看成是可利用的资源、对竞争对手的理解、对环境的了解、公司的组织结构和变化、开拓性战略等能力的组合;有的从技术创新资源要素入手,如王健、

[①] 安同良等人对技术能力系统的研究非常值得借鉴,但是他更注重从企业层面这个去研究技术能力的微观内涵,这和结构学派、过程学派和资源学派的有些类似,而本文更多地从宏观或者说中观层次去探讨技术能力的内涵和特征。详见安同良:《企业技术能力发展论——经济转型过程中中国企业技术能力实证研究》,人民出版社2004年版,第38—41页。

王海山把技术能力要素分解为技术创新的投入能力,包括研究开发人员、研究开发经费和专利、以及产出能力、活动过程能力和企业技术创新的内部支持和社会支持能力等几个方面;有的以技术创新行为主体为视角,如巴顿把技术能力看成是由技术人员和高级技工的技能、技术系统的能力、管理能力、价值观等内容组成的;有的以技术、产品和生产工艺过程创新、组织和管理创新、经济过程创新三类创新资源在不同阶段的配置和利用状况作为评价标准,如远德玉等学者还把技术能力分解为企业技术与市场的机会选择能力、技术设计与开发能力、样品制造能力、中试能力、规模生产能力、销售与市场开拓能力、市场信息和反馈以及产品更新能力等若干方面(有关技术能力本质的观点见表5.2)。

表5.2 关于技术能力本质的观点

作　者	观　　点
Steward	技术能力是指创造、采用和修改技术的能力
Dore	技术能力是独立从事技术的学习、创造、探索世界技术三者的结合
Desail	技术能力是购买技术并实现技术创新与扩散的能力
Katz	技术能力就是采用国外技术使之适应本地环境逐步建立起来的Know-how的存量
世界银行	技术能力是指生产、投资与创新的能力
美日合作	技术能力是已积累的技术存量及边际技术能力,可用技术累积率表示
帕维蒂	技术能力不同于生产能力,是指产生和管理技术变化所需要的资源
高建	技术能力是一种存量,一种既有体现和非体现特性的资源
傅家骥	对技术活动起支撑作用的能力的集合
万君廉	技术能力是一个国家进行科研和技术开发的能力
罗永长	技术能力为企业开发的潜力和实力、技术开发的投入、技术开发管理效果的组合
魏江等	技术能力是指从外界获取先进的技术与信息,并结合内部的知识,创造出新的技术与信息,实现技术创新与扩散,同时又使技术与知识得到储备与积累的能力

　　资料来源:整编自魏江,《企业技术能力的概念、结构和评价》,《科学学与科学技术管理》1995年第9期。

5.1.2 基于要素禀赋的技术能力决定

要素禀赋和技术能力依次分属两个不同层次却又有着密切联系的范畴。要素禀赋居于基础层次,它由技术能力所规定,同时又决定着技术能力,或者说,技术能力反映要素禀赋(特别是要素禀赋中的质量维度)。要素禀赋的高低取决于诸要素各自的禀赋(数量、质量)以及诸要素的有机构成,各要素的禀赋是基础,其有机构成则是关键。这里说的要素禀赋与赫克歇尔和俄林的要素禀赋不同,它不仅指各种要素本身量的大小,还包括各种要素质量的高低。要素有机构成则是指要素质量和要素数量之间构成的协调性和先进性,这是从马克思的资本有机构成的概念引申而来的。马克思把由资本技术构成决定并反映资本技术构成变化的资本价值构成,称为资本有机构成,它和要素有机构成两个概念的共通之处是以生产要素为考察对象,都涉及生产要素之间量的比例。而两者又有着诸多的不同,特别值得注意的是要素有机构成则是为了研究要素禀赋对企业技术能力的影响,这里的企业要素既包括传统意义上的有形生产要素,也包括技术、管理、信息这些无形生产要素,而后者往往是要素素质中最为核心的东西,它决定着要素质的匹配和功能的协调。可见,要素有机构成包含资本有机构成,特别是包括了人力资本的有机构成。

要素禀赋高低对技术能力的影响,主要取决于以下四个指标:适用程度、先进程度、充足程度和经济程度。适用程度指所有要素都必须适用于企业的经营范围、经营方式和经营目标;先进程度是指与企业有关的要素的技术含量、性能指标在同类中所处的位置;充足程度是指企业要素在适用、先进的前提下,在量的方面满足经营目标需要的程度;经济程度是指在适用的前提下,企业要素的功能成本比。

一般来说,要素禀赋的高低与上述四个指标成正相关,而技术能力则不然,它与要素的适用程度和经济程度正相关,而与先进程度和充足程度,只有在合理的有机构成限度内才呈正相关。这就提醒我们,除了货币形态的自有资金外,一个国家或企业的要素,比如硬件,并非越先进越多越好。这也就是用"充足程度"取代流行的"丰裕度"这个概念的原因:"丰裕度"可以多多益善,"充足程度"则以"足"为限,否则便会"过犹不及"。要素禀赋要与企业的技术能力相适应,过低的要素禀赋不利于技术能力的提升,过高的要素禀赋相对一定的技术能力而言又显得浪费,因此必须讲究要素禀赋与技术能力的适应性和匹配性。

各种要素禀赋对企业技术能力的影响是不一样的。

(1)技术。这是人类为了实现自身的需要而创造的手段和方法的总称。它对技术能力的影响主要是通过强化、提高其他要素禀赋而实现的:它可以拓展和强化有形要素的性能、功用,提高其技术含量和质量;可以改进、创新工艺流程、产品配方、方法诀窍、管理技巧等无形要素;还可以增强人的技术素质,提高其技能等等。这些都是技术能力的外在表现。

(2)信息。企业的信息资源主要包括研究开发部门内部,研究开发部门与营销部门,研究开发部门与生产部门之间的信息流动以及企业与外界之间的信息流动;包括正式的信息网络与非正式的信息网络。正式的信息网络是企业通过正规的、制度化的信息渠道进行信息沟通的方式。非正式的信息沟通渠道能有效地补充正式沟通的一些缺陷,如过于形式化等,但是它容易造成信息的失真和无序化。在评价企业技术能力时,通常需要考察企业内部及外部信息获取的难易程度,信息的联系程度、更新程度,正式沟通渠道和非正式沟通渠道在企业内部所占比重等要素。信息对企业技术能力的影响不但贯穿企业始终,甚至在企业的孕育期就已开始,因为它是企业的设立、要素的配置、技术能力的提升与改善以及企业一切决策、运作和经营活动的依据。如果根据错误的信息去进行要素配置,去作出经营决策,指挥经营活动,企业必然后天不良。因此,衡量信息的禀赋,不仅要看它的充足程度和经济程度,关键的是要看它的适用程度和先进程度,即看它是否准确,是否及时、全面和有价值。如果企业能够拥有庞大的信息收集、处理系统,则企业必定会拥有较高的技术能力。

(3)管理。这里是指企业管理,它是配置、整合与利用所有企业要素以求获得最高效率和最大效益的一系列行为和过程的统称。它在企业技术能力要素中好比大脑;它对企业技术能力的影响,取决于管理的各个方面和各个环节的水平和质量。

(4)企业文化。广义的企业文化是企业长期形成的、具有本企业特色的、对企业员工具有感召力和凝聚力的共同理想、基本价值观、企业精神、群体意识、行为方式、道德规范、企业作风、文化积累等的总称。企业文化是企业技术能力的灵魂,它一旦形成,就会通过它对企业成员的思想行为和企业制度的影响而对企业技术能力发挥巨大的影响和制约作用。其作用的效果主要取决于企业文化的先进程度和被企业成员认知和接受的程度。所谓先进程度,就是看它是否继承了人类文明的积极成果,是否体现先进文化的内涵和发展方向。

(5)资金。资金是企业的血液,是企业进行技术创新活动的先决条件。从表面上看来,资金的数量越多越好,设备的购置、技术人才的聘用、关键部件的采购都需要大量的资金。但是资金的质量也很重要,这里的质量一般是指相对普通企业的资金,大型企业或者拥有先进技术的企业的资金往往携带先进的管理经验和技术,比如大型跨国公司往往在投资时携带先进的技术和管理经验,它能够有效地提升企业的技术能力,这也正是目前许多国家都欢迎大型跨国公司投资的原因,他们关注的更多是跨国公司资金的质量以及这些资金带来的区域技术能力的提升。

(6)人力资本。人力资本在技术能力中具有核心地位,人力资本在技术能力中的核心地位是由两个方面决定的。一方面,企业的一切要素都离不开人力资本,设备工具靠人力资本去配置、去操作,技术靠人力资本去创造、去掌握,信息靠人去收集、去处理,制度靠人去制定、去执行,管理靠人去实施,企业文化靠人去体现。即使在电脑时代,电脑的程序还得靠人设计,电脑也得靠人操纵,离开人,就无法形成现实生产力和技术能力。另一方面,企业的一切都是为了人。为了满足人的需要,为了实现人的利益。因此,人是企业技术能力的核心要素,人的要素禀赋对技术能力自然有着决定性的作用。企业中人的要素禀赋的高低及其对企业素质的影响,也主要取决于以下四个指标:"适用程度"有两层含义,一是人力资本要素的配置要同企业的经营和发展的需要相适应,二是人在企业中可以各得其所,各尽其才。"优良程度"指企业中人的综合素质的高低和结构的合理性。综合素质包括思想素质、文化素质、技术业务素质、身体素质等;结构则包括专业结构、特长结构、学历结构、年龄结构、性别结构、性格结构等等。"充足程度"指人的要素在量的方面满足企业经营和发展要求的程度。"经济程度"即人力资源成本的反比,成本越高,经济程度则越低。与企业有形要素相类似,企业中人的要素禀赋一般与上述四个指标呈正相关关系,而企业技术能力与其适用程度和经济程度呈正相关关系,至于优良程度和充足程度,只有在适用的前提下才呈正相关关系。这就告诉我们,控制企业中人力资本合理的量和质十分重要,不然就会造成冗员和人才的浪费,增加企业的负担。

　　企业通过技术学习整合技术基础、信息、管理、文化、资金及人力资本的过程,也就是技术能力的提升过程。如自主创新的发展模式,需要这些要素均衡发展,实现技术能力向前发展;合作创新通常是通过合作过程,不仅分担创新风险和成本,也将促使技术基础、信息、管理、创新文化在企业间流动,保证后发企业能够学习到合作伙伴的缄默知识和关键技术;模仿创新通常是促进技术能力中某一要素快速发展,并通过其带动其他要素共同进步,促进企业技术能力的提升。如通过采用设备引进的方式,减小设备、生产线与先进技术的差距,再通过生产过程,提高人员、组织能力和信息交流能力,提升企业技术能力。值得注意的是企业技术能力的六个要素是密切相关的,无论采用何种赶超方式,都要注重要素禀赋的协调发展,如企业内部人员的素质和能力,信息畅通是保证组织整合成功的前提,而通过组织整合,实现企业内部知识的共享,通过管理人员的组织能力,达到企业内部顺畅的协同合作,实现技术的整合。要素禀赋对企业技术能力的作用机制见图 5.1。

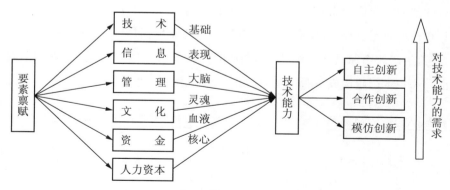

图 5.1　要素禀赋对技术能力的作用机理

5.1.3 技术能力与技术赶超

技术能力是技术赶超的基础,技术赶超的实现,需要强大的技术能力的支撑,技术赶超本身又是一个技术能力跨越的过程。提高技术能力是一个具有长远意义的战略举措。

1. 技术能力是技术赶超的重要投入和产出

技术赶超的成功,除了需要资金、人力资本等要素的投入外,还需要足够的技术能力的积累。因为基本要素的投入是外在的,具有充分的流动性,对任何企业都是一律同质的,而技术能力却是内在的,是企业在长期的技术实践中逐渐形成的,具有缄默性和粘滞性,因而带有明显的企业个性特色,难以购买且难以复制。技术能力的高低,在技术赶超过程中,较具体的技术创新方式更为重要,因为技术赶超往往有着更大的技术不确定性,需要技术能力的积累来减弱不确定性背后所蕴藏的技术能力不足和信息不对称。技术能力不足会造成资源投入的瓶颈,使得技术赶超难以进行。

技术赶超成功后,不仅能够获得有形的产出,如新技术、新产品,同时还能够使技术能力进一步积累。在技术赶超的序列过程中,不仅有有形要素数量的增多、质量的提升,同时也存在技术能力的进一步积聚与释放,并且促使要素个体所拥有的技能和知识向群体所具有的技术能力的进一步的传递与加工、积累与提升。在技术赶超过程中,技术能力的提升不仅会立即回馈,再投入同一赶超过程中,使得生产效率和效益不断提高;而且还会进一步影响到下一轮技术赶超,对技术活动和技术赶超构成不断的支持,如图5.2所示。

资金、人力资本等要素的投入 → 较多数量的、较高质量的要素产出

一定的技术能力 → 技术赶超过程 → 技术能力的进一步提升

图 5.2 要素禀赋、技术能力是技术赶超的重要条件和产出

2. 技术能力是技术赶超的内在基础

技术赶超实际上是在技术不断创新的基础上,通过创新的技术作用于经济发展的过程,使后发国家或地区的经济得到飞跃,使之赶上并超越发达国家。因此,从这个过程来看,技术赶超始于新思想、新知识的不断整合,而任何新思想都不是凭空而来的,新思想的诞生建立在大量占有知识和技术的基础上。知识积累和技术积累是技术赶超的前提,而仅仅有知识积累和技术积累又是不够的。能否发现问题,切中问题的要害,找到解决问题的良策,不仅取决于知识的拥有量,更需要一种洞察力和创造力,这种洞察力和创造力实质上就是技术能力的体现,只有具备这方面技术能力积累的国家(地区)的企业才能形成有价值的技术构想,跨出成功的第一步。由此可见,技术能力在技术赶超的启动阶段起着至关重要的作用,是技术赶超的内在基础。

从技术赶超的整个过程看,技术赶超的构想形成后,赶超过程便进入实现阶段,赶超活动也从一种个人或小组的活动转化为以一个业务部门或一个车间为主,涉及整个企业,需要企业所有部门参与的活动,其复杂程度也大大提高。要全面推进这一复杂的过程,企业的各类人员必须具备相应的知识与能力,并在赶超推进过程中不断通过学习进行新的技术积累和能力积累。研究表明,在赶超产品投入商业化生产阶段,相关的知识和技术能力积累对降低生产成本,改进产品质量,提高劳动生产率起着重要的作用。据国外的有关资料,在飞机机身生产中,生产单位产品所用的时间和成本随累积产量的增长递减(学习效应)。一般情况下,累计产品增长两倍,单位产品的成本会降低 20%—30%,随着累计产量的递增所导致的技术能力积累是生产时间缩短和成本降低的主要原因。由此可见,技术能力水平是决定赶超产品的市场竞争力的重要因素。

由上述分析可看出:技术能力是推动技术赶超的内在基础,是赶超成功的核心因素,只有形成丰厚的技术能力,才能顺利推进技术赶超的开展。特别是当企业涉足全新技术领域,进行重大技术赶超时,能否拥有超前性技术能力,能否在赶超过程中高效快速地弥补自身知识与能力的空缺,开辟新的技术积累轨道,积累新的技术与技术能力,是赶超能否成功的关键。

5.2 技术能力与技术赶超方式

5.2.1 基于技术能力的技术赶超方式

按照一个国家或企业获取技术创新要素和技术能力的来源不同,后发大国(地区)技术赶超方式可以划分为自主创新、合作创新和模仿创新三种基本模式。

从技术能力的获取方式来看,以上三种技术赶超方式可以划分为两大类(表5.3):自主创新是通过企业内部获取技术和技术能力的赶超方式,即一个国家或企业在自身的研究开发过程中获取所需的技术和技术能力;模仿创新和合作创新是通过外部方式获取技术能力的技术赶超方式,技术能力大部分来源于企业外部。具体说来:(1)对后发大国(地区)来说,模仿创新的技术和技术能力的获取主要通过技术设备进口、技术许可、技术转让、OEM、合资企业、合作生产协议等方式引进技术,并在干、用、培训、观察和模仿中对引进的国外先进技术进行学习。(2)合作创新技术和技术能力获取的具体形式包括合作研发协议、合资研究公司、

表5.3 技术赶超方式与技术能力的获取

技术和技术能力获取方式	技术赶超方式	技术能力提升方式	具体途径
外部获取	模仿创新	干中学、练中学、用中学、观察模仿中学	技术设备进口、技术许可(转让)、OEM、合资企业、合作生产协议
	合作创新	合作中学、研发中学	合作研发协议,合资研究公司,产学研合作研究、交换许可协议
内部获取	自主创新	研发中学、网络中学	自身研究开发、技术网络

资料来源:唐春晖、唐要家,《企业技术能力与技术创新模式分析》,《辽宁大学学报》(哲学社会科学版)2006年第1期,第121—126页。

产学研合作研究、交换许可协议等,通过与合作方合作中的交互作用和企业自身的研究开发进行学习。(3)自主创新模式主要是以我为主进行知识获取,同时也广泛地利用技术网络,即在吸收外部技术资源的基础上重点进行原创性的技术创新,不断的研发活动、持续的研发投入和社会创新网络是重要的具体方式。

有关技术赶超方式中的技术能力提升问题,有两点需要特别强调。其一,模仿创新方式与合作创新方式之间的区别。有学者认为,同属于企业外部技术和技术能力获取的模仿创新和合作创新之间并非相互独立,而是相互重叠的(罗炜,2002)。本书将模仿创新方式和合作创新方式进行明确的区分,区分的标准是国家或企业间的合作是单向的技术流动,还是双向的技术流动。如果合作双方技术的流动是单向的,或者是部分双向但仍以单向的技术流动为主时,我们将其划入模仿创新的范围,如果合作双方的技术知识流动是双向的,则划入合作创新的范围。其二,企业内部技术学习与外部技术学习,即技术能力外部获取与内部获取之间的交叉重叠。尽管本书认为模仿创新和合作创新同属于技术能力外部获取类型,但不否认在企业的外部技术和技术能力获取过程中又会伴随着相应的企业内部技术和技术能力获取行为,因为企业的内部技术获取更有利于企业对所获取的外部技术进行消化、吸收和改进,从而最终体现在企业自身技术能力的提高上[1]。同样企业的内部技术和技术能力获取模式——自主创新中也同时包含企业外部技术和技术能力的获取,即技术网络学习[2],因为通过与外部建立广泛的网络联系,有助于拓展信息、要素和资源渠道,获取技术和知识,使技术能力得到相应提高。

---

[1] 大多数后发国家和地区,包括后发企业,在模仿创新方式中会通过反求工程(reverse engineering,或译为逆向工程)来进行技术和技术能力获取,这是通过对引进的机器设备加以反向拆解,以取得制造技术的赶超方式,是一种内部技术能力获取的方式;同样在合作创新方式中,也要求企业通过自身的研发活动进行内部技术能力的提升。

[2] 唐春晖、唐要家(2006)认为技术网络是一种不同于合作创新的组织形式,区别在于:其一,技术网络不一定存在明确的契约关系,其参与者是完全独立的;其二,技术网络的包容性和开放性更强,其组成要素可能是其他公司(如供应商、客户、竞争者)也可能是大学、研究机构、投资银行、政府部门等。技术创新网络为企业的自主创新提供诸如信息、知识、资金等多层次、多方面的要素支持,同时技术创新网络本身也是一个以技术学习和技术能力提升为重要内容的组织形式,通过对最新的科学发展动态的了解来获得最新的知识和技术,从而降低企业自身研发的风险和不确定性。

5.2.2　技术能力与技术赶超方式的演变

技术赶超过程具有路径依赖性和自我强化机制,在技术赶超方式演变过程中细小的事件和偶然的情况会把技术赶超引入特定的路径,而不同的路径最终会导致完全不同的结果(Athur,1988)。每个企业在技术赶超过程中所遇到的都是具有各自独特性的问题,而且每个企业在技术赶超过程中解决问题时采取的也是独特的方式,因此技术赶超方式的选择是在已有知识和技术能力基础上的渐进演化,企业先前技术能力的发展不仅可以解释一个企业当前的状况,也约束了企业未来技术赶超方式的选择。企业技术赶超方式的演化是具有路径依赖性的,它由企业先前知识积累与技术能力发展路径决定,企业的技术赶超方式和技术能力提升应建立在企业现有的技术能力基础上。

企业的技术创新是建立在企业内部学习与外部学习的综合上:一方面通过自身新产品和新工艺开发的自主创新进行内部学习;另一方面通过模仿创新与合作创新进行外部学习。Vanhaverbeke等(2000)认为,企业的两种学习类型在提升彼此的技术能力方面是互相补充的。在快速变化的技术领域,企业内部技术创新努力需要外部技术获取手段的补充,企业的外部学习能够有利于企业接近不同行业和技术领域的技术资源,获取企业外部的技术知识,提升自身的技术能力。

由于技术赶超方式演变过程的路径依赖性,拥有较低技术能力的国家或企业拥有的创新要素非常有限,比如资金不足、人力资本严重短缺、管理落后、信息渠道不畅通等,而这些较低的要素禀赋决定了该国或企业的自身技术能力较低,受此约束难以通过自主创新方式实现技术追赶,因此要素禀赋较低、技术能力有限的企业会倾向于通过外部学习的方式迅速地获取技术能力。但要素禀赋和技术能力过低的国家或企业,从技术合作中获取的益处却受到限制,这一方面是因为该国或企业拥有的要素禀赋和技术能力限制了其对外部知识的消化吸收;另一方面,低要素禀赋和技术能力致使其无法吸引其他优势企业与之建立技术联盟。因此拥有低要素禀赋和技术能力的企业适合采取单向的外部知识获取方式(模仿创新方式),即利用自身市场本地化优势,通过与先进企业之间建立技术设备进口、技术许可、技术转让、OEM、合资企业、合作生产协议等来引进技术,提升要素禀赋和技术能力。大多数进行工业化的后发大国和地区企业均经历了该阶段。

当企业的要素禀赋和技术能力超出一个下限后,企业将发现它能够从建立技术合作中获得更多益处,因为随着企业要素禀赋和技术能力的提高,与优势企业的合作为企业提供了接近新的、有价值的技术知识的渠道。由于这时企业要素禀赋和技术能力仍处于较低层次,因此有更强的激励去寻求建立更有利的技术合作以获取其他先进企业的技术知识,以增强企业自身的要素禀赋与技术吸收能力,更好地评估与吸收其合作伙伴的技术知识,建立一个良性循环。因此,技术能力处于该层次的企业,适合通过合作研发协议、合资研究公司、产学研合作研究、交换许可协议等合作创新方式进行技术赶超。

拥有独特内部创新要素和技术能力的国家和企业会吸引更多期望通过技术联盟获取有技术能力的企业与之合作,因此拥有较强要素禀赋和技术能力的国家和企业拥有更多建立技术合作的机会。但是由于这些国家和企业已经具备了领先的技术能力,限制了可能从合作方获得的益处,导致其缺乏建立技术联盟的激励,最终倾向于选择自主创新的技术赶超方式。由于技术赶超路径依赖性的影响,自主创新在增强企业自身技术能力的同时,会增加使企业掉入“熟悉陷阱”的可能性(Ahuja and Lampert,2001),即企业在特定技术领域中的经验与技术能力会导致一个主导和刚性技术范式的形成,从而阻止企业采用也许更为有效的替代方案,限制了企业技术创新的发展与新要素禀赋和新技术能力的形成。为避免陷入“熟悉陷阱”,企业在进行自主创新的同时应该建立广泛的技术网络。作为一种新型的组织形式,技术网络通过网络成员之间不断地知识交流与信息积累,企业在保持原有知识传统的基础上从外部吸收和发展新知识,打破单个企业刚性的知识积累现象,可以较好地实现和保证企业自主创新的成功。

5.2.3 技术能力与技术赶超方式的匹配

后发大国(地区)术赶超方式演化的最终目的是促使该国持续自主创新能力的形成,培育企业的持续市场竞争优势,实现技术追赶。为了形成自主技术创新能力,不同的企业可采取不同的路径,魏江(2002)将其归结为三种模式:基于技术引进的技术提高过程模式、基于完全自主创新的技术能力提高过程模式和基于技术合作的技术能力提高过程模式。"基于技术引进的技术能力提高过程模式"是企业从技术引进—消化吸收—自主创新的技术能力提高过程;"基于完全自主创新的技术能力提高过程模式"是企业从自主研制开发—渐进创新—根本创新的技术能力提高过程;"基于技术合作的技术能力提高过程模式"是企业从技术合作—消化吸收—自主创新的技术能力提高过程。

本书认为,上述三类企业技术能力提高过程模式是不能绝对分开的,不同企业存在不同的模式;即使是相同的企业在不同阶段也存在不同的技术能力提高模式。企业技术创新和技术赶超的核心问题是技术能力的提升问题,企业技术能力的形成与发展是与技术赶超方式的选择相关的,在技术能力的不同发展阶段企业应选择与之相匹配的技术赶超模式。图 5.3 揭示了企业技术能力演化与技术赶超方式之间的匹配关系。

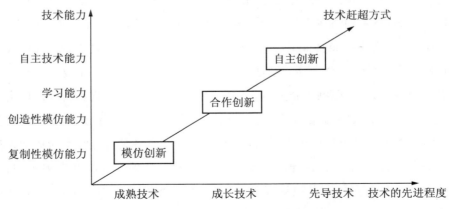

图 5.3　技术能力演化与技术赶超方式的匹配

图 5.3 区别了企业拥有的技术能力和所选择应用技术的先进程度。在横轴上,将企业所应用的技术按照其位于生命周期的不同阶段划分为成熟技术、成长技术和先导技术三种类型;在纵轴上,按照企业技术能力形成与发展过程将其划分为复制性模仿能力、创造性模仿能力、学习能力和自主创新能力三个阶段。当企业所拥有的技术能力与所应用的技术处于不同组合时,应选择相应的技术赶超方式与之匹配。

(1)当企业处于复制性模仿能力平台且企业应用的技术属于成熟期的成熟技术时,适合采用模仿创新进行技术赶超。在后发大国工业化早期,模仿创新是一个明智的选择。由于企业在技术能力演化的初期所拥有的技术能力较弱,对国外先进技术了解很少,与国外先进企业的技术差距过大,并且自己拥有的创新要素数量较少,质量较低,因此所需技术类型大多是成熟技术。如果单纯依靠自主创新,难度大、风险高、时间长,采取技术引进为主的模仿创新就成为后发国家企业迅速接触和掌握国外先进成熟技术,实现技术赶超的捷径。

(2)当企业处于创造性模仿能力和学习能力平台且应用的技术属于成长期的成长技术时,适合采用合作创新进行技术赶超。随着后发大国的进一步工业化,企业在模仿创新过程中通过消化吸收逐渐掌握了成熟技术,丰富了要素禀赋,提升了技术能力,并具有一定的创造性模仿能力和较强的学习能力。该时期企业需要的技术类型逐渐由成熟技术向成长技术转变,由于该种类型的技术无法通过简单的技术引进和技术模仿来获取,因此必须通过与先进企业或科研院所的合作创新来获得。

(3)当企业处于自主创新能力平台且应用的技术属于导入期的先导技术时,适合采用自主创新模式。虽然企业在合作技术创新过程中逐渐具备了一定的自主创新能力,但是由于合作企业对关键技术领域的核心技术和关键技术上所采取的保护,使企业仍然无法实现对核心技术和先导技术的完全掌握。因此,随着后发国家工业化的深入,将企业的技术创新战略由合作创新转到自主创新就成为必然。

因此,对于处于工业化进程中的大多数后发大国(地区)的企业来说,其技术创新过程是基于技术追赶的,企业所选择的技术范围是由处于生命周期成熟阶段的成熟型技术逐渐向处于初始阶段的先导型技术过渡,技术赶超方式的发展大都会经历从模仿创新—合作创新—自主创新的演化轨迹。但与此同时也并不否认,一些企业由于拥有较高的要素禀赋和较强的技术能力跨越了技术赶超的某些阶段直接实现了技术赶超,即属于技术跳跃型。例如,以国家科技力量为支持的军工行业、以中国国情为基础资产的行业(如方正汉字激光照排系统等)以及其他一些个别的高技术行业(如联想、中兴通讯等)中的企业,就是跨越了模仿或合作创新技术赶超阶段,直接从自主创新开始进入到处于生命周期初始阶段的先导型技术,进行技术能力提高的。但这并不妨碍本书对大多数后发国家企业技术能力提高和技术赶超方式演化的一般模式研究,即模仿创新—合作创新—自主创新。

5.3　技术能力与后发大国技术赶超方式的演变

5.3.1　模型综述及假设

1. 模型综述

在过去十多年里,许多学者都从经济学的角度对技术创新和技术赶超方式进行了有意义的探讨。学者们共同的思路是在存在着技术溢出效应的情况下,建立多阶段的寡头模型比较创新的绩效。模型关注的焦点是,竞争性自主创新和合作创新两种赶超模型哪一种在提高产品产出、增加社会福利方面更有效。多数理论模型实际上是一种非竞赛模型,隐含的基本假设是:同一产业中不同的企业沿着各自的技术路径进行技术创新,允许多个企业获得成功①。为了分析方便,此类模

---

① 还有一种专利竞赛模型,它强调创新的时间性,即创新竞赛的获胜者将得到垄断的利润汇报,这种思路充分考虑到技术的公共产品性质,比较贴近实际,具体可参见 Reinganum(1989)与 Grossman(1987)。

型通常假设企业从事过程创新，即企业进行技术创新的结果是单位产品成本的降低。

有关合作创新、技术溢出和研究联合体的基本模型都来自经典的 A-J 模型。A-J 模型是由 D'Aspremont 和 Jacquemin(1988a，1990b)建立的两阶段双寡头博弈模型，将同一市场上两个企业之间的博弈分为两个阶段——研究开发阶段和生产阶段，根据企业是否勾结，讨论了生产阶段和创新阶段的创新投入和均衡产量。A-J 模型具有开创性，后来几乎每一篇合作创新经济学文献都会提到这一模型，并在此基础上进行拓展分析。A-J 模型并不改变技术创新阶段的溢出系数，即合作创新企业之间不存在信息共享，而在 Kamin、Muller 和 Zang 的模型中，将合作创新进一步分为研发协调和信息共享两种情况，并假定技术共享时溢出系数增大为 1，进一步验证了 A-J 模型的结论，即合作创新将产生最大的利润和最低的产品价格，从而最大程度地提高社会福利。另外，Suzumurn(1992)使用一般的需求函数，将 A-J 模型扩展到 n 个企业的一般模型。Poyago-Theotoky 构建的具有溢出效应的简单寡头模型，检验了技术联合体的均衡和最佳规模；Ziss-Steffen 构建的两阶段技术创新双寡头博弈模型，将不合作创新方式和合作创新方式进行了对比研究，并评价了各种创新方式改善福利的条件。

这里我们仍然参照经典的 A-J 模型，但是 A-J 模型仅仅考虑研究开发阶段和生产阶段企业的合作状况，没有考虑技术创新或者说技术赶超方式的关键决定因素——技术能力，也没有涉及要素禀赋。后发国家和企业技术赶超方式选择的关键是看企业具备什么样的要素禀赋和技术能力，脱离这两个变量，特别是企业的技术能力因素来考虑技术赶超方式肯定是狭隘的，它会使企业片面地看到理想状态下的创新方式后果而盲目地选择一种方式。战略选择的失误会给企业带来灭顶之灾，因此我们在 A-J 模型中加入企业技术能力因子，以考察企业的技术赶超方式的内在机理及创新方式转变的条件。

2．模型假设

假设后发大国市场上有两个企业，是一种比较典型的双寡头垄断状况，其中有一个企业拥有较高的技术水平，另一个是相对比较落后的企业。现在假定企业

1 为拥有的要素禀赋相对较低，技术能力不高，企业 2 拥有相对较充裕的要素禀赋和较高的技术能力。后发企业 1 的技术赶超方式可以选择模仿创新，也可以采取合作创新和自主创新，而先进企业 2 要么采取合作创新、要么采取自主创新，至于两个企业具体采用哪一种，需要考虑多种因素，主要是企业的要素禀赋和技术能力，它们是决定后发企业技术赶超方式的主要决定因素。技术能力是一个综合性的概念，需要我们具体地进行量化，它又是由企业的人力资本、研发投入、技术基础、信息、管理能力、企业的创新文化、意识和观念以及国家的政策支持力度等共同决定的。

我们不考虑溢出效应，也就是说我们假定市场具有严格的专利保护制度，这就避免了技术准公共物品性质，充分保证企业进行技术创新的利益垄断。

设 Q 为企业的技术能力函数，它是由企业的人力资本、研发投入水平、企业的管理能力、企业的创新文化、意识和观念以及国家的政策支持力度等共同决定的。假定人力资本为 L，研发投入为 x，技术基础为 T，企业的管理能力为 M'，企业的创新文化及意识为 H，其他因素为 w。则 $Q = Q(L, x, T, M', H, w)$。为了方便并便于说明问题，这里仅考虑人力资本、研发投入水平以及协调管理水平，这是企业技术创新的关键，也是技术能力的关键，作为技术能力的决定因素的这三个要素在不同的企业中的表现是不一样的。

$Q = Q(l, x, \varphi)$，其中 φ 表示企业的管理能力 M'、企业的文化理念及合作意识 H 以及国家的相关政策 Z，$\varphi = \varphi(M', H, Z)$。如果将 φ 视为社会资本，上述技术能力则是我们在第三章提到的该国人力资本、研究开发物质资本、社会资本的函数。因为在分析中我们要考虑技术创新投入，并要对这三种创新的投入进行比较，所以在模型中我们暂时将创新投入剔除在外，仅将技术能力函数转化为技术能力参数 M，并设 $M = l\varphi$，这样的假设有些过于模糊，将技术能力仅仅表现为要素数量的函数，没有涉及要素的质量。这是为了便于分析问题，其实在前文的分析中我们也提出要素的质量可以转化为数量，比如 1 个单位较高质量的投入相当于 2 个相对较低质量的投入。这里我们暂时不考虑要素的质量，我们仅仅考虑企业的技术能力与技术赶超方式的选择。关于要素质量我们会在后文中进行讨论。

为了方便,我们假设企业在技术创新时的两个企业技术能力函数为:

$$M_1 = l_1\varphi_1, \ M_2 = l_2\varphi_2 \qquad (5.1)$$

我们把两个企业的技术能力参数函数也当做企业的技术能力贡献函数,即企业技术能力的作用导致技术创新的贡献。这是因为企业的技术创新成功的贡献取决于企业的人力资本、研发投入以及管理能力和管理文化等素质的协调作用。

假定双方面临着同样的线性需求曲线,不失一般性,我们假设斜率为 1,根据以上假设 $P = B - Q, (Q = q_1 + q_2)$。企业的技术创新是需要付出成本的,这里我们假设企业的技术创新成本函数为:

$$C_1(R\&D) = 0.5rx^2 \qquad (5.2)$$

$$C_2(R\&D) = 0.5ry^2 \qquad (5.3)$$

其中 r 为企业技术创新的成本参数。

为了进一步揭示企业要素禀赋、技术能力和技术创新贡献之间的关系,我们构造了一个三阶段博弈模型。我们假定企业在产品市场上进行古诺(Cournot)竞争,在第一阶段企业选择技术创新的具体方式,是模仿创新、合作创新还是自主创新,第二阶段选择技术创新的投资水平 x、y,第三阶段选择产量 q_1、q_2 在市场上进行竞争。我们采用逆向归纳法求解。

5.3.2　技术能力与技术赶超方式的选择

1. 技术能力与模仿创新

(1) 第三阶段。假设后发企业 1 进行模仿企业 2 的创新,然后结合自己的技术能力进行加工改造,进行技术赶超;企业 2 是技术发达的企业,在市场上只能进行自主创新。企业 1 进行模仿创新,则其技术模仿的支出包括两个部分,第一部分是企业 1 购买企业 2 自主创新开发出来的产品或者高薪聘请企业 2 的技术人员,这部分的支出一般视该技术的市场潜力而定,我们假设其是企业 2 自主创新

投入 y 的一个很小的部分,设为 $\beta y(0 \leqslant \beta \leqslant 1)$,而这一部分往往是不需要企业支付的,或者说不需要企业 1 将这部分支出作为创新投入,这是企业正常的经营过程中出现的费用,这个费用有些类似于专利制度不完善或者专利保护已经过期的情形,企业在正常的经营往来过程中逐渐吸收、模仿到竞争对手或者商业伙伴的技术,因此这部分支出是不需要计入企业 1 的创新投入的。同时企业 1 还要将模仿到的或者学习到的技术进行反向求解,使之能够被充分地消化吸收,以适应本企业的需要,这部分需要支出创新成本 x,这里的 x 与自主创新的性质有些相似,是企业 1 在模仿创新过程自己投入来保证模仿技术的消化吸收。也就是说在模仿创新中,企业 1 总计成本降低幅度为 $x + \beta y$ [①],但是其仅仅需要为自己创新支出 x,并且在总体上,模仿创新的全部转换支出要比自主创新支出的要少,即 $x + \beta y < y$,因此,企业 1 的模仿创新支出 $x < y$,这也是这种低成本创新方式大受欢迎的原因。根据以上描述,企业 1 及企业 2 的利润函数分别满足:

$$\pi_1 = (B - q_1 - q_2)q_1 - (A_1 - M_1 x - M_1 \beta y)q_1 - 0.5rx^2 \qquad (5.4)$$

$$\pi_2 = (B - q_1 - q_2)q_2 - (A_2 - M_2 y)q_2 - 0.5ry^2 \qquad (5.5)$$

上式(5.4)及式(5.5)中 A_1、A_2 分别表示两个企业的边际固定成本。一般来讲,企业的技术越先进,其边际固定成本相对就越低,但由于我们考察的是一个国家或企业的技术能力与技术赶超方式之间的关系,不刻意考虑企业之间固定边际成本的差异,所以假定企业的固定边际成本相等,即 $A_1 = A_2 = A$(在下面的分析中下同)。M_1,M_2 表示两个企业的技术能力参数,q_1,q_2 表示两个企业在市场上的产量。

对式(5.4)及式(5.5)进行利润最大化求导解得:

$$q_1 = \frac{(B - A) + (2M_1 x + 2M_1 \beta y - M_2 y)}{3} \qquad (5.6)$$

$$q_2 = \frac{(B - A) + (2M_2 y - M_1 \beta y - M_1 x)}{3} \qquad (5.7)$$

---

① 技术创新有很多类型,如节约资本型、节约劳动力型等。但不管什么类型,其最根本的目的都是为了节约成本,也就是说技术创新在很大程度上是为了降低成本,构筑竞争优势。因此,为了在模型中直接表现出来,我们这里将研发投入当做企业成本降低的程度。

（2）第二阶段。在第二阶段企业要选择合适的投入水平以满足

$$\max(\pi_1 = q_1^2 - 0.5rx^2) \tag{5.8}$$

$$\frac{d\Pi_1}{dx} = 2q_1 \frac{dq_1}{dx} - rx = 0 \tag{5.9}$$

$$\frac{d\Pi_2}{dy} = 2q_2 \frac{dq_2}{dy} - ry = 0 \tag{5.10}$$

结合式（5.6）至式（5.10），经过 Mathematic 4.0 软件的计算可以得出：

$$x = \frac{4(A-B)M_1[3r - 2(\beta M_1 - 2M_2)(\beta M_1 - M_2)]}{-27r^2 + 6r(4+\beta^2)M_1^2 + 8\beta M_1(-3r+M_1^2)M_2 + 8(3r - 2M_1^2)M_2^2} \tag{5.11}$$

$$y = \frac{2(A-B)(3r - 4M_1^2)(\beta M_1 - 2M_2)}{27r^2 - 6r(4+\beta^2)M_1^2 - 8\beta M_1(-3r+M_1^2)M_2 - 8(3r - 2M_1^2)M_2^2} \tag{5.12}$$

$$q_1 = \frac{-3(A-B)r[3r - 2(\beta M_1 - 2M_2)(\beta M_1 - M_2)]}{27r^2 - 6r(4+\beta^2)M_1^2 - 8\beta M_1(-3r+M_1^2)M_2 - 8(3r - 2M_1^2)M_2^2} \tag{5.13}$$

$$q_2 = \frac{-(A-B)(3r - 4M_1^2)[9r - 4(\beta M_1 - 2M_2)^2]}{81r^2 - 18r(4+\beta^2)M_1^2 - 24\beta M_1(-3r+M_1^2)M_2 - 24(3r - 2M_1^2)M_2^2} \tag{5.14}$$

$$p = \frac{\begin{aligned}27(2A+B)r^2 - 6r[6(A+B) + (5A - 2B)\beta^2]M_1^2 + 16(A-B)\beta^2 M_1^4 + 2\beta M_1\\ [3(17A - 5B)r + (-32A + 20B)M_1^2]M_2 - 4[3(7A - B)r + 4(-4A+B)M_1^2]M_2^2\end{aligned}}{9r[9r - 2(4+\beta^2)M_1^2] - 24\beta M_1(-3r+M_1^2)M_2 - 24(3r - 2M_1^2)M_2^2} \tag{5.15}$$

$$\pi_1 = \frac{(A-B)^2 r(9r - 8M_1^2)[3r - 2(\beta M_1 - 2M_2)(\beta M_1 - M_2)]^2}{[27r^2 - 6r(4+\beta^2)M_1^2 - 8\beta M_1(-3r+M_1^2)M_2 - 8(3r - 2M_1^2)M_2^2]^2} \tag{5.16}$$

$$\pi_2 = \frac{(A-B)^2(3r - 4M_1^2)^2[9r - 8(\beta M_1 - 2M_2)^2][9r - 2(\beta M_1 - 2M_2)^2]}{9[27r^2 - 6r(4+\beta^2)M_1^2 - 8\beta M_1(-3r+M_1^2)M_2 - 8(3r - 2M_1^2)M_2^2]^2} \tag{5.17}$$

$$\pi = \pi_1 + \pi_2$$

$$= \frac{(A-B)^2\{(3r - 4M_1^2)^2[9r - 8(\beta M_1 - 2M_2)^2][9r - 2(\beta M_1 - 2M_2)^2] + 9r(9r - 8M_1^2)[3r - 2(\beta M_1 - 2M_2)(\beta M_1 - M_2)]^2\}}{9[27r^2 - 6r(4+\beta^2)M_1^2 - 8\beta M_1(-3r+M_1^2)M_2 - 8(3r - 2M_1^2)M_2^2]^2}$$

2. 技术能力与合作创新

合作创新实际上有很多形式,比如,共享研究开发成本的形式、共享研发成果的形式、还有研究开发联合体等等。不管采取什么样的形式,企业进行合作创新的根本目的在于学习对方的技术,增强自己的要素禀赋和技术能力,加强自己技术赶超的能力,因此企业合作型技术赶超不一定要分得很细,我们可以笼统地采取联合利润最大化来表示合作创新。按照罗炜(2001)的说法,我们的思路只是技术合作创新的一种形式,而且是其中的研发协调形式。他比较了研发协调、技术共享联盟、研究联合体三种形式的合作创新后发现,相对其他两种合作型技术创新,研发协调更有效。

从社会福利的角度来看,合作创新是为了追求联合利润的最大化,因此,按照上述方法,我们可以计算出合作创新时企业的相关参数,只是,这里在计算利润时采用的是 $\max(\Pi_1 + \Pi_2)$,计算方法依旧。我们可以得出以下变量。

$$x = \frac{2(A-B)M_1(r-2M_2^2)}{-9r^2 + 10rM_2^2 + 2M_1^2(5r - 2M_2^2)} \tag{5.18}$$

$$y = \frac{2(A-B)M_2(r-2M_1^2)}{-9r^2 + 10rM_2^2 + 2M_1^2(5r - 2M_2^2)} \tag{5.19}$$

$$q_1 = \frac{r(A-B)(3r - 2M_1 - 4M_2^2)}{-9r^2 + 10rM_2^2 + 2M_1^2(5r - 2M_2^2)} \tag{5.20}$$

$$q_2 = \frac{r(A-B)(3r - 4M_1 - 2M_2^2)}{-9r^2 + 10rM_2^2 + 2M_1^2(5r - 2M_2^2)} \tag{5.21}$$

$$p = \frac{2M_1^2(3Ar + 2Br - 2BM_2^2) + 2rM_2^2(3A + 2B) - 3r^2(2A + B)}{-9r^2 + 10rM_2^2 + 2M_1^2(5r - 2M_2^2)} \tag{5.22}$$

$$\Pi = \frac{\begin{aligned}(B-A)r\{18r^3(A-B) + M_1^4(20Ar - 20Br + 20rM_2 - 8M_2^3) + rM_2[9r^2 \\ + l_2\varphi_2(-36Ar + 36Br - 10rM_2 + 20AM_2^2 - 20M_2^2)] + M_1^2[(-38A + 38B)r^2 \\ - 28M_2r^2 + 40ArM_2^2 - 40BrM_2^2 + 24rM_2^3 + M_2^4(-8A + 8B)]\}\end{aligned}}{-9r^2 + 10rM_2^2 + 2M_1^2(5r - 2M_2^2)}$$

$$\tag{5.23}$$

3. 技术能力与自主创新

自主创新是企业完全靠自己的要素禀赋和技术能力进行技术赶超的一种方

式,这种方式有些类似于模仿创新,只不过与模仿创新不同的是模仿创新企业投入相对较低,模仿创新与自主创新两者投入的创新要素是相互独立的,企业完全根据理性人来完成技术创新。遵循前面的研究思路,可得:

$$\pi_1 = (B - q_1 - q_2)q_1 - (A - M_1 x)q_1 - 0.5rx^2$$
$$\pi_2 = (B - q_1 - q_2)q_2 - (A - M_2 y)q_2 - 0.5ry^2$$

然后根据一阶导数分别可以得出:

$$q_1 = \frac{(B - A) + (2M_1 x - M_2 y)}{3} \tag{5.24}$$

$$q_2 = \frac{(B - A) + (2M_2 y - M_1 x)}{3} \tag{5.25}$$

运用 Mathematic 4.0 软件可以得出:

$$x = \frac{4(A - B)M_1(3r - 4M_2^2)}{-27r^2 + 24rM_2^2 + 8M_1^2(3r - 2M_2^2)} \tag{5.26}$$

$$y = \frac{4(A - B)M_2(3r - 4M_1^2)}{-27r^2 + 24rM_2^2 + 8M_1^2(3r - 2M_2^2)} \tag{5.27}$$

$$q_1 = \frac{3r(A - B)(3r - 4M_2^2)}{-27r^2 + 24rM_2^2 + 8M_1^2(3r - 2M_2^2)} \tag{5.28}$$

$$q_2 = \frac{3r(A - B)(3r - 4M_1^2)}{-27r^2 + 24rM_2^2 + 8M_1^2(3r - 2M_2^2)} \tag{5.29}$$

$$p = \frac{4M_1^2[3r(A + B) - 4BM_2^2)] + 3r[4(A + B)M_2^2 - 3r(2A + B)]}{-27r^2 + 24rM_2^2 + 8M_1^2(3r - 2M_2^2)} \tag{5.30}$$

$$\pi_1 = \frac{r(A - B)^2(9r - 8M_1^2)(3r - 4M_2^2)^2}{[-27r^2 + 24rM_2^2 + 8M_1^2(3r - 2M_2^2)]^2} \tag{5.31}$$

$$\pi_2 = \frac{r(A - B)^2(9r - 8M_2^2)(3r - 4M_1^2)^2}{[-27r^2 + 24rM_2^2 + 8M_1^2(3r - 2M_2^2)]^2} \tag{5.32}$$

$$\pi = \frac{r(A - B)^2[(9r - 8M_1^2)(3r - 4M_2^2)^2 + (9r - 8M_2^2)(3r - 4M_1^2)^2]}{[-27r^2 + 24rM_2^2 + 8M_1^2(3r - 2M_2^2)]^2}$$

$$\tag{5.33}$$

4. 模型的比较分析及结论

从以上分析中我们已经得出自主创新与合作创新时的研发投入、产量、价格和利润，如果要想得出哪种情况在目前更适合后发大国的技术赶超方式，还需要我们对这些变量进行比较，以确定企业具备什么样的要素禀赋和技术能力，才能使一个企业或者国家具备模仿创新、合作创新或自主创新所具备的技术能力。

由于我们仅立足于后发国家的企业，因此我们仅仅考虑企业 1 即可，我们可以比较三种情况下该企业的产量状况、价格、技术创新投入和利润。为了便于分析，我们分别以上标来区分三种情况，模仿创新的参数我们以上标 m，合作创新以上标 h，自主创新以上标 z 分别表示。

（1）不同技术赶超方式下的投入比较。即式（5.11）、式（5.18）、式（5.26）的比较。

$$x^m = \frac{4(A-B)M_1\left[3r-2(\beta M_1-2M_2)(\beta M_1-M_2)\right]}{-27r^2+6r(4+\beta^2)M_1^2+8\beta M_1(-3r+M_1^2)M_2+8(3r-2M_1^2)M_2^2}$$

$$x^h = \frac{2(A-B)M_1(r-2M_2^2)}{-9r^2+10rM_2^2+2M_1^2(5r-2M_2^2)}$$

$$x^z = \frac{4(A-B)M_1(3r-4M_2^2)}{-27r^2+24rM_2^2+8M_1^2(3r-2M_2^2)}$$

① 模仿创新与自主创新的比较。

对模仿创新的研究开发投入 x^m 来讲，相对于其他创新投入而言，它涉及一个模仿成本系数 b，为了能够详细地比较三种创新投入的大小，我们对 X 求关于 b 的导数，得：

$$\frac{\partial x^m}{\partial \beta} = \frac{8(A-B)M_1^2(3r-4M_2^2)\left[-15rM_2+2\beta^2M_1^2M_2+8M_2^3+4\beta M_1(3r-2M_2^2)\right]}{\left[27r^2-6r(4+\beta^2)M_1^2-8\beta M_1(-3r+M_1^2)M_2-8(3r-2M_1^2)M_2^2\right]^2}$$

$$(5.34)$$

令 $\frac{\partial x^m}{\partial \beta}=0$，得 $\beta_1 = \dfrac{-6r+4M_2^2-3\sqrt{2r}\sqrt{2r-M_2^2}}{2M_1M_2}$，$\beta_2 = \dfrac{-6r+4M_2^2+3\sqrt{2r}\sqrt{2r-M_2^2}}{2M_1M_2}$，

仔细观察 $\frac{\partial x^m}{\partial \beta}=0$ 的两个解可以发现：

$$2 \geqslant \frac{-6r+4M_2^2+3\sqrt{2r}\sqrt{2r}}{2M_1M_2} \geqslant \beta_2 = \frac{-6r+4M_2^2+3\sqrt{2r}\sqrt{2r-M_2^2}}{2M_1M_2}$$

$$\geqslant \frac{-6r+4M_2^2+3\sqrt{2r-M_2^2}\sqrt{2r-M_2^2}}{2M_1M_2} = \frac{M_2}{2M_1} \geqslant \frac{1}{2}$$

$$\beta_1 = \frac{-6r+4M_2^2-3\sqrt{2r}\sqrt{2r-M_2^2}}{2M_1M_2}$$

$$\leqslant \frac{-6r+4M_2^2-3\sqrt{2r-M_2^2}\sqrt{2r-M_2^2}}{2M_1M_2} = \frac{M_2}{2M_1}$$

当 $(A-B)(3r-4M_2^2)>0$ 时，$\frac{\partial x^m}{\partial \beta}$ 是一个开口向上的二次函数，在这种情况

下，$0 \leqslant \beta_1 \leqslant \dfrac{-6r+4M_2^2-3\sqrt{2r}\sqrt{2r-M_2^2}}{2M_1M_2}$，$\dfrac{-6r+4M_2^2+3\sqrt{2r}\sqrt{2r-M_2^2}}{2M_1M_2} \leqslant$

$\beta_2 \leqslant 2$ 时，$\frac{\partial x^m}{\partial \beta} \geqslant 0$，此时 x^m 是增函数，即：

$$x^z = \frac{4(A-B)M_1(3r-4M_2^2)}{-27r^2+24rM_2^2+8(3r-2M_2^2)M_1^2} \leqslant x^m$$

$$\leqslant \frac{4(A-B)M_1[3r-2(M_1-2M_2)(M_2-M_1)]}{-27r^2-30rM_1^2+8M_1(-3r+M_1^2)M_2+8(3r-2M_1^2)M_2^2}$$

这种情况显然是不合理的，因为对企业 1 而言，之所以采取模仿创新，就是因为模仿创新的研究开发投入要远远低于自主创新，所以这种情况是被排除的。那么，此时企业 1 的模仿创新系数在 $(A-B)(3r-4M_2^2)>0$ 时，显然满足：

$$\frac{-6r+4M_2^2-3\sqrt{2r}\sqrt{2r-M_2^2}}{2M_1M_2} \leqslant \beta_1 \leqslant \frac{-6r+4M_2^2+3\sqrt{2r}\sqrt{2r-M_2^2}}{2M_1M_2}$$

此时企业 1 的研究开发投入 x^m 是减函数，即：

$$\frac{4(A-B)M_1[3r-2(M_1-2M_2)(M_2-M_1)]}{-27r^2-30rM_1^2+8M_1(-3r+M_1^2)M_2+8(3r-2M_1^2)M_2^2} \leqslant x^m$$

$$\leqslant \frac{4(A-B)M_1(3r-4M_2^2)}{-27r^2+24rM_2^2+8(3r-2M_2^2)M_1^2} = x^z$$

当 $(A-B)(3r-4M_2^2)<0$ 时，$\dfrac{\partial x^m}{\partial \beta}$ 是一个开口向下的二次函数，在这种情况下，

$$0 \leqslant \beta_1 \leqslant \frac{-6r+4M_2^2-3\sqrt{2r}\sqrt{2r-M_2^2}}{2M_1M_2}, \ \frac{-6r+4M_2^2+3\sqrt{2r}\sqrt{2r-M_2^2}}{2M_1M_2} \leqslant \beta_2 \leqslant 1 \text{ 时,}$$

$\dfrac{\partial x^m}{\partial \beta} \leqslant 0$，此时 x^m 是减函数，即：

$$\frac{4(A-B)M_1\big[3r-2(M_1-2M_2)(M_2-M_1)\big]}{-27r^2-30rM_1^2+8M_1(-3r+M_1^2)M_2+8(3r-2M_1^2)M_2^2} \leqslant x^m$$

$$\leqslant \frac{4(A-B)M_1(3r-4M_2^2)}{-27r^2+24rM_2^2+8(3r-2M_2^2)M_1^2} = x^z$$

$$\frac{-6r+4M_2^2-3\sqrt{2r}\sqrt{2r-M_2^2}}{2M_1M_2} \leqslant \beta_1 \leqslant \frac{-6r+4M_2^2+3\sqrt{2r}\sqrt{2r-M_2^2}}{2M_1M_2} \text{ 时,}$$

$$x^z = \frac{4(A-B)M_1(3r-4M_2^2)}{-27r^2+24rM_2^2+8(3r-2M_2^2)M_1^2} \leqslant x^m$$

$$\leqslant \frac{4(A-B)M_1\big[3r-2(M_1-2M_2)(M_2-M_1)\big]}{-27r^2-30rM_1^2+8M_1(-3r+M_1^2)M_2+8(3r-2M_1^2)M_2^2}$$

这种情况显然同 a 中的第一种情况一样也是不合理的，所以这种情况也是被排除的。

综上所述，在 $(A-B)(3r-4M_2^2)>0$ 的情况下，

当 $\dfrac{-6r+4M_2^2-3\sqrt{2r}\sqrt{2r-M_2^2}}{2\beta M_2} \leqslant M_1 \leqslant \dfrac{-6r+4M_2^2+3\sqrt{2r}\sqrt{2r-M_2^2}}{2\beta M_2}$ 时,

$$\frac{4(A-B)M_1\big[3r-2(M_1-2M_2)(M_2-M_1)\big]}{-27r^2-30rM_1^2+8M_1(-3r+M_1^2)M_2+8(3r-2M_1^2)M_2^2} \leqslant x^m \leqslant x^z\text{,自主创}$$

新与模仿创新相比，企业更侧重于模仿创新。这里可以分为两种情况：

第一是当 $A>B$，$M_2<\dfrac{\sqrt{3r}}{2}$ 时，$-6r+4M_2^2-3\sqrt{2r}\sqrt{2r-M_2^2} \geqslant 0$，$-6r+4M_2^2+3\sqrt{2r}\sqrt{2r-M_2^2} \geqslant 0$，这种情况下联合解为空集；

第二是当 $A < B$, $M_2 > \dfrac{\sqrt{3r}}{2}$, $-6r + 4M_2^2 - 3\sqrt{2r}\sqrt{2r - M_2^2} \geqslant 0$, $-6r + 4M_2^2 +$

$3\sqrt{2r}\sqrt{2r - M_2^2} \geqslant 0$, 其解为 $\dfrac{\sqrt{30r}}{4} \leqslant M_2 \leqslant \sqrt{2r}$；也就是说当 $A < B$, $\dfrac{\sqrt{30r}}{4} \leqslant$

$M_2 \leqslant \sqrt{2r}$ 时，$\dfrac{-6r + 4M_2^2 - 3\sqrt{2r}\sqrt{2r - M_2^2}}{2\beta M_2} \leqslant M_1 \leqslant \dfrac{-6r + 4M_2^2 + 3\sqrt{2r}\sqrt{2r - M_2^2}}{2\beta M_2}$,

此时企业 1 侧重于模仿创新。

在 $(A - B)(3r - 4M_2^2) < 0$ 的 情 况 下，当 $0 \leqslant M_1 \leqslant$

$\dfrac{-6r + 4M_2^2 - 3\sqrt{2r}\sqrt{2r - M_2^2}}{2\beta M_2}$ 或 $\dfrac{-6r + 4M_2^2 + 3\sqrt{2r}\sqrt{2r - M_2^2}}{2\beta M_2} \leqslant M_1 \leqslant 2$ 时,

$\dfrac{4(A - B)M_1 [3r - 2(M_1 - 2M_2)(M_2 - M_1)]}{-27r^2 - 30rM_1^2 + 8M_1(-3r + M_1^2)M_2 + 8(3r - 2M_1^2)M_2^2} \leqslant x^m \leqslant x^z$, 自主创新

与模仿创新相比，企业更侧重于模仿创新。这里可以分为两种情况：

第一是当 $A > B$, $M_2 > \dfrac{\sqrt{3r}}{2}$ 时，$-6r + 4M_2^2 - 3\sqrt{2r}\sqrt{2r - M_2^2} \geqslant 0$，联合求

解可以得到 $A > B$, $\dfrac{\sqrt{30r}}{4} \leqslant M_2 \leqslant \sqrt{2r}$;

第二是当 $A < B$, $M_2 < \dfrac{\sqrt{3r}}{2}$ 时，$-6r + 4M_2^2 - 3\sqrt{2r}\sqrt{2r - M_2^2} \geqslant 0$，这种情况

解集为空。所以在 $A > B$, $\dfrac{\sqrt{30r}}{4} \leqslant M_2 \leqslant \sqrt{2r}$ 时，$\dfrac{-6r + 4M_2^2 + 3\sqrt{2r}\sqrt{2r - M_2^2}}{2\beta M_2} \leqslant$

$M_1 \leqslant 2$, 企业 1 侧重模仿创新。

当 $A < B$, $\dfrac{\sqrt{30r}}{4} \leqslant M_2 \leqslant \sqrt{2r}$ 时，$\dfrac{-6r + 4M_2^2 - 3\sqrt{2r}\sqrt{2r - M_2^2}}{2\beta M_2} \leqslant M_1 \leqslant$

$\dfrac{-6r + 4M_2^2 + 3\sqrt{2r}\sqrt{2r - M_2^2}}{2\beta M_2}$, 企业 1 侧重于模仿创新；当 $A > B$, $\dfrac{\sqrt{30r}}{4} \leqslant$

$M_2 \leqslant \sqrt{2r}$ 时，$\dfrac{-6r + 4M_2^2 + 3\sqrt{2r}\sqrt{2r - M_2^2}}{2\beta M_2} \leqslant M_1 \leqslant 2$, 企业 1 侧重模仿创新；

在其他情况下，企业 1 侧重于自主创新或合作创新。

值得注意的是,在一个特定时期,如果市场是完全竞争的,企业 1 和企业 2 在市场上面临着同样的人力资本,同样素质的创新要素,我们可以近似地认为,两个企业的技术能力参数相差不大,近似相等,差别主要体现在技术创新的投入上。

我们假设 $M_1 = M_2$,则 $\frac{\partial x^m}{\partial \beta} = 0$,可以解得 $M = -\dfrac{\sqrt{\frac{3r}{2}}\sqrt{5-4\beta}}{\sqrt{(\beta-2)^2}} = \dfrac{\sqrt{\frac{3r}{2}}\sqrt{5-4\beta}}{\beta-2}$ 或

$$M = \frac{\sqrt{\frac{3r}{2}}\sqrt{5-4\beta}}{\sqrt{(\beta-2)^2}} = \frac{\sqrt{\frac{3r}{2}}\sqrt{5-4\beta}}{2-\beta}\left(0<\beta\leqslant\frac{5}{4}\right),\ 由于\ \frac{\sqrt{30r}}{4} > \frac{\sqrt{\frac{3r}{2}}\sqrt{5-4\beta}}{2-\beta},$$

所以此时技术能力参数取值范围为 $\dfrac{\sqrt{30r}}{4} \leqslant M \leqslant \sqrt{2r}$,上述结论可以改写为:

在 $A<B$,企业的技术能力参数满足 $\dfrac{\sqrt{30r}}{4} \leqslant M \leqslant \sqrt{2r}$,或者当 $A>B$,企业的技术能力参数满足 $\dfrac{\sqrt{30r}}{4} \leqslant M \leqslant \sqrt{2r}$ 时,企业 1 采取模仿创新的技术赶超模式,实际上也就是说不管企业 1 的固定边际成本如何,只要企业的技术能力参数处于 $\dfrac{\sqrt{30r}}{4} \leqslant M \leqslant \sqrt{2r}$ 时,企业都应该采取模仿创新的技术赶超方式,而当企业技术能力参数 $0<M<\dfrac{\sqrt{30r}}{4}$ 或者 $M>\sqrt{2r}$ 时,企业应采取自主创新模式进行技术赶超,见图 5.4。

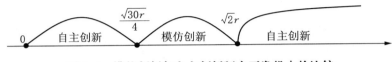

图 5.4　模仿创新与自主创新研究开发投入的比较

② 模仿创新与合作创新的比较。

根据表达式之间的关系,模仿创新时的研究开发投入水平减去合作创新的研究开发投入水平,我们得到函数之间的表达式,当 $0 \leqslant M \leqslant$

$$\sqrt{\frac{9r - 21r\beta + 15r\beta^2 - 3r\sqrt{36 - 120\beta + 232\beta^2 - 140\beta^3 + 25\beta^4}}{4(-2\beta + \beta^2)}} \quad \text{或} \quad M \geqslant$$

$$\sqrt{\frac{9r - 21r\beta + 15r\beta^2 + 3r\sqrt{36 - 120\beta + 232\beta^2 - 140\beta^3 + 25\beta^4}}{4(-2\beta + \beta^2)}} \text{时,企业侧重于模}$$

仿创新,因为在这种情况下,模仿创新相对于合作创新而言更节省研究开发

投入;当 $\sqrt{\dfrac{9r - 21r\beta + 15r\beta^2 - 3r\sqrt{36 - 120\beta + 232\beta^2 - 140\beta^3 + 25\beta^4}}{4(-2\beta + \beta^2)}} <$

$$M < \sqrt{\frac{9r - 21r\beta + 15r\beta^2 + 3r\sqrt{36 - 120\beta + 232\beta^2 - 140\beta^3 + 25\beta^4}}{4(-2\beta + \beta^2)}} \text{时,企业更倾}$$

向于合作创新。值得注意的是 $\beta^2 - 2\beta \leqslant 0$,而 $9r - 21r\beta + 15r\beta^2 > 0$,所以

$$\sqrt{\frac{9r - 21r\beta + 15r\beta^2 + 3r\sqrt{36 - 120\beta + 232\beta^2 - 140\beta^3 + 25\beta^4}}{4(-2\beta + \beta^2)}} \text{不成立,这种情况省}$$

略。当 $0 \leqslant M \leqslant \sqrt{\dfrac{9r - 21r\beta + 15r\beta^2 - 3r\sqrt{36 - 120\beta + 232\beta^2 - 140\beta^3 + 25\beta^4}}{4(-2\beta + \beta^2)}}$ 时,

企业侧重于模仿创新,其他情况下侧重合作创新。

令 $N_1 = \sqrt{\dfrac{9r - 21r\beta + 15r\beta^2 - 3r\sqrt{36 - 120\beta + 232\beta^2 - 140\beta^3 + 25\beta^4}}{4(-2\beta + \beta^2)}}$,则模

仿创新和合作创新可以表示如图 5.5。

图 5.5 模仿创新与合作创新研究开发投入的比较

③ 合作创新与自主创新的比较。

为了有效地比较合作创新与模仿创新的研究开发投入水平,我们用 $x^h - x^z$

$= \dfrac{4(A - B)M(6M^4 - 14M^2 r + 9r^2)}{(2M^2 - 9r)(16M^4 - 48M^2 r + 27r^2)}$,因为 $6M^4 - 14M^2 r + 9r^2 > 0$ 衡成立,所

以保证 $x^h - x^z \geqslant 0$,则当 $A \geqslant B$ 时,$\begin{array}{l} 16M^4 - 48M^2 r + 27r^2 > 0 \\ 2M^2 - 9r > 0 \end{array}$ 或者

$$16M^4 - 48M^2 r + 27r^2 < 0$$
$$2M^2 - 9r < 0$$
，即 $M > \dfrac{3\sqrt{2r}}{2}$ 或者 $\dfrac{\sqrt{3r}}{2} < M < \dfrac{3\sqrt{r}}{2}$；当 $A < B$ 时，

$$16M^4 - 48M^2 r + 27r^2 > 0$$
$$2M^2 - 9r > 0$$
或者
$$16M^4 - 48M^2 r + 27r^2 < 0$$
$$2M^2 - 9r < 0$$
，即 $M > \dfrac{3\sqrt{2r}}{2}$ 或者

$\dfrac{\sqrt{3r}}{2} < M < \dfrac{3\sqrt{r}}{2}$。

也就是说，对合作创新和自主创新来讲，不管企业的边际固定成本如何，企业的技术能力 $M > \dfrac{3\sqrt{2r}}{2}$ 或者 $\dfrac{\sqrt{3r}}{2} < M < \dfrac{3\sqrt{r}}{2}$ 时应该采取自主创新的方式以减少创新投入，保证企业有充足的要素投入技术赶超过程中。而当企业的技术能力参数 $0 < M \leqslant \dfrac{\sqrt{3r}}{2}$，或者 $\dfrac{3\sqrt{r}}{2} \leqslant M \leqslant \dfrac{3\sqrt{2r}}{2}$ 时，应该采取合作创新的方式以使企业的利润最大化，在数轴上可以表示为图 5.6。

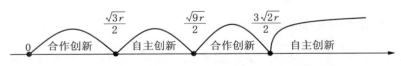

图 5.6　合作创新与自主创新研究开发投入的比较

为了综合比较，我们现在需要考虑几个临界值。在模仿创新和合作创新投入比较中，$N_1 = \sqrt{\dfrac{9r - 21r\beta + 15r\beta^2 - 3r\sqrt{36 - 120\beta + 232\beta^2 - 140\beta^3 + 25\beta^4}}{4(-2\beta + \beta^2)}}$，由于 $0 \leqslant \beta \leqslant 1$，我们令 $K = 36 - 120\beta + 232\beta^2 - 140\beta^3 + 25\beta^4$，$\dfrac{\partial K}{\partial \beta} = -120 + 464\beta - 420\beta^2 + 100\beta^3$，$\dfrac{\partial K^2}{\partial^2 \beta} = 464 - 840\beta + 300\beta^2$，则当 $0 \leqslant \beta \leqslant \dfrac{21 - \sqrt{93}}{15}$ 时，$\dfrac{\partial K^2}{\partial^2 \beta} \geqslant 0$，$\dfrac{\partial K}{\partial \beta}$ 是增函数，又因为当 $\beta = 0$ 时，$\dfrac{\partial K}{\partial \beta} < 0$，而当 $\beta = \dfrac{21 - \sqrt{93}}{15}$ 时，$\dfrac{\partial K}{\partial \beta} > 0$，也就是说在 0 和 $\dfrac{21 - \sqrt{93}}{15}$ 之间必有一个点 β_0 是 $\dfrac{\partial K}{\partial \beta}$ 与横轴的交点，此时 $0 \leqslant \beta \leqslant \beta_0$，

$\dfrac{\partial K}{\partial \beta} < 0$，即 K 是减函数，$\beta_0 < \beta < \dfrac{21-\sqrt{93}}{15}$，$\dfrac{\partial K}{\partial \beta} > 0$，即 K 是增函数，K 在 β_0 取最小值；同样当 $\dfrac{21-\sqrt{93}}{15} < \beta < 1$ 时，$\dfrac{\partial K^2}{\partial^2 \beta} < 0$，$\dfrac{\partial K}{\partial \beta}$ 是减函数，而此时 $\dfrac{\partial K}{\partial \beta}$ 在 1 时取最小值，此时 $\dfrac{\partial K}{\partial \beta} > 0$，即 $\beta_0 < \beta \leqslant 1$ 时，K 是增函数。要想判断函数 K 的极值，只需要在 0、β_0 和 1 处判断即可，所以 $0 \leqslant K \leqslant 36$，则 $\sqrt{\dfrac{9r-21r\beta+15r\beta^2}{4(-2\beta+\beta^2)}} \leqslant N_1$

$\leqslant \sqrt{\dfrac{-9r-21r\beta+15r\beta^2}{4(-2\beta+\beta^2)}}$，前一个式不成立，则 $N_1 \leqslant \sqrt{\dfrac{-9r-21r\beta+15r\beta^2}{4(-2\beta+\beta^2)}}$，令

$U = \dfrac{-9r-21r\beta+15r\beta^2}{4(-2\beta+\beta^2)}$，对根号内求关于 β 的导数，得 $\dfrac{\partial U}{\partial \beta} = -\dfrac{18+9\beta(\beta-2)}{4\beta^2(\beta-2)} < 0$，

U 是关于 β 的减函数，当 $\beta = 1$ 时，U 的最小值为 $U = \dfrac{15r}{4}$，则 $N_1 \leqslant \dfrac{\sqrt{60r}}{4}$。

从图5.4、图5.5、图5.6可以看出，企业究竟应该采取什么样的创新方式进行技术赶超，还需要进行综合比较。根据实际情况及我们在实践中做的问卷，可以对上述结果进行重新整理，并对上述计算结果两两比较，我们无法有效地将之完全整合在一起，只好采取两两合并的策略。因为对企业而言，其技术赶超采取的方式并不是一定严格按照企业技术能力参数确定的，而是根据企业的具体情况而定。实际上企业的技术赶超方式往往带有超越性，往往会根据企业的实际能力而特意设定，这是符合企业技术赶超目的的。结合上述图5.4、图5.5、图5.6可知，在 $N_1 \leqslant \dfrac{\sqrt{30r}}{4}$，企业技术能力参数 $M \leqslant N_1$ 时，企业大都采取模仿创新的方式来进行技术赶超，当 $N_1 < M \leqslant \dfrac{\sqrt{72r}}{4}$ 时采取合作创新方式进行技术赶超，当 $M > \dfrac{\sqrt{72r}}{4}$ 时企业采取自主创新的技术赶超方式；而在 $\dfrac{\sqrt{30r}}{4} < N_1 \leqslant \dfrac{\sqrt{32r}}{4}$，企业技术能力参数 $M \leqslant \dfrac{\sqrt{30r}}{4}$ 时，企业采取模仿创新，当 $\dfrac{\sqrt{30r}}{4} < M \leqslant \dfrac{\sqrt{72r}}{4}$ 时采取合作

创新方式,当 $M > \frac{\sqrt{72r}}{4}$ 时企业采取自主创新的技术赶超方式;而在 $\frac{\sqrt{32r}}{4} <$ $N_1 \leqslant \frac{\sqrt{36r}}{4}$,企业技术能力参数 $M \leqslant \frac{\sqrt{32r}}{4}$ 时,企业采取模仿创新,当 $\frac{\sqrt{32r}}{4} <$ $M \leqslant \frac{\sqrt{72r}}{4}$ 时采取合作创新方式,当 $M > \frac{\sqrt{72r}}{4}$ 时企业采取自主创新的技术赶超方式;而在 $\frac{\sqrt{36r}}{4} < N_1 \leqslant \frac{\sqrt{60r}}{4}$,企业技术能力参数 $M \leqslant \frac{\sqrt{36r}}{4}$ 时,企业采取模仿创新,当 $\frac{\sqrt{36r}}{4} < M \leqslant N_1$ 时采取合作创新方式,当 $M > \frac{\sqrt{72r}}{4}$ 时企业采取自主创新的技术赶超方式。

结论:后发大国的技术赶超方式是随着该国技术能力而变化的,当技术能力参数较低时,应该采取模仿创新的技术赶超方式;当技术参数上升到一定的程度之后可以采取合作创新的技术赶超方式;只有技术能力上升的较高的程度时,才有可能实施自主创新的赶超方式。这样可以充分地节省研究开发投入,最大程度地利用现有创新要素实现技术赶超①。

5.3.3 结论及说明

1. 进一步的说明

上述结论只是考虑技术能力与后发大国技术赶超方式之间的对应,或者说只是研究了后发大国技术赶超方式的技术能力程度。这证实了技术能力与后发大国技术赶超方式之间的对应关系:当技术能力相对比较低时,后发大国(地区)只能采取模仿创新的技术赶超方式,当技术能力上升到一定程度时,后发大国(地

---

① 以上是根据创新投入比较得出的结论,实际上我们也可以通过产量、不同创新方式下产品的价格及利润等比较发现,或者通过社会福利函数来进行研究,尽管可能得到的具体结果有所不同,但其分析的思想和方法是一致的。由于我们的模型仅仅是对现实情况的一个高度简化,所以现实情况可能更为复杂,推导过程也更麻烦,比较的情况也更烦琐。我们没有结合其他情况进行继续探讨,对企业而言,其技术赶超方式选择时往往注重研发投入的节省状况,因为技术创新收益短期内是难以衡量的,也是难以控制的,而研发投入则是企业便于控制的决策变量,所以企业更多地依靠研发投入状况来决定赶超方式的选择。

区)就要采取合作创新方式,当技术能力上升到较高的程度时,后发大国(地区)就要采取自主创新这种较高层次的技术赶超方式,只有这样才能达到创新投入最低,收益最大。

确切来讲,技术能力是要素数量和要素质量的函数,是研发资本、人力资本和社会资本数量和质量的复合体。而上述推导分析过程中,我们假定技术能力函数仅仅是创新要素禀赋的数量函数,没有充分考虑到创新要素的质量维度,仅仅是认为创新要素的质量可以转化为创新要素的数量,这种数量和质量维度转换的结果肯定不会如此简单。在模型假设中,我们对技术能力函数作了定义和说明,但实际上仍然没有表明技术能力的要素禀赋内涵,仍然将技术能力当做一个"黑箱",而这个"黑箱"在第5.1.2节中得到解释和说明,这里我们不再过多地浪费篇幅。

关于模型的推导,我们需要强调的是,模型中需求函数是线性的,而现实中可能更复杂,我们仅仅是描述了一种情况。其次,技术能力不仅通过上述投入水平、价格、利润等作用于后发技术赶超方式的选择,还通过固定边际成本、研究开发成本、模仿能力、学习能力和自主研发能力等来决定技术赶超方式的选择。只不过在文中我们仅仅通过创新投入的节约来选择技术赶超的方式,在经济发展过程,后发技术赶超方式的选择要取决于更多的条件,比如企业的战略目标、竞争环境、市场结构等。但不管哪些影响因素,对一个市场主体而言,影响其技术赶超方式最主要的因素仍然是利润最大化,这是企业生存与发展的根本,也是企业或经济主体经济行为的根本决定因素。

2. 命题的进一步解释

命题的结论包含着一层重要的含义:当后发大国所具备的要素禀赋较低时,其固定边际成本 A 就较大,技术能力参数 M 就低,此时,后发大国应采取模仿创新方式更能达到帕累托最优;随着国家要素禀赋的提高,技术能力有所突破时,其固定边际成本 A 就会减小,企业的技术能力参数 M 就会变大,此时后发大国采取合作创新更有利于导致帕累托最优;当后发大国所具备的要素禀赋高到一定程度时,其技术能力也相应有较大程度的提高,其生产成本会有更大幅度的降低,此时应该采取自主创新方式来促进后发技术赶超。

上述结论给我们一个信号：后发大国（地区）采取的技术赶超方式并不是随机的，它随着后发大国（地区）的要素禀赋和技术能力的变化而变化，在不同的情况下要采取不同的技术赶超方式。但是，这里有一点需要注意：企业也好，国家也好，都可以作为一个微观利益主体，其利益取向或者价值取向都有可能不同。比如有些国家在特定的时期注重产品的数量、产品的丰富程度，有些时候注重研发资金的投放，或者仅仅追求利益最大化，甚至有更高的境界，将企业或者国家的创新方式上升到国家战略程度，将之作为国家的一项政策或战略导向。目前世界上大多数国家都非常注重创新，都将科技创新作为一项国策，上升到国家层面，中国也在"十二五"期间明确提出要构建创新型国家。在我们的比较研究中也出现了这样的情况，如果单纯考虑企业研发投入，可能就与下面的分析相违背，这说明企业在进行技术创新方式选择时要考虑很多因素，并不是单纯地侧重某一个方面。但是一个国家采取什么样的创新战略是由多种因素决定的，并不是由国家的政策导向或者是企业的意志来决定的。

上述分析发现，后发大国（地区）的赶超方式是由后发大国（地区）的技术能力所决定的，在一定的时期，当后发大国（地区）具备了一定的技术能力之后，它就具备了自主创新的能力和条件，如果它的技术能力没有超越自身技术能力的限制，盲目采取自主创新，就会严重地浪费资源，最终甚至阻碍经济的发展。

第 6 章

要素禀赋、技术能力与中国技术赶超的检验

从现有理论和我们的推导来看,对于后发大国(地区)的技术赶超方式的选择主要取决于该国和地区的要素禀赋和技术能力。当后发大国(地区)所拥有要素的数量和质量上升到一定程度时,该国的技术能力就相应地上升一个层次,这就决定了该国必须选择与之相对应的技术赶超方式,也只有这样才能使技术赶超和经济收敛的成本最低,收益最高。

扩展的要素禀赋理论很好地解释了部分国家实施技术赶超战略能够成功而有的国家不能成功的现象。当一个国家的要素禀赋比较低时,该国的技术能力也比较低,这种情况决定了该国只能实施以引进、消化、吸收为主的模仿创新;当该国的要素禀赋积累比较丰裕时,该国的技术能力就会上升一个层次,二者决定了该国要实施合作创新才能达到帕累托最优,才能较快地实现技术赶超;当该国的要素禀赋积累达到较高水平时,该国的技术能力也会上升到较高的水平,此时该国必须转变赶超方式,基于自己的实际情况实施自主创新,以绝对的优势处于技术前沿,构筑强有力的竞争优势。

6.1 要素禀赋、技术能力与后发大国技术赶超的实施

我们的理论实际上已经得到了很多经济学学者的认同,只不过这些学者或者文献仅仅是从某个方面来解释技术赶超现象和实际情况的。Cohen 和 Levinthal

(1989)就曾经指出,由于知识产品的生产具有很强的自我累积性和路径依赖特点,因此技术模仿的最终效果取决于技术模仿者自身的技术能力以及生产条件、配套设施。Abramowitz(1986)的"社会能力"学说也持有类似观点:为了获取外界技术成果,一个国家、企业必须首先拥有足够的基础设施、技术水平等基本条件。Cohen、Levinthal 和 Abramowitz 的观点也蕴涵了技术能力决定技术赶超方式的思想,也正是他们的启发才使基于技术能力的创新决定有了市场,并受到学者们的关注,但是遗憾的是他们仅仅关注的是一种技术赶超方式——模仿创新,没有全面地衡量其他赶超方式,并且他们把技术能力和其他因素人为地割裂开来,使问题变得更为复杂。

Borensztein 等(1998)开创性的研究证实了东道国人力资本投资对于技术吸收的重要性。利用 1970—1989 年各国样本数据,Borensztein 等(1998)考察了OECD 国家对 69 个国家和地区的技术外溢效果,结果表明,FDI 对东道国经济增长的作用受东道国人力资本的临界值(threshold effect)影响,即只有当东道国人力资本存量足够丰裕时,东道国才能充分吸收 FDI 的技术外溢。Xu(2000)则利用聚类回归方法测算出东道国人力资本存量的临界值为 2.4 年(Borensztein 等对临界值的计算结果为 0.52 年)。赵江林(2004)对中国引资经验的总结也指出了人力资本水平对利用、吸收外资的重要性。从这些观点可以看出,他们要么侧重宏观上某一种创新方式,要么侧重中观上的混合"能力"概念,要么侧重微观的人力资本、技术基础等具体要素。宏观上某一种创新方式太过于单一,不够全面,中观上的能力概念相对而言又比较空洞,而微观的要素数量较多且考虑起来过于烦琐,使得问题的研究很散乱,很难纳入一个统一的框架。我们认为宏观上的创新方式是由中观上技术能力所决定的,技术能力又取决于微观上的要素禀赋(数量和质量),而且要素禀赋和技术能力都存在着门槛效应(threshold effect)。可以这么说,如果沿着技术能力层次将技术赶超方式分得更细,则其相应的门槛可能会更多,我们仅仅分析比较有代表性的情况。简而言之,后发大国和地区技术赶超和经济收敛是后发大国和地区要素禀赋结构和技术能力演化的结果。

后发大国和地区是否像理论分析的那样具备这几个门槛?是否像有关学者

研究的那样能够跨越这些门槛？我们沿袭赖明勇、包群、彭水军(2005a，2005b)的思路，运用第 4 章的模型，将扩展的要素禀赋和技术能力概念纳入内生经济增长框架内，进一步分析要素禀赋、技术能力门槛与后发大国和地区技术赶超的实现。

6.1.1　模型的设定及描述

假设一个后发大国是一个开放经济，整个经济包括三个部门：最终产品生产部门、中间品生产部门和研究开发部门。经济中只有一种最终产品，其产量用 Y 表示，由最终产品部门提供。人力资本既可以投入最终产品部门的生产(H_1)，也可以投入研发部门从事技术的研发(H_2)，即研究开发新的中间产品(资本设备)品种或设计方案，$H = H_1 + H_2$，其中人力资本总量 H 为给定值。

研发部门使用投入的人力资本(H_2)进行基础科学知识的研究和应用技术的开发，并将新研发出来的中间产品设计方案(其种类数用 N 来表示)出售给下游的中间产品生产商；中间产品商使用所购买的中间产品设计方案生产新的中间产品(用 Q 表示)，然后将新的中间产品再出售给下游的最终产品生产商；最终产品生产商使用其购买的新中间产品，同时雇用一定量的人力资本(H_1)来生产最终产品(Y)。

第四章的模型里没有考虑技术能力，而第五章的模型没有考虑要素禀赋，这里我们要将要素禀赋、技术能力都纳入模型中，但为了逐步分析问题，我们先将技术能力作为要素禀赋的一个函数进行整体考虑，而后再考虑技术能力的要素禀赋内涵。

1. 生产技术

最终产品部门的总量生产函数采用扩展的 D-S 形式：

$$Y = AH_1^{\alpha} \int_0^N (q^k \cdot Q_i)^{\beta} di \qquad \alpha, \beta > 0, \ \alpha + \beta = 1 \qquad (6.1)$$

其中 q^k 是中间产品的质量参数，它表示对应一种中间品 i，就有一个质量参数，这里实际上是将技术能力分解为中间品的质量参数和投入要素的具体数量。Y 为最终产品的产量，$A > 0$ 是技术水平参数，是技术基础、政府行为、法律体系、产权安排等的函数。H_1 为投入到最终产品生产部门中的人力资本，N 为国内中间产品的种类数，为避免整数约束，设 N 是连续而非离散的，x_i 为第 i 种中间产品数量，令 K 表示经济中的物质资本，则 $\int_0^N Q_i di = K$。应注意的是，这里的中间产品既可以是国内厂商生产的，也可以是国外厂商生产，最终产品部门可以根据自己的需要决定购买，这是竞争性市场的基础。现在假定在中间产品部门，在 $[0, N]$ 上分布着无数个中间产品生产企业，每个企业只生产一种中间产品，而且这些中间产品之间不存在直接的替代关系或互补关系。为模型简便起见，类似 Barro 和 Sala-i-Martin(1995)，假设一旦新的产品品种或设计方案被研发部门发明出来后，一单位任一种类型的中间产品 $Q_i (0 \leqslant i \leqslant 1)$ 的生产正好耗费 1 单位的最终产品 Y，即生产函数是线性的：

$$Q_i = Y \tag{6.2}$$

研究开发部门开发出新的中间产品品种或设计方案也是需要投入的，其产出能力取决于其拥有的技术基础 N、人力资本 H 和创新投入 x 三个部分，但是这三部分的投入要经过技术能力才能转化为产出。与第五章一样，令 $M = M(H, \varphi, x)$ 表示技术能力，它是一个国家人力资本 H，研究开发投入 x 和管理能力、企业的文化理念及合作意识以及国家的相关政策等社会资本 φ 的函数。技术能力是一个国家人力资本、创新物质资本和社会资本的函数，是一个国家创新潜力的表现，也是一个国家实施技术赶超的关键，唯一不同的是在第五章中 M 是一个技术能力参数。因此，研究开发部门的生产函数为：

$$\dot{N} = \delta H_2 [N + M(H, \varphi, x)x] \tag{6.3}$$

其中 $\dot{N}$ 为技术增量，δ 为研究开发参数。

2. 消费偏好

我们假定每个家庭的效用函数为：

$$U = \int_0^\infty (C^{1-\theta} - 1)/(1-\theta) \cdot e^{-\rho t} dt \tag{6.4}$$

家庭按照效用最大化进行决策选择,其中 c 是人均消费,人口增长率 n 为 0,θ 为边际效用弹性,ρ 为消费者的偏好。家庭在资产上获得了报酬率 r,在固定的劳动力总数量 L 上获得工资率 w(等于劳动的边际产品)。家庭最优化所需要的关键条件是对消费增长率而言的,为:

$$g_c = (r - \rho)/\theta \tag{6.5}$$

6.1.2 基于技术能力的后发大国技术赶超均衡

1. 技术赶超的市场行为分析

最终产品 Y 的价格单位化为 1,即 $P_Y = 1$,W_1、W_2 分别表示投入到最终产品部门、研发部门的人力资本报酬率;P_Q 表示国内中间产品价格;r 表示市场利率。假设最终产品市场、劳动力市场和资本市场是完全竞争的,对于中间产品市场,我们作两个标准假设:中间产品部门是自由进出的;当中间产品生产商的上游部门(研发部门)开发出一个新的产品品种或设计方案以后,这个新方案便被某一中间产品生产商购买,并进行垄断性生产。

下面我们分析各代理人的行为。

(1)最终产出部门。最终产品部门的企业通过选择中间产品 Q_i 以及雇佣人力资本数量 H_1 以使自己的利润最大化:

$$\max_{H_1,\,Q} \pi = Y - W_1 H_1 - \int_0^N p_{x_i} \cdot Q_i di = AH_1^a \int_0^N (q^{k_i} \cdot Q_i)^\beta di - W_1 H_1 - \int_0^N p_Q \cdot Q_i di$$

对上式分别关于 L_1、Q_i 求导,得:

$$W_1 = \frac{\alpha Y}{H_1} \tag{6.6}$$

$$Q_i = H_1 \left(\frac{\beta A q^{\beta k_i}}{p_Q}\right)^{\frac{1}{\alpha}} \quad P_Q = \beta A H_1^a q^{\beta k_i} Q_i^{-\alpha} \tag{6.7}$$

(2)中间产品部门。中间产品部门购买研发部门的设计方案或者新技术,由于前面假设中提到生产一单位任何一种类型的中间产品需要 1 单位最终产品,而最终产品 Y 的价格为 1,所以生产 Q_i 单位中间产品需要成本为 Q_i,则中间产品部门的投资满足:

$$\max_{p_Q} \pi = p_Q \cdot Q_i - 1 \cdot Q_i \tag{6.8}$$

将式(6.7)代入式(6.8)中,并对 Q_i 求导:

$$p_Q = p_Q = \frac{1}{\beta} \tag{6.9}$$

将式(6.9)代入式(6.7)可得:

$$Q_i = \bar{Q} = H_1 \beta^{\frac{2}{\alpha}} A^{\frac{1}{\alpha}} q^{\frac{\beta k_i}{\alpha}} \tag{6.10}$$

由式(6.1)、式(6.10)可得:

$$Y = AH_1^\alpha \cdot (N \cdot q^{\beta k_i} \cdot Q_i^\beta) = AH_1^\alpha \cdot N \cdot q^{\beta k_i} \cdot (H_1 \beta^{\frac{2}{\alpha}} A^{\frac{1}{\alpha}} q^{\frac{\beta k_i}{\alpha}})^\beta$$

$$= A^{\frac{1}{\alpha}} H_1 N \beta^{\frac{2\beta}{\alpha}} q^{\frac{\beta k_i}{\alpha}} \tag{6.11}$$

(3) 研发部门。假定中间产品的设计方案的专利价格为 P_N,则其投资决策函数为:

$$\max \pi = P_N \delta H_2 [N + M(H, \varphi, x)x] - W_2 H_2 \tag{6.12}$$

由均衡条件(求关于 H_2 的导数)可以得到:

$$W_2 = P_N \delta [N + M(H, \varphi, x)x] \tag{6.13}$$

由于市场是完全竞争的,在均衡状态下中间产品的专利价格等于其能够获得的利润流,即:

$$P_N = V(t) = \int_t^\infty \pi_m(s) e^{-\bar{r}(s, t)(s-t)} ds \tag{6.14}$$

其中,$r(s, t) \equiv \frac{1}{s-t} \int_t^s r(w) dw$ 代表时刻 t 与 s 之间的平均利率。

如果 r 不随时间变化,则式(6.14)可以变为:

$$P_N = V(t) = \frac{1}{r}\pi_m(t) = \frac{1}{r}(P_Q - 1)\bar{Q} = \frac{1}{r}\left(\frac{\alpha}{\beta}\right)\bar{Q} \qquad (6.15)$$

2. 技术赶超的均衡增长路径

在完全竞争性市场中，$W_1 = W_2$，则综合式(6.6)、式(6.11)以及式(6.13)、式(6.15)得：

$$W_1 = \frac{\alpha A^{\frac{1}{\alpha}} H_1 N \beta^{\frac{2\beta}{\alpha}} q^{\frac{\beta k_i}{\alpha}}}{H_1} = \frac{1}{r}\left(\frac{\alpha}{\beta}\right)\bar{Q} \cdot \delta[N + M(H, \varphi, x)x] = W_2 \quad (6.16)$$

将式(6.10)代入式(6.16)得：

$$H_1 = \frac{rN}{\delta\beta[N + M(H, \varphi, x)x]} \qquad (6.17)$$

在其他条件相同的情况下，对式(6.11)而言，经济增长率与 N 的增长率相同。则根据式(6.3)：

$$g_Y = g_N = \delta H_2\left[1 + M(H, \varphi, x)\frac{x}{N}\right] \qquad (6.18)$$

在均衡增长路径上，根据消费、投资与产出的关系，可知 Y、C、K 具有相同的增长率，因此

$$g = g_Y = g_N = g_C = g_K = \delta H_2\left[1 + M(H, \varphi, x)\frac{x}{N}\right]$$

$$= \delta(H - H_1)\left[1 + M(H, \varphi, x)\frac{x}{N}\right]$$

将式(6.5)和式(6.17)代入上式(6.18)，得：

$$g = \frac{\delta\beta H\left[1 + \frac{M(H, \varphi, x)x}{N}\right] - \rho}{\theta + \beta} \qquad (6.19)$$

从上式(6.19)可以得出后发大国和地区均衡经济增长率取决于人力资本 H、研发投入 x、技术能力 M 和中间产品种类数 N，并且 $\partial g/\partial H > 0$，$\partial g/\partial M > 0$，$\partial g/\partial x > 0$，$\partial g/\partial N < 0$。中间产品种类是由技术创新来体现的，因此中间产品种类

数可以用技术基础来表示,但是令人不解的是均衡经济增长率与技术基础呈反向关系。实际上也很容易理解,在技术赶超过程中,技术基础代表了后发大国与发达经济之间的差距,技术基础高,表明与发达经济之间的技术差距就小,技术基础低,表明与发达经济的技术差距大,尽管关于技术差距与技术赶超速度之间的关系还有很大的争议,但是本书倾向于 Findly(1978)、Cohen 和 Levinthal(1990)、Fager-berg(1994)等人的观点,认为技术赶超或收敛速度与技术差距成正比。

从式(6.19)也可以看出,我们定义的要素质量参数并没有在均衡经济增长率中得到体现,这有两方面的原因。第一,要素的质量维度不像要素数量那样直接作用于技术赶超的过程,而是间接作用于技术赶超过程中,比如,我们定义的技术能力函数并没有将要素的质量维度增加进来,这是本书的一个缺陷,也是以后继续研究的地方;第二,要素的数量和质量两个维度是可以相互替代的①。基于此,我们进一步证实了本书第 3 章中的命题,得出另一个重要结论:

后发大国或地区在技术赶超过程中均衡经济增长率取决于该经济体的技术能力,并且还取决于技术能力与人力资本、研发投入、技术基础与技术能力的交互作用。均衡经济增长率与人力资本、研发投入、技术能力成正向关系,而与技术基础成反向关系。

6.1.3　要素禀赋促进技术能力提升和技术赶超的传导机制

从式(6.19)可以看出,在研究开发参数 δ、β 和居民消费偏好 θ,ρ 不变的情况下,均衡经济增长率取决于该经济体的人力资本 H、研究开发投入 x、技术基础 N 及技术能力 M,而人力资本、研究开发投入和技术基础这三个要素是该经济体的要素禀赋,特别强调的是要素的数量维度,同时这三个要素也是技术能

---

① 实际上,我们应该在第 3 章中详细说明要素的数量维度和质量维度是无法严格地区分开来的,两者在相当程度上是可以相互替代的。这就像谚语"三个臭皮匠,顶一个诸葛亮"一样,要素数量和质量之间有替代的成分,但是在追求高新技术时,要素之间又是不能完全替代的,因为顶尖级科学家和工程师是不能简单地用普通人力资本来替代和折算的,这里仅仅是一种可能的解释。

力的决定因素①。因此,我们可以说,技术赶超的关键就是要素禀赋和技术能力,
关键是技术能力,这个命题已经在前文中得到证明。

1. 研发投入促进技术能力和技术赶超的传导机制

研究开发投入促进技术赶超是通过两个途径实现的。一是研发投入的积累
直接提升了技术能力;二是研发投入与其他要素相结合,联合推动技术能力的提
升和技术赶超速度。技术创新往往是物化在以研发投入表现的物质资本中。技
术创新是人力资本通过实验设备、工程机械等物质资本实现的,也是通过改善机器
和设备的质量进行的。这说明在进行研发投入时,为了降低成本,提高均衡利润流
的内在冲动,投资所形成的物质资本的生产效率必然高于原有的效率,因此,新增
的研发投入必然会反映技术创新的成果;物化了新技术的研发投入又进一步刺激、
促进技术能力的增强。研发投入发挥了对技术能力和技术创新的"共生效应"。

经济系统要想稳定健康地运行,还需要人力资本等其他要素,并且每个部门
中各种要素的搭配要保持一定的比例,才能充分发挥其协同效应,保证资源得到
最佳利用。因为在进行研究开发时,不但需要研发投入,还要使用大量的计算机、
精密仪器及其他实验设备,另外还需要投入大量的科学家、工程师等人力资本。
同样,人力资本的发挥也依赖于物质资本和研发投入的合理配置,否则就会发生
教育不足或过度教育现象,这就意味着技术赶超方式之间要素配置不合理,比例
失调,就会影响创新的产出效率。研发投入发挥了"匹配效应"。

研发投入除了可以生产新的技术外,还可以提高创新主体的技术吸收能力。
生产新的知识与提高创新主体的技术吸收能力是紧密联系的,新知识的产生使技
术基础得以成长、扩展,进而提高了人力资本对外部知识学习的速度和对外部知
识效用识别的能力,使人力资本能更快地将外部知识用于自身技术开发。创新主
体的技术吸收能力是基于竞争者知识的溢出及行业外知识发展起来的。创新主

① 对于资本投入与技术能力的传导机制,鲁志国的分析更为全面,他扩张了资本的概念,将资本分为物质资本、研
发资本与人力资本,并从这三个方面分别来论述广义资本与技术创新的关系。但是,鲁志国仅仅是考察其间的
传导机制,没有从微观的角度来注重要素的禀赋,这是不全面的。详见鲁志国:《广义资本投入与技术创新能力
相关关系研究》,上海三联出版社 2006 年版,第 62—81 页。

体只有具备一定的技术能力,才能使创新空间得以延伸。但技术能力的强弱又必须通过技术创新能力体现出来。研发投入使技术吸收能力和技术能力增强,进而促进了技术赶超的实现。研发投入发挥了技术创新的生长效应。

　　研发投入的表现就是有形产出的增加(商业利润或市场份额的扩大),又包括无形产出的增加(获得和拥有更多的新知识和专利)。有形产出的增加使下阶段研发投入得到保证,无形产出的增加使下阶段研发的技术基础得到提升。同时,在研发成功之后,新技术会扩散并被模仿,这时研发投入会产生引致效应,使技术创新进入持续并扩展阶段。产业内其他企业鉴于对潜在经济利益的追求,也会加大研发投入。研发投入对技术能力和技术赶超的传导机制见图6.1。

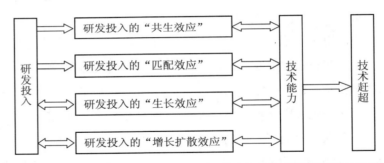

资料来源:根据鲁志国《广义资本投入与技术创新能力相关关系研究》(第66页)整理而成。

图6.1　研发投入促进技术赶超的传导机制

2. 人力资本促进技术能力和技术赶超的传导机制

　　技术创新是一个综合性的过程,而这需要人的智力、知识、技能等创造力的发挥和应用,也就是说人力资本在技术创新的各个阶段及环节中都发挥着巨大的作用。特别是在基础性研究与应用性研究方面的创造力,更是新技术产生的母体和平台,将直接影响着技术创新的方向,也决定了技术赶超实现的速度和可能性。同时,技术有累积效应,人力资本所具有的学习效率与人力资本形成和积累呈正相关关系。企业或经济体拥有的人力资本拥有量越大、层次越高,其接受新知识、吸收与模仿新技术的能力越强。在"干中学"的过程中,积累、消化和传递知识与经验,使劳动者及时获得了生产经营管理及技术创新所需的技术和能力,提高了对外部技术的消化、吸收并加以运用的能力。也就是说,人力资本对技术能力而言,具有正强化效应,为技术赶超实现的关键环节——技术能力的构筑提供了良好的条件。

技术创新是建立在精细的专业化分工基础上的一项复杂的群体协作活动,现在正朝着越来越规模化、复杂化的方向发展。它需要技术创新企业或国家与全体劳动者相互协调配合,发挥团队合作精神。同时,人力资本个体之间也需要相互依存,实现高水平的协作,使人力资本群体所具有的技术能力倍增,最大可能地发挥人力资本的聚合效应,促进技术创新的效率。并且,人力资本还可以与物质资本和研发投入聚合,一方面通过劳动者技能的提高、操作技能的增强而增进物质资本和研发投入的利用效率;另一方面可以提高其他生产要素的生产效率。人力资本的发展促使劳动者更加有效地运用各种更高质量、更高效率的新资本设备,充分发挥各个创新要素和生产要素之间的匹配效用。

由于技术创新是一个枯燥乏味的过程,需要科技人员艰辛的努力,尤其需要人力资本充分发挥其能动效应,将自己丰富的经验和深厚的技术基础贡献出来,充分发挥其职业道德、敬业精神和竞争意识,逐渐积累和培育技术赶超的能力和基础。一般来讲,人力资本存量越大,人力资本对技术赶超的能动效应就越强。同时,人力资本在促进技术创新的过程中,技术能力的积累和技术基础的提升,反过来又使人的知识得到不断的积累和丰富。这时,技术创新的派生效应能够得到充分发挥。人力资本对技术能力和技术赶超的传导机制见图6.2。

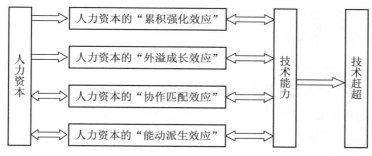

资料来源:根据鲁志国《广义资本投入与技术创新能力相关关系研究》(第85页)整理而成。

图6.2 人力资本促进技术赶超的传导机制

6.2　中国区域技术能力测算

要素禀赋决定技术能力,技术能力决定着后发大国和地区技术赶超方式的选择。这是前面已经被我们证明的结论,这里我们结合中国的实际情况来测度创新的各个要素、技术能力以及各要素对技术能力的贡献。接下来我们根据本书的核心结论"技术赶超方式的演变是由后发大国和地区技术能力决定的,而且当技术能力上升到一定层次时,技术赶超方式将由模仿创新转变为自主创新",来对中国的实际情况做实证检验,以检验我们的命题并对中国情况进行分析。

6.2.1　要素禀赋指标体系选择与技术能力测定

在第 5 章中,我们假定技术能力以研发投入与人力资本的乘积来表示,这种表示方法虽然没有太多的科学依据,但基本上能够说明问题。在式(6.19)的推导过程中,没有显示出要素的质量维度,一方面可能是我们假设过于简单或不合理,也有可能是生产函数或者生产技术格式不适合我们的命题,但作为一种尝试和探讨,这种做法还是有一定道理的。在推导过程中,我们将要素的质量维度考虑进去,尽可能地与实际情况相一致。

拓展的要素禀赋包括两个维度:数量维度和质量维度,在理论上很容易理解,但是在测定量化时却比较困难。从作者收集到的资料和走访过的专家学者来看,对要素质量衡量的几乎没有,都是很笼统地将数量和质量混在一起,或者单纯就考虑要素的数量,根本不考虑要素的质量维度。Barro(1991)曾用师生比表示教育的质量,这种表示方法是否合理作者不想去探讨,至于用智商等这些空洞的指标,其数据的主观性和合理性都受到质疑,其科学性还有待于进一步去研究。

1. 技术能力测定指标体系及方法的选择

关于技术能力的衡量,学界还没有统一的认识。目前,存在着许多不同的衡量方法和测度指标。技术能力的评价模型有两种类型:一是技术能力测度的理论模型,运用数学工具,建立技术创新与其他相关变量之间复杂的函数关系,这类模型一般只用于理论分析。二是技术能力测度的计量模型,通过确定能够反映技术创新能力的并能获得相关(定量或定性)数据的指标体系,建立技术能力与相关指标的量化关系,用于技术能力的实证研究。从层次上来讲,技术能力的测量模型可以分为三个层次:第一是从宏观上测量某个后发大国或地区层次的技术能力;第二是从中观上测量某个产业的技术能力;第三是从微观上测量某个企业的技术能力。从定位上来讲,本章只是给出一种思路或者方法,用这种方法既可以测量一个国家的技术能力,还可以测量具体产业或者特定企业的技术能力。

技术能力是一个庞大的体系,需要综合考虑各种要素才能进行计量和测算,这在学界已经得到公认,但是对具体的测量方法和指标体系的选择一直是学界争论的焦点。这些测算方法包括 Hill(1979)的四种间接指标测算法[①]、Porter 和 Stern 的测算框架[②]、OECD 的测算指标体系[③]、傅家骥的六种能力测算方法[④]、唐炎钊的测算方法[⑤],其中还有国家科技部政策法规与体制改革司于 2001 年起每年都编制《中国区域创新能力报告》,报告借鉴了 Porter 和 Stern 的测算框架和瑞士洛桑国际管理开发学院发表的《国际竞争力报告》中采用的指标体系,这些研究思路和测算方法有其科学合理的地方,但是这些测算指标体系的选择随意性很大,

---

[①]　Hill 于 1979 年提出用四种间接指标来测算技术创新,他的四种指标分别为:第一是测度技术创新的投入指标,如研发投入、从事研发活动的科学家人数;第二是测度中间产品的指标,如专利授权、技术论文等;第三是测度某种产品或过程的指标,如速度、耐用性和成本;第四是测度生产某种产品所需投入要素数量的指标,如劳动时间等。

[②]　Porter 和 Stern 提出用公共创新基础设施(研发投入、人力、公共政策、知识产权政策等)、企业群的创新治理环境(高质量和专业化的投入、鼓励投资的环境、竞争环境、需求压力等)、联系的质量(技术设施与企业群之间的联系质量等)、公司的创新取向等四个一级指标,34 个二级指标来测度创新能力。

[③]　OECD 在 1966 年提出技术创新能力评价体系的核心包括六个部分:知识投入、知识存量、知识流量、知识产出、知识网络及知识与学习。

[④]　傅家骥于 1998 年提出技术创新能力可以分解为:创新资源投入、创新管理、创新倾向、研究开发、制造和营销等六种能力;并将这六种能力细化为若干个具体的衡量指标。

[⑤]　唐炎钊在 2001 年对广东省技术创新能力进行综合评价时,采用了三个层次共 26 个指标体系。

似乎要将关于技术创新的所有内容都包含进来才显得更全面,指标的繁杂给信息筛选带来了难度,使得大量的信息交叉重叠,无法有效地测算一个地区真实的技术能力,并且,这些测算方法和指标的选择将技术能力、技术创新能力、科技竞争力这些概念混为一谈,更有甚者,部分测算指标将要素投入、中间投入品、创新结果等都纳入进来,使得测算结果无法有效地反映出技术能力的本质和内涵,也无法反映拓展的要素禀赋与技术能力之间的内在联系。但是这些研究毕竟对技术能力的测算作了大量的尝试,给本文的研究提供了很好的思路。笔者走访的专家学者的调查意见,结合上述研究思路及数据的可得性,这里我们采用主成分分析法来测度各个区域的技术能力。

2. 基于主成分分析的技术能力测定

(1)主成分分析的基本思想。在经济实证问题研究中,为了全面、系统地分析问题,必须考虑众多对经济过程有影响的因素,这些因素在多元统计分析中被称为变量。由于每个变量都不同程度地反映了某些信息,且彼此间有一定的相关性;因此,在运用统计方法进行定量分析时,希望涉及的变量较少,而得到的信息量较多。主成分分析是解决该问题的一个理想方法,该方法通过对原始变量相关矩阵内部结构关系的研究,找出影响经济过程的几个综合指标,使综合指标成为原来变量的线性组合。根据它计算出来的综合指标不仅保留了原始变量的主要信息,而且彼此间又不相关,比原始变量具有更优越的性质。

(2)主成分分析的计算步骤。首先是原始数据进行标准化处理。通常经济指标具有不同的量纲,同时有的指标在数量级上也有很大的差异。在应用主成分分析时,不同的量纲和数量级会引起新的问题。为了消除量纲不同所带来的影响,在进行主成分分析之前,应对数据进行标准化处理,使得每一变量的平均值为零,方差为 1。其公式如下:

$$X'_{ij} = \frac{X_{ij} - \bar{X}_j}{\sqrt{\mathrm{var}(X_j)}} \quad i = 1, 2, \cdots, n; \; j = 1, 2, \cdots, P, \text{其中 } \bar{X}_j = \frac{1}{n} \sum_{i=1}^{n} X_{ij}$$

$$\mathrm{var}(X_j) = \frac{1}{n-1} \sum_{i=1}^{n} (X_{ij} - \bar{X}_j)^2 \quad j = 1, 2, \cdots, P$$

其次,计算样本相关矩阵:

$$R = \begin{bmatrix} r_{11} & r_{12} & \cdots & r_{1p} \\ r_{21} & r_{22} & \cdots & r_{2p} \\ \cdots & \cdots & \cdots & \cdots \\ \cdots & \cdots & \cdots & \cdots \\ r_{p1} & r_{p2} & \cdots & r_{pp} \end{bmatrix} \ i, j = 1, 2, \cdots, p,$$ 其中 $r_{ij} = \frac{1}{n-1} \sum_{t=1}^{n} X'_{ti} X'_{tj}$

再次,求相关矩阵 R 的特征值及特征向量。令 $|R - \lambda I| = 0$,求得特征值(λ_p)、特征向量(t_p)、特征值贡献率(Y_k)、累积贡献率(Y_m)。

最后,选择 $m(m < p)$ 个主成分。令 $\lambda_1 \geqslant \lambda_2 \geqslant \cdots \geqslant \lambda_p \geqslant 0$ 为矩阵的特征根,$t_1, \cdots, t_p$ 为相应的单位特征向量,称 $\lambda_k / \sum_{\lambda=1}^{p} \lambda_i$ 为主成分 Y_k 的贡献率,称 $\sum_{i=1}^{m} \lambda_i / \sum_{i=1}^{p} \lambda_i$ 为主成分 $Y_1, \cdots, Y_m$ 的累积贡献率。取 m 时,累计贡献率达到 70%—80%以上。主成分分析的关键在于能否赋予主成分新的意义,给出合理的解释,这个解释应根据主成分的计算结果定性分析来进行。

(3) 技术能力测定指标的选取。技术能力是一个庞大的体系,其是由要素禀赋来决定的,因此这里指标体系的选取要遵循科学性、系统性、可行性的基本原则。

科学性是指选取的指标体系能反映出技术能力的内涵与本质,以现代科技统计理论为基础,结合必要的专项调查,定性与定量相结合,得出的评价结果要科学、合理、真实、客观;系统性是指指标选择必须服从系统性特点,既能反映技术能力的静态性,又能反映技术能力的动态性;可行性是指指标体系设置要尽量避免前述方法中信息的大量重叠交叉,要能够全面地反映要素的数量和质量维度,又要使指标体系尽量精简,便于操作,并且数据采集要简单可行,最大程度地利用和开发现有统计系统发布的统计数据,便于掌握和操作。本书在构筑技术能力指标体系时严格遵循上述原则,并参考前人的研究成果,将技术能力指标分为两个层次(要素数量和要素质量),六个类别(研发投入数量、研发投入质量、人力资本数量、人力资本质量、社会资本和技术基础）。

为了准确地把握要素禀赋、技术能力与技术赶超的本质、内涵和过程，就有必要测度、评价中国各个区域的技术能力，而这需要收集大量的相关的、完整的、准确的数据资料，这项工作难度大、工作量大，要想系统考察近年来中国各个省份的相关要素数量和质量方面的数据，尤其是要素质量方面的数据非常困难。

对于要素数量方面的数据，我们可以通过历年的《中国经济统计年鉴》、《中国科技统计年鉴》获得。对于研发人力资本要素数量方面，我们选取各个地区科技活动人员数量、各个地区研究与开发机构从事科技活动人员数量两个指标来表示；对于研发投入数量方面，我们选取各个地区研发投入、研发经费支出与GDP比例、地方财政科技拨款占地方财政支出比重三个指标来表示。

对于要素质量维度的衡量比较困难，我们很难说哪些人力资本质量高，哪些人力资本质量低，在没有公认的衡量指标之前，我们认为，受教育年限可以部分代表人力资本的质量，因为相对而言，一个人受教育的年限越长，其所拥有的知识和技能相对就高。当一个省份人均受教育年限比该年度全国人均受教育年限高时，就表明该省份该年度的人力资本质量相对较高。当然，这个比值既可能大于1，也可能小于1，这就将人力资本的数量在质量维度上进行放大或缩小，将人力资本在量上进行质量调节，满足了我们拓展的要素禀赋理论的需要。同样，各个地区大中型工业企业相对拥有雄厚的人力资本实力，也可以部分地代表人力资本的质量维度。基于此，我们选取各个省份人均受教育年限、各个地区大中型工业企业的科技活动人员占从业人员的比重、各个地区大中型工业企业科学家与工程师占科技活动人员比重、万人研发科学家和工程师数、万人专业技术人员数、各个地区规模以上工业企业全员劳动生产率、万名就业人员专利申请量、万人大专以上学历人士、高技术产业全员劳动生产率九个指标来表示人力资本的质量维度。对于研发投入的质量的衡量我们也只能用各个地区大中型工业企业的数据来表示，原则来讲，一个实力雄厚的大中型企业拥有的1元研发投入肯定要比一个中小企业所拥有的1元研发投入效果要好很多，其原因就是大中型企业拥有较多的技术人员、丰富的经验和科学高效的管理技能，在同等研发投入的情况下，其研发效果会更好。因此,我们选用各个地区大中型工业企业研发经费占产品销售收入比重、各个地区大中型工业企业科技活动经费占产品销售收入比重两个指标来代表研发投入的要素质量。

对于技术能力的社会资本来讲,它是衡量社会创新意识、创新氛围的一个衡量指标。根据我国科技部门的相关计算,我们用各个地区科技进步环境监测值、综合科技进步水平监测值、高技术产业增加值占工业增加值比重、综合能耗产出率四个指标来表示。其中,高技术产业增加值占工业增加值比重这个指标主要体现了技术水平比较高的企业在整个社会中的规模和力度,反映出技术能力在社会资本中的强度,综合能耗产出率从能源利用效率的角度来反映技术能力在社会资本中的体现。

对于技术基础来讲,技术基础也是一种要素,是一种无形的要素投入,我们这里用百户居民彩色电视机拥有量、万人国际互联网络用户数、百人固定电话和移动电话用户数、百户城镇居民计算机拥有量、万名就业人员发明专利拥有量、万名研发活动人员科技论文数六个指标来表示(具体的衡量指标体系见表6.1)。

表6.1　技术能力测算指标体系

指　标　层	标量标识	单位	隶属域	目标层
各个地区科技活动人员数量	x_1	人	人力资本要素数量	技术能力指数
各个地区研究与开发机构从事科技活动人员数量	x_2	人		
各个地区研发投入	x_3	亿元	研发投入要素数量	
研发经费支出与 GDP 比例	x_4	%		
地方财政科技拨款占地方财政支出比重	x_5	%		
各个省份人均受教育年限	x_6	年	人力资本要素质量	
各个地区大中型工业企业的科技活动人员占从业人员的比重	x_7	%		
万人专业技术人员数	x_8	人/万人		
各个地区规模以上工业企业全员劳动生产率	x_9	万元/人		

续表

指　标　层	标量标识	单位	隶属域	目标层
万名就业人员专利申请量	x_{10}	项/万人	人力资本要素质量	技术能力指数
万人大专以上学历人数	x_{11}	人/万人		
高技术产业全员劳动生产率	x_{12}	万元/人		
各个地区大中型工业企业科学家与工程师占科技活动人员比重	x_{13}	%		
万人研发科学家和工程师数	x_{14}	人		
各个地区大中型工业企业研发经费占产品销售收入比重	x_{15}	%	研发投入要素质量	
各个地区大中型工业企业科技活动经费占产品销售收入比重	x_{16}	%		
科技进步环境监测值	x_{17}	无	社会资本	
综合科技进步水平监测值	x_{18}	无		
高技术产业增加值占工业增加值比重	x_{19}	%		
综合能耗产出率	x_{20}	万元/吨标准煤		
百户居民彩色电视机拥有量	x_{21}	台	技术基础	
万人国际互联网络用户数	x_{22}	户		
百人固定电话和移动电话用户数	x_{23}	户		
百户城镇居民计算机拥有量	x_{24}	台		
万名就业人员发明专利拥有量	x_{25}	项/万人		
万名研发活动人员科技论文数	x_{26}	篇/万人		

（4）中国各个省份技术能力的测算。运用 SPSS 统计分析软件 Factor 过程对中国各个省份经济综合指标进行主成分分析。首先对变量进行相关性分析（结果见表 6.2）。

表6.2 相关系数矩阵

	x_1	x_2	x_3	x_4	x_5	x_6	x_7	x_8	x_9	x_{10}	x_{11}	x_{12}	x_{13}
x_1	1.00	0.60	0.94	0.57	0.72	0.45	0.33	-0.04	-0.04	0.58	0.40	0.08	0.02
x_2	0.60	1.00	0.68	0.90	0.57	0.51	0.48	0.26	0.09	0.49	0.75	0.20	0.10
x_3	0.94	0.68	1.00	0.68	0.80	0.54	0.30	0.13	0.09	0.72	0.58	0.25	0.15
x_4	0.57	0.90	0.68	1.00	0.66	0.55	0.47	0.40	0.08	0.63	0.82	0.26	0.14
x_5	0.72	0.57	0.80	0.66	1.00	0.58	0.19	0.32	0.05	0.84	0.73	0.27	0.15
x_6	0.45	0.51	0.54	0.55	0.58	1.00	0.52	0.51	0.52	0.63	0.73	0.33	0.07
x_7	0.33	0.48	0.30	0.47	0.19	0.52	1.00	0.04	0.21	0.26	0.32	0.01	-0.28
x_8	-0.04	0.26	0.13	0.40	0.32	0.51	0.04	1.00	0.41	0.45	0.67	0.37	0.18
x_9	-0.04	0.09	0.09	0.08	0.05	0.52	0.21	0.41	1.00	0.20	0.29	0.59	0.22
x_{10}	0.58	0.49	0.72	0.63	0.84	0.63	0.26	0.45	0.20	1.00	0.78	0.43	0.20
x_{11}	0.40	0.75	0.58	0.82	0.73	0.73	0.32	0.67	0.29	0.78	1.00	0.40	0.21
x_{12}	0.08	0.20	0.25	0.26	0.27	0.33	0.01	0.37	0.59	0.43	0.40	1.00	0.42
x_{13}	0.02	0.10	0.15	0.14	0.15	0.07	-0.28	0.18	0.22	0.20	0.21	0.42	1.00
x_{14}	0.55	0.89	0.70	0.92	0.75	0.63	0.37	0.49	0.17	0.72	0.91	0.38	0.23
x_{15}	0.55	0.34	0.52	0.44	0.44	0.38	0.66	-0.08	-0.14	0.42	0.26	-0.04	-0.19
x_{16}	0.22	0.14	0.16	0.18	0.07	0.14	0.60	-0.21	-0.19	0.11	0.00	-0.11	-0.34
x_{17}	0.52	0.62	0.67	0.73	0.74	0.80	0.35	0.58	0.44	0.82	0.87	0.46	0.22

续表

	x_1	x_2	x_3	x_4	x_5	x_6	x_7	x_8	x_9	x_{10}	x_{11}	x_{12}	x_{13}
x_{18}	0.67	0.62	0.78	0.76	0.85	0.76	0.42	0.46	0.30	0.89	0.82	0.46	0.18
x_{19}	0.53	0.54	0.62	0.65	0.67	0.27	0.09	0.19	−0.10	0.69	0.57	0.43	0.24
x_{20}	0.64	0.43	0.69	0.48	0.67	0.39	0.17	−0.05	0.00	0.62	0.42	0.29	0.16
x_{21}	0.45	0.25	0.44	0.32	0.51	0.17	0.20	−0.19	−0.24	0.48	0.22	−0.07	−0.09
x_{22}	0.60	0.58	0.75	0.67	0.80	0.70	0.27	0.50	0.35	0.85	0.78	0.49	0.27
x_{23}	0.63	0.59	0.76	0.70	0.88	0.72	0.20	0.48	0.29	0.85	0.82	0.43	0.34
x_{24}	0.66	0.52	0.76	0.61	0.79	0.68	0.37	0.23	0.26	0.79	0.63	0.38	0.18
x_{25}	0.47	0.67	0.65	0.76	0.79	0.66	0.32	0.56	0.24	0.92	0.89	0.47	0.23
x_{26}	−0.22	0.01	−0.16	−0.02	−0.13	0.12	0.08	−0.05	0.25	−0.06	0.06	0.07	0.03

	x_{14}	x_{15}	x_{16}	x_{17}	x_{18}	x_{19}	x_{20}	x_{21}	x_{22}	x_{23}	x_{24}	x_{25}	x_{26}
x_1	0.55	0.55	0.22	0.52	0.67	0.53	0.64	0.45	0.60	0.63	0.66	0.47	−0.22
x_2	0.89	0.34	0.14	0.62	0.62	0.54	0.43	0.25	0.58	0.59	0.52	0.67	0.12
x_3	0.70	0.52	0.16	0.67	0.78	0.62	0.69	0.44	0.75	0.76	0.76	0.65	−0.16
x_4	0.92	0.44	0.18	0.73	0.76	0.65	0.48	0.32	0.67	0.70	0.61	0.76	−0.02
x_5	0.75	0.44	0.07	0.74	0.85	0.67	0.67	0.51	0.80	0.88	0.79	0.79	−0.13
x_6	0.63	0.38	0.14	0.80	0.76	0.27	0.39	0.17	0.70	0.72	0.68	0.66	0.12
x_7	0.37	0.66	0.60	0.35	0.42	0.09	0.17	0.20	0.27	0.20	0.37	0.32	0.08
x_8	0.49	−0.08	−0.21	0.58	0.46	0.19	−0.05	−0.19	0.50	0.48	0.23	0.56	−0.05
x_9	0.17	−0.14	−0.19	0.44	0.30	−0.10	0.00	−0.24	0.35	0.29	0.26	0.24	0.25

续表

	x_{14}	x_{15}	x_{16}	x_{17}	x_{18}	x_{19}	x_{20}	x_{21}	x_{22}	x_{23}	x_{24}	x_{25}	x_{26}
x_{10}	0.72	0.42	0.11	0.82	0.89	0.69	0.62	0.48	0.85	0.85	0.79	0.92	-0.06
x_{11}	0.91	0.26	0.00	0.87	0.82	0.57	0.42	0.22	0.78	0.82	0.63	0.89	0.06
x_{12}	0.38	-0.04	-0.11	0.46	0.46	0.43	0.29	0.07	0.49	0.43	0.38	0.47	0.07
x_{13}	0.23	-0.19	-0.34	0.22	0.18	0.24	0.16	-0.09	0.27	0.34	0.18	0.23	0.04
x_{14}	1.00	0.32	0.04	0.79	0.79	0.66	0.53	0.30	0.78	0.81	0.68	0.88	-0.02
x_{15}	0.32	1.00	0.7	0.36	0.53	0.36	0.37	0.39	0.34	0.34	0.52	0.32	-0.24
x_{16}	0.04	0.7	1.00	0.09	0.19	0.08	0.12	0.29	0.04	-0.01	0.21	0.05	-0.08
x_{17}	0.79	0.36	0.09	1.00	0.91	0.53	0.46	0.28	0.83	0.87	0.75	0.83	0.04
x_{18}	0.79	0.53	0.19	0.91	1.00	0.70	0.65	0.46	0.88	0.91	0.85	0.86	0.01
x_{19}	0.66	0.36	0.08	0.53	0.70	1.00	0.70	0.49	0.62	0.64	0.59	0.70	-0.06
x_{20}	0.53	0.37	0.12	0.46	0.65	0.70	1.00	0.59	0.65	0.66	0.72	0.55	0.09
x_{21}	0.30	0.39	0.29	0.28	0.46	0.49	0.59	1.00	0.38	0.44	0.54	0.36	-0.01
x_{22}	0.78	0.34	0.04	0.83	0.88	0.62	0.65	0.38	1.00	0.92	0.86	0.85	-0.03
x_{23}	0.81	0.34	-0.01	0.87	0.91	0.64	0.66	0.44	0.92	1.00	0.86	0.82	-0.05
x_{24}	0.68	0.52	0.21	0.75	0.85	0.59	0.72	0.54	0.86	0.86	1.00	0.72	-0.01
x_{25}	0.88	0.32	0.05	0.83	0.86	0.70	0.55	0.36	0.85	0.82	0.72	1.00	0.02
x_{26}	-0.02	-0.24	-0.08	0.04	0.01	-0.06	0.09	-0.01	-0.03	-0.05	-0.01	0.02	1.00

从表 6.2 可知 x_1 与 x_3 存在着极其显著的关系,可见变量之间直接的相关性比较弱,证明他们并不存在信息上的大量的重叠,能够很好地反映标量之间蕴涵的信息。为了更直观地考察绝大多数指标标量之间的内部结构关系,我们通过计算提取了变量的共同度(表 6.3),它表明,对原有的 26 个变量如果采用主成分分析方法提取所有特征根(26 个),变量的共同度为 1(原有变量标准化后的方差为 1)。第三列是提取 2 个主成分之后的再生共同度,从表 6.3 中显示的数据来看,绝大多数的指标变量与被提出的主成分之间有着密切的内部结构关系,因此,本次因子提取的总体效果是比较理想的。

表 6.3 变量的共同度

	初值	共同度		初值	共同度
x_1	1.000	0.723	x_{14}	1.000	0.816
x_2	1.000	0.590	x_{15}	1.000	0.767
x_3	1.000	0.798	x_{16}	1.000	0.678
x_4	1.000	0.719	x_{17}	1.000	0.880
x_5	1.000	0.838	x_{18}	1.000	0.929
x_6	1.000	0.772	x_{19}	1.000	0.708
x_7	1.000	0.835	x_{20}	1.000	0.695
x_8	1.000	0.658	x_{21}	1.000	0.560
x_9	1.000	0.615	x_{22}	1.000	0.866
x_{10}	1.000	0.817	x_{23}	1.000	0.911
x_{11}	1.000	0.859	x_{24}	1.000	0.777
x_{12}	1.000	0.463	x_{25}	1.000	0.857
x_{13}	1.000	0.458	x_{26}	1.000	0.089

注:提取方法为主成分分析。

经过主成分分析(见表 6.4)发现,第一个因子的特征值 13.404 231,解释了原有 26 个变量总方差的 51.554 733%(13.404 231/26),第二个因子的特征值为

3.208,解释原有 26 个变量总方差的 12.34％,累计方差贡献率为 63.89％。第三个因子的特征根为 2.065,解释了原有 26 个变量的 7.94％,累计方差贡献率为 71.837％。由于指定提取三个因子,三个因子共解释了原有变量总方差的 71.837％。总体上,原有变量的信息丢失较少,因子分析效果比较理想。从旋转后的因子来看,累计方差并没有改变,也就是没有影响到原有变量的共同度,并且重新分配后各个因子解释原有变量的方差,也没有改变各因子的方差贡献,这就说明,这三个因子是可以解释原有的 26 个指标变量的大部分方差,提取的这三个因子是合适的。

表 6.4　主成分分析

因子	初始特征值			提取的平方和		
	特征值	方　差	累计方差贡献率％	特征值	方　差	累计方差贡献率％
1	13.404 231	51.554 733	51.554 733	13.404 231	51.554 733	51.554 733
2	3.208	12.340 047	63.894 78	3.208 412 2	12.340 047	63.894 78
3	2.065 033 7	7.942 437 2	71.837 217	2.065 033 7	7.942 437 2	71.837 217
4	1.409 845 1	5.422 481	77.259 698			
5	1.148 933 3	4.418 974 2	81.678 672			
6	0.932 396 7	3.586 141	85.264 813			
7	0.892 189 2	3.431 496 9	88.696 31			
8	0.576 395 5	2.216 905 9	90.913 216			
9	0.425 294 5	1.635 748 2	92.548 964			
10	0.297 150 7	1.142 887 5	93.691 852			
11	0.264 994 1	1.019 208 1	94.711 06			
12	0.231 613 9	0.890 822 6	95.601 883			
13	0.200 108 3	0.769 647 4	96.371 53			
14	0.191 225 4	0.735 482 5	97.107 013			

续表

因子	初始特征值			提取的平方和		
	特征值	方　差	累计方差贡献率%	特征值	方　差	累计方差贡献率%
15	0.155 887 7	0.599 568 3	97.706 581			
16	0.122 198 2	0.469 992 9	98.176 574			
17	0.106 893 6	0.411 129 4	98.587 703			
18	0.092 202 4	0.354 624 8	98.942 328			
19	0.067 130 7	0.258 195 2	99.200 523			
20	0.056 039 3	0.215 536	99.416 059			
21	0.040 694 6	0.156 517 7	99.572 577			
22	0.035 334 2	0.135 900 9	99.708 478			
23	0.030 700 5	0.118 078 8	99.826 556			
24	0.023 891 6	0.091 890 8	99.918 447			
25	0.014 658 8	0.056 38	99.974 827			
26	0.006 544 9	0.025 172 8	100			

注：提取方法为主成分分析。

主成分个数提取原则为主成分对应的特征值大于 1 的前 m 个主成分。特征值在某种程度上可以被看成是表示主成分影响力度大小的指标，如果特征值小于 1，说明该主成分的解释力度还不如直接引入一个原变量的平均解释力度大，因此一般可以用特征值大于 1 作为纳入标准。通过表 6.4（方差分解主成分提取分析）可知，提取 3 个主成分，即 $m=3$，从表 6.5（初始因子载荷矩阵）可知 x_1、x_2、x_3、x_4、x_5、x_6、x_{10}、x_{11}、x_{14}、x_{15}、x_{17}、x_{18}、x_{19}、x_{20}、x_{21}、x_{22}、x_{23}、x_{24}、x_{25} 在第一主成分上有较高载荷，说明第一主成分基本反映了这些指标的信息；x_8、x_9、x_{12}、x_{13}、x_{26} 在第二主成分上有较高载荷，说明第二主成分基本反映了这些指标的信息。x_7、x_{16} 在第三主成分上有较高载荷，说明第三主成分基本反映了各地区大中型工业企业研发投入要素质量和科技活动经费投入的信息。所以提取三个主成分是可以基本反映全部指标的信息,所以决定用三个新变量来代替原来的 26 个变量。

按照各个指标层的隶属,第一个因子主要衡量该地区技术创新的人力资本投入要素数量、研发投入要素数量、社会资本和技术基础,社会资本是技术能力形成的社会投入,实际上是一种社会环境的激励,它对技术能力的培育主要起引导、激励作用,有助于企业和国家增加创新投入,有助于社会各个阶层形成良好的创新意识;技术基础是原来技术能力日积月累的结果,是一个国家和企业在创新氛围和创新意识的激励下前期技术能力投入的沉淀,它是一个国家和企业构筑创新能力的基础,也是一个后发国家实现技术赶超的前提,没有一定的创新意识、创新氛围和相对雄厚的技术基础,即使投入再多的人力、物力和财力,也是很难在短时期内形成具有内生性的技术能力,其结果也不可能推动一个国家和企业在短时期内赶超发达国家。日本和韩国成功实现技术赶超的过程就可以明确看出,技术基础的形成不是一朝一夕的事情,它需要长期的积累和沉淀才能实现。这里为了便于分析,将它们全部归纳为创新投入要素的数量因子。

第二个因子是一个综合因子,它包含着丰富的信息,它的增加既会使该地区创新要素投入总量增加,又会使该地区技术创新人员人均创新投入增加,即创新投入质量会有一定程度的提高,也就是说,这个要素包含了创新要素的数量维度和质量维度两个方面的意思,它将创新投入的数量和质量维度融合在一起,从表面上反映一个地区技术能力的培育状况,是一个地区重视技术能力培育的外在表现,它的逐渐增多代表了该地区创新意识日趋高涨,创新氛围日益浓厚的趋势,这种趋势会推动这个地区投入更多的创新要素并提升创新要素的质量。因此,根据这个因子所蕴涵的不完全信息,可以将这个因子命名为创新投入综合因子。

第三个因子主要衡量一个地区大中型工业企业人力资本投入和研发投入情况,按照前文的分析,一个地区大中型工业企业同样的创新投入要远远高于中小企业同样的创新投入,它的多寡可以在相当程度上代表该地区创新投入要素的质量,其根本原因就是大中型工业企业拥有相对较多的人力资本和管理经验,能够很好地将创新投入组织起来,并能及时把握技术发展的前沿,将之整合为技术能力。我们这里并不是说其他机构的技术整合能力低,而是在目前的中国存在着一个"发明多,转化少"的悖论。要想解决这个悖论的关键就是构筑以大中型工业企业为主导的国家创新体系,凭借大中型工业企业雄厚的技术基础、庞大的研发投入和丰富的人力资本投入,提升创新的转化效果,充分发挥创新投入要素的质量。因此,我们将第二个因子命名为创新投入要素的质量因子。

表 6.5　初始因子载荷矩阵

	1	2	3
x_1	0.710 544 9	−0.430 633 4	−0.181
x_2	0.748 673 8	−0.086 358 1	0.149
x_3	0.839 165 7	−0.249 696	−0.177
x_4	0.835 259 1	−0.061 907 2	0.131
x_5	0.880 670 3	−0.100 116 4	−0.229
x_6	0.752 955 6	0.165 853 1	0.421
x_7	0.414 062 1	−0.394 666 2	0.712
x_8	0.447 799 9	0.622 372 4	0.264
x_9	0.258 623 1	0.617 909 1	0.408
x_{10}	0.896 419 6	0.043 623 9	−0.108
x_{11}	0.871 378 7	0.275 081 1	0.155
x_{12}	0.449 419 9	0.505 882 3	−0.069
x_{13}	0.216 458 1	0.496 649 2	−0.406
x_{14}	0.895 617 3	0.109 080 2	0.045
x_{15}	0.498 299 1	−0.663 12	0.281
x_{16}	0.159 067 5	−0.672 874 3	0.448
x_{17}	0.895 994 7	0.217 756 8	0.172
x_{18}	0.962 491 8	0.006 654 7	0.05
x_{19}	0.731 518 2	−0.109 117 6	−0.401
x_{20}	0.695 48	−0.247 316 2	−0.387

续表

	1	2	3
x_{21}	0.469 737 1	−0.489 029 4	−0.316
x_{22}	0.915 967	0.152 713 2	−0.064
x_{23}	0.933 404 8	0.142 244 2	−0.141
x_{24}	0.872 596	−0.111 726 7	−0.057
x_{25}	0.909 382 1	0.173 814 6	0.005
x_{26}	−0.029 489 4	0.237 503 7	0.178

注：提取方法为主成分分析。

用表 6.5（主成分载荷矩阵）中的数据除以主成分相对应的特征值开平方根便得到三个主成分中每个指标所对应的系数。将初始因子载荷矩阵中的两列数据输入（可用复制粘贴的方法）到数据编辑窗口，然后利用"Transform à Compute Variable"，即可得到特征向量，将得到的特征向量与标准化后的数据相乘，然后就可以得出主成分表达式。

$F_1 = 0.194ZX_1 + 0.204ZX_2 + 0.229ZX_3 + 0.228ZX_4 + 0.241ZX_5 + 0.206ZX_6 + 0.113ZX_7 + 0.122ZX_8 + 0.071ZX_9 + 0.18ZX_{10} + 0.238ZX_{11} + 0.123ZX_{12} + 0.059ZX_{13} + 0.245ZX_{14} + 0.136ZX_{15} + 0.043ZX_{16} + 0.245ZX_{17} + 0.263ZX_{18} + 0.2ZX_{19} + 0.19ZX_{20} + 0.128ZX_{21} + 0.25ZX_{22} + 0.255ZX_{23} + 0.238ZX_{24} + 0.248ZX_{25} - 0.008ZX_{26}$

$F_2 = - 0.24ZX_1 - 0.048ZX_2 - 0.139ZX_3 - 0.035ZX_4 - 0.0561ZX_5 + 0.093ZX_6 - 0.22ZX_7 + 0.347ZX_8 + 0.345ZX_9 + 0.024ZX_{10} + 0.154ZX_{11} + 0.282ZX_{12} + 0.277ZX_{13} + 0.061ZX_{14} - 0.37ZX_{15} - 0.376ZX_{16} + 0.122ZX_{17} + 0.004ZX_{18} - 0.061ZX_{19} - 0.138ZX_{20} - 0.273ZX_{21} + 0.085ZX_{22} + 0.079ZX_{23} - 0.062ZX_{24} + 0.097ZX_{25} + 0.133ZX_{26}$

$F_3 = - 0.126ZX_1 + 0.104ZX_2 - 0.123ZX_3 + 0.091ZX_4 - 0.16ZX_5 + 0.293ZX_6 + 0.495ZX_7 + 0.184ZX_8 + 0.184ZX_9 - 0.075ZX_{10} + 0.108ZX_{11} -$

$0.048ZX_{12} - 0.283ZX_{13} + 0.031ZX_{14} + 0.196ZX_{15} + 0.312ZX_{16} + 0.12ZX_{17} + 0.035ZX_{18} - 0.28ZX_{19} - 0.27ZX_{20} - 0.22ZX_{21} - 0.045ZX_{22} - 0.098ZX_{23} - 0.04ZX_{24} + 0.003ZX_{25} + 0.124ZX_{26}$

以每个主成分所对应的特征值占所提取主成分总的特征值之和的比例作为权重计算主成分综合模型：

$$F = \frac{\lambda_1}{\lambda_2 + \lambda_2 + \lambda_3}F_1 + \frac{\lambda_2}{\lambda_2 + \lambda_2 + \lambda_3}F_2 + \frac{\lambda_3}{\lambda_2 + \lambda_2 + \lambda_3}F_3$$
$$= 0.718F_1 + 0.172F_2 + 0.110F_3$$

根据主成分综合模型即可计算综合主成分值，并对其按综合主成分值进行排序，即可对各地区技术能力进行综合评价比较，结果见表 6.6。

表 6.6 各个地区技术能力综合主成分值

省份	年份	F_1	排名	F_2	排名	F_3	排名	F	排名
北京	2004	9.839	1	0.879	9	0.284	11	7.247	1
	2005	11.224	1	0.782	6	−0.163	15	8.176	1
	2006	12.292	1	0.672	10	0.063	20	8.948	1
	2007	13.621	1	1.416	8	0.566	19	10.085	1
	2008	15.006	1	1.920	9	0.414	20	11.150	1
天津	2004	3.151	3	1.836	5	−0.202	18	2.556	3
	2005	4.143	3	1.621	3	−0.099	14	3.243	3
	2006	5.553	3	2.437	2	0.191	17	4.427	3
	2007	6.587	3	2.469	5	1.246	7	5.291	3
	2008	7.453	3	2.407	6	1.823	2	5.966	3
河北	2004	−2.827	20	0.202	12	−0.722	24	−2.075	21
	2005	−2.206	17	0.204	11	−0.723	24	−1.628	18
	2006	−1.678	21	0.494	13	−0.461	24	−1.171	21
	2007	−1.266	20	1.058	11	−0.381	26	−0.769	21
	2008	−0.673	21	1.303	12	−0.095	23	−0.270	23

续表

省份	年份	F_1	排名	F_2	排名	F_3	排名	F	排名
山西	2004	−2.770	19	−0.281	15	1.043	4	−1.922	17
	2005	−2.434	20	−0.223	15	0.807	4	−1.698	20
	2006	−1.665	19	−0.545	16	1.671	2	−1.105	19
	2007	−0.971	17	−0.069	17	1.952	2	−0.494	20
	2008	−0.233	17	0.682	16	1.760	3	0.144	17
内蒙古	2004	−3.103	24	1.366	7	−0.195	17	−2.015	20
	2005	−2.643	25	1.564	4	−0.062	13	−1.635	19
	2006	−1.950	23	2.271	4	0.169	18	−0.991	17
	2007	−1.609	25	4.485	1	1.337	5	−0.237	16
	2008	−0.397	18	4.054	1	1.242	7	0.549	13
辽宁	2004	0.082	7	−0.994	19	0.897	6	−0.013	5
	2005	0.395	7	−1.390	22	1.178	3	0.174	7
	2006	0.790	8	0.061	15	0.127	19	0.591	7
	2007	1.641	7	0.164	15	1.197	8	1.338	7
	2008	2.525	8	0.834	15	1.157	8	2.083	7
吉林	2004	−1.905	13	1.547	6	−0.729	25	−1.182	11
	2005	−1.311	14	0.964	5	−0.265	19	−0.804	11
	2006	−0.651	14	1.021	8	0.337	14	−0.255	12
	2007	−0.107	14	1.719	7	0.840	16	0.311	11
	2008	0.381	13	2.298	7	0.789	16	0.756	12
黑龙江	2004	−2.025	15	0.484	11	−0.106	15	−1.382	12
	2005	−1.610	15	0.530	8	0.350	9	−1.026	13
	2006	−1.055	16	0.713	9	0.671	10	−0.561	15
	2007	−0.540	15	0.915	13	1.112	10	−0.108	13
	2008	−0.027	15	1.330	11	1.149	9	0.336	14

续表

省份	年份	F_1	排名	F_2	排名	F_3	排名	F	排名
上海	2004	5.658	2	0.946	8	0.202	12	4.248	2
	2005	7.019	2	0.153	13	−0.533	23	5.008	2
	2006	8.503	2	0.532	12	−0.762	25	6.113	2
	2007	10.275	2	1.299	9	−0.060	23	7.594	2
	2008	11.556	2	1.749	10	−0.117	24	8.585	2
江苏	2004	0.574	5	−2.430	28	−0.718	23	−0.085	6
	2005	1.728	5	−2.685	28	−0.925	27	0.677	5
	2006	3.015	5	−2.583	30	−0.884	27	1.623	5
	2007	3.978	5	−2.733	31	−0.586	27	2.322	5
	2008	5.468	5	−2.687	31	−1.209	27	3.331	5
浙江	2004	0.158	6	−1.473	24	−1.838	27	−0.342	7
	2005	1.347	6	−2.220	27	−2.036	28	0.362	6
	2006	2.731	6	−2.311	27	−1.763	28	1.370	6
	2007	3.581	6	−1.985	27	−1.824	28	2.029	6
	2008	4.942	6	−2.131	30	−1.680	28	2.997	6
安徽	2004	−2.961	22	−2.171	26	0.440	8	−2.451	26
	2005	−2.544	23	−2.088	26	0.286	10	−2.154	26
	2006	−1.733	22	−1.960	26	0.695	9	−1.505	26
	2007	−1.341	22	−2.156	28	1.131	9	−1.209	26
	2008	−0.599	20	−1.782	28	1.069	10	−0.619	26
福建	2004	−0.873	10	−0.951	17	−2.261	28	−1.039	10
	2005	−0.462	10	−1.213	21	−2.245	29	−0.788	10
	2006	0.389	9	−1.133	23	−1.839	29	−0.118	11
	2007	0.864	10	−0.692	22	−1.918	29	0.290	12
	2008	1.749	9	−0.463	24	−1.929	29	0.964	11

续表

省份	年份	F_1	排名	F_2	排名	F_3	排名	F	排名
江西	2004	−2.534	17	−2.760	29	1.159	2	−2.167	22
	2005	−2.254	19	−2.782	29	0.690	7	−2.021	24
	2006	−1.579	17	−2.445	28	0.750	8	−1.472	24
	2007	−0.980	18	−1.895	26	0.996	13	−0.920	24
	2008	−0.929	24	−0.082	21	1.637	6	−0.501	25
山东	2004	−0.793	9	−0.930	16	−0.360	21	−0.769	9
	2005	−0.051	8	−0.992	17	−0.399	22	−0.251	8
	2006	0.837	7	−0.615	17	−0.292	23	0.463	8
	2007	1.434	8	−0.367	19	−0.216	25	0.943	8
	2008	2.568	7	−0.214	23	−0.510	25	1.751	8
河南	2004	−3.047	23	−1.411	22	−0.146	16	−2.447	25
	2005	−2.442	21	−1.021	19	−0.324	20	−1.965	23
	2006	−1.677	20	−0.922	20	0.219	16	−1.338	23
	2007	−1.238	19	−0.187	18	0.341	21	−0.884	23
	2008	−0.537	19	0.437	17	0.597	18	−0.245	22
湖北	2004	−1.808	12	−1.037	20	0.350	10	−1.438	13
	2005	−1.148	12	−0.883	16	−0.021	12	−0.978	12
	2006	0.171	11	−0.729	19	0.666	11	0.071	10
	2007	0.675	11	−0.007	16	0.863	15	0.578	10
	2008	1.455	11	0.039	20	0.937	12	1.155	10
湖南	2004	−2.532	16	−1.631	25	1.091	3	−1.978	19
	2005	−1.807	16	−1.041	20	0.788	5	−1.390	17
	2006	−1.043	15	−1.105	22	1.257	4	−0.801	16
	2007	−0.598	16	−0.933	24	1.607	4	−0.413	18
	2008	−0.099	16	−1.247	26	1.643	5	−0.105	20

省份	年份	F_1	排名	F_2	排名	F_3	排名	F	排名
广东	2004	2.157	4	−1.419	23	−3.306	30	0.941	4
	2005	2.753	4	−1.622	24	−3.643	30	1.297	4
	2006	4.170	4	−1.559	24	−3.543	30	2.336	4
	2007	4.709	4	−1.773	25	−3.134	30	2.732	4
	2008	5.898	4	−1.933	29	−2.915	30	3.581	4
广西	2004	−2.702	18	−1.276	21	−0.334	19	−2.196	23
	2005	−2.232	18	−1.663	25	0.186	11	−1.868	22
	2006	−1.650	18	−0.696	18	0.340	13	−1.267	22
	2007	−1.725	26	−0.427	21	0.611	18	−1.245	27
	2008	−1.262	26	0.263	18	0.173	22	−0.841	27
海南	2004	−2.830	21	2.520	2	−3.054	29	−1.934	18
	2005	−2.521	22	0.396	9	−0.904	26	−1.842	21
	2006	−2.003	24	2.331	3	−0.772	26	−1.122	20
	2007	−1.512	23	3.387	3	0.101	22	−0.492	19
	2008	−0.906	23	3.573	4	−0.574	26	−0.099	19
重庆	2004	−1.917	14	−2.316	27	0.356	9	−1.736	16
	2005	−1.172	13	−2.833	30	0.650	8	−1.257	14
	2006	−0.134	12	−2.517	29	1.128	5	−0.405	13
	2007	−0.019	13	−2.200	29	1.656	3	−0.210	15
	2008	0.551	12	−1.708	27	1.656	4	0.284	15
四川	2004	−1.731	11	−3.222	31	0.847	7	−1.704	15
	2005	−1.090	11	−3.751	31	1.501	1	−1.263	15
	2006	−0.311	13	−2.848	31	1.442	3	−0.555	14
	2007	0.100	12	−2.204	30	1.322	6	−0.162	14
	2008	0.154	14	−0.887	25	0.692	17	0.034	18

续表

省份	年份	F_1	排名	F_2	排名	F_3	排名	F	排名
贵州	2004	−3.755	28	−0.978	18	−0.339	20	−2.902	30
	2005	−3.592	30	−0.996	18	−0.237	17	−2.776	30
	2006	−2.748	28	−1.606	25	0.912	6	−2.149	30
	2007	−2.752	30	−0.874	23	1.009	12	−2.016	30
	2008	−2.251	30	−0.138	22	0.827	15	−1.549	30
云南	2004	−3.832	29	0.595	10	−1.245	26	−2.786	29
	2005	−3.541	29	0.167	12	−0.728	25	−2.594	29
	2006	−2.891	30	0.571	11	−0.220	22	−2.001	29
	2007	−2.665	29	1.015	12	−0.094	24	−1.749	29
	2008	−2.163	29	1.187	13	0.295	21	−1.317	29
西藏	2004	−4.683	31	2.028	4	−4.684	31	−3.529	31
	2005	−4.381	31	1.988	2	−4.650	31	−3.315	31
	2006	−4.259	31	1.907	5	−4.098	31	−3.181	31
	2007	−3.604	31	2.524	4	−4.033	31	−2.597	31
	2008	−2.634	31	2.816	5	−3.744	31	−1.819	31
陕西	2004	−0.397	8	−2.930	30	2.110	1	−0.557	8
	2005	−0.283	9	−1.512	23	1.444	2	−0.304	9
	2006	0.361	10	−1.082	21	1.808	1	0.272	9
	2007	0.946	9	−0.419	20	2.032	1	0.831	9
	2008	1.671	10	0.133	18	2.402	1	1.486	9
甘肃	2004	−3.707	27	0.202	13	−0.540	22	−2.687	28
	2005	−3.159	27	0.019	14	−0.243	18	−2.292	27
	2006	−2.631	27	0.113	14	0.384	12	−1.827	28
	2007	−2.415	28	0.380	14	0.754	17	−1.586	28
	2008	−1.838	28	1.092	14	0.924	13	−1.030	28

续表

省份	年份	F_1	排名	F_2	排名	F_3	排名	F	排名
青海	2004	−3.678	26	0.193	14	0.025	14	−2.605	27
	2005	−3.462	28	0.220	10	0.759	6	−2.364	28
	2006	−2.789	29	1.445	6	0.774	7	−1.669	27
	2007	−2.194	27	2.170	6	1.028	11	−1.089	25
	2008	−1.270	27	3.633	3	0.542	19	−0.227	21
宁夏	2004	−3.946	30	2.436	3	0.107	13	−2.403	24
	2005	−3.084	26	0.755	7	−0.210	16	−2.107	25
	2006	−2.382	26	1.130	7	0.314	15	−1.481	25
	2007	−1.561	24	1.217	10	0.944	14	−0.808	22
	2008	−1.161	25	2.056	8	1.056	11	−0.364	24
新疆	2004	−3.262	25	3.390	1	0.973	5	−1.652	14
	2005	−2.584	24	3.140	1	−0.344	21	−1.353	16
	2006	−2.266	25	3.601	1	−0.101	22	−1.019	18
	2007	−1.332	21	3.690	2	0.500	20	−0.267	17
	2008	−0.690	22	3.830	2	0.919	14	0.264	16

注：F_1—第一主成分；F_2—第二主成分；F_3—第三主成分；F—综合主成分

6.2.2 区域要素禀赋与技术能力评价

这里需要对表格做出说明，某些地区的因子评价值为负数。因为在分析过程中，对数据进行了标准化处理，把各个评价指标的平均水平定为零，所以，因子得分为负数表示该地区的评价指标的水平在全体考察地区的平均水平之下。

1. 创新投入要素的数量因子

应该说，创新投入的质量维度对技术能力的促进作用更为明显，但在目前创新投入严重不足的情况下，首先是历史欠账的弥补，弥补短板，促使"木桶效应"的发挥,在创新投入大为增加的情况下,以创新投入的质量维度促使技术能力的飞跃。从表 6.6 可以看出,各个地区技术能力差距明显。科技投入是推动技术能力提升的重要动力,是区域创新主体创新活动的重要体现。从构成要素来看,科技活动投入主要包括两个方面,即资金要素和人力资本要素,特别是创新要素的数量维度是关键。对第一因子来讲,它主要衡量一个地区的创新要素数量投入。从这个意义上来讲,第一主成分 F_1 是一个地区技术能力提升的关键,是一个地区技术赶超的关键,尤其是对像中国这样投入驱动型国家而言,创新投入要素的数量起决定性作用,至少在目前,在创新投入质量维度严重不足的情况下,创新投入要素的数量是技术能力提升最为关键的驱动因子。但整体而言,目前中国创新投入要素的数量严重不足,技术创新的贡献非常有限。根据数据显示[1],当研发强度(研发投入占 GDP 的比重)不超过 1％时,技术研发处于使用技术的阶段;研发的强度在 1％到 2％之间时,技术研发就处于技术改进的阶段;而在研发强度超过 2％时,技术研发就处于技术创新的阶段。从目前世界范围来看,美国、日本等发达国家的研发投入占 GDP 的比重一般都在 2.5％以上,甚至达到 3％,科技进步对经济的贡献率多在 70％以上,对外技术的依存度大多保持在 30％以下。与之相比,目前中国对外技术依存度高达 50％,设备投资 60％以上依靠进口,科技进步的贡献率只有 39％左右。2004 年我国研发投入比例占到 GDP 总量的 1.23％,期间虽然一直在增加,到 2010 年增加到 1.76％,但仍然远低于发达国家的创新投入[2]。近年来虽然国家非常重视创新要素数量的增加,但目前也没有实现 2006 年《国家中长期科学和技术发展规划纲要(2006—2020 年)》规划的"到 2010 年,全社会研究开发投入占国内生产总值(GDP)的比重达到 2％"的战略目标。

从表 6.6 可以看出,各个地区都非常重视创新要素数量的增加,在近年来都加大投入力度,如北京、上海、天津、广东、江苏、浙江等地的创新投入在国内都居首位。2004 年,北京的科研经费投入在全国各省市中排名第一。《2004 年全国科

---

① 章轲:《中国研发占 GDP 比重远低于发达国家》,详见 http://www.yicai.com/news/2010/01/309624.html。
② 马京奎:《科技投入推动自主创新》,《2010 年全国科技经费投入统计公报》解读,详见 http://www.stats.gov.cn。

技经费投入统计公报》显示，科研与试验发展经费支出超过 100 亿元的省市有北京、江苏、广东、上海、山东、浙江、辽宁，北京遥遥领先，为 317.3 亿元，高出第二名的江苏省 100 亿元。分地区看，科学研究与试验发展经费支出地区相对集中，超过 100 亿元的北京、江苏、广东、上海、山东、浙江、辽宁等省市，共支出 1 278.2 亿元，占全国经费总支出的 65%。《2006 年全国及各地区科技进步统计检测报告》显示，北京、上海、天津等地科技进步环境、科技活动投入、科技活动产出、高新技术产业化方面都位居全国首位，是典型的第一梯队。这些地区的地方政府都非常重视创新投入，比如上海市"地方财政科技拨款占地方财政支出比重"在 2004 年仅为 2.82%，2005 年上升到 4.78%，增长幅度非常大，从全国的第四位上升到第一位。到 2008 年，全国研发经费总支出为 4 616 亿元，比上年增加 905.8 亿元，增长 24.4%；研发经费投入强度为 1.54%，比上年的 1.44% 有所提高。研发经费支出最多的是北京，高达 550 亿元，占 GDP 的比重达 5.25%，比排在第二位的上海市的 2.59%(355.4 亿元)高出近 200 亿元，比第三位的天津的 2.45%(155.7 亿元)高出近 400 亿元，且遥遥领先于其他地区。研发经费支出超过 300 亿元的有江苏、北京、广东、山东、上海和浙江 6 个省(市)，共支出 2 767.5 亿元，占全国经费总支出的 60%。研发经费投入强度(与地区生产总值之比)达到或超过全国水平的有北京、上海、天津、陕西、江苏和浙江 6 个省(市)，而这几个省份的技术能力参数都在前十位之内。

在人力资本投入方面，这些区域本来就拥有大量的科技人才、科研机构和高等院校，为技术赶超提供了雄厚的技术基础和先天优势。为了更快、更有效地实现后发赶超，加速人才聚集，这些区域出台了大量的优惠政策，力争引进各类高级人才；并且投入大量教育资金，扶持各类高校和科研机构，为快速技术赶超积蓄人才，提供后发赶超的动力。其中"万人研发科学家和工程师数"北京市在 2004 年到 2008 年一直是全国第一，上海和天津分别位居第二和第三。由于各级政府部门的引导和市场经济的引入，这些区域企业的创新意识普遍较高。在"社会化信息程度"指标上，北京、上海、天津在 2004 年到 2008 年度都分别位居前三位。在"百户居民彩电拥有量"方面上海居第一位，北京位居第二位，天津位居第三位；在

"万人国际互联网络用户数"和"百人固定电话和移动电话用户数"方面,北京市连续五年都位居第一位,上海五年都位居第二。在"企业研发经费支出相当于 GDP 比重"指标上,上海、北京、天津、广东、江苏等省仍位居全国前几位。

2. 创新投入要素的质量因子

区域技术能力的差异还表现在创新要素禀赋的质量维度方面,这可以从第三个因子——创新投入要素的质量因子上表现出来。在创新要素质量方面各区域差异较大,技术能力参数排在前列的北京、上海、天津、广东等差距明显,这几个地区在要素数量投入上历来是位居全国前列,但在要素质量投入方面却并不充裕,其结果是在 2004—2008 年,北京市要素质量因子依次位居全国第 11、15、20、19、20 位;上海也一直在 23 位左右徘徊,广东更为糟糕,一直保持在第 30 位;天津的情况稍微有所好转,一直保持着大踏步前进的状况,从 2004 年的第 18 位,上升到 2008 年的第 2 位。出人意料的是陕西、湖南、山西、重庆等省在 2004—2008 年间,创新投入的质量因子一直位居前几位,尤其是陕西省更是突出,除 2005 年排在第 2 位外,其他四年一直排在第一的位置。2008 年,排在前 5 位的依次是陕西、天津、山西、重庆和湖南。陕西省一直是我国重要的科技创新基地,早在 2005 年,陕西就拥有各类科研机构 1 061 所,其中省部级独立科研机构 97 所,国家级重点实验室 11 个、国家工程(技术)研究中心 13 个、国家认定企业技术中心 9 个、国家部门专业实验室和国防重点实验室 72 个、省级重点实验室 63 个、省级工程(技术)研究中心 60 个,企业技术中心 118 家;已建成科技企业孵化器 12 个,留学人员创业园 3 个,国家级大学科技园 3 个,国家级软件学院 3 所,拥有各类专业技术人员 110 万,其中两院院士 45 人,国家级有突出贡献中青年专家 68 人[①]。也正是这些高素质的创新平台和基础,使陕西的创新投入要素质量因子一直领先于其他省份。

山西、湖南本身创新基础较好,但经济发展有限,使得技术能力形成的数量投入非常有限,山西的创新投入要素数量因子一直在第 20 位左右徘徊,湖南也在第

---

① 详见《陕西省人民政府关于贯彻国家自主创新基础能力建设"十一五"规划的实施意见》。

15、16 位摆动,技术能力和创新投入数量因子同样在第 17 到 20 位之间徘徊。随着 2004 年国家中部崛起战略的实施,山西、湖南,包括江西等中部省份加大了创新投入的力度,但是受整体经济发展的制约,其创新投入的数量增长非常有限。由此,中部省份集中力量办大事,编制科技规划,引进高素质的科技人才、高起点地建设科技平台,优化创新环境,强化科技引导,使得这几个省份的创新投入质量有较大规模的提升;2004—2008 年间,其一直在前 5 位内浮动,起到了良好的促进作用。

值得一提的是重庆市,其要素质量之所以一直位居前列,重要原因在于重庆是国家大中型工业企业的集中地,也是国家重要的创新基地。重庆市现有各类专业技术人员 70 余万人,其中直接从事研究与开发的科技人员有 6 万多人,院士 10 人;中央在渝科研机构 16 个,国家级重点学科 17 个,博士后流动站、工作站 54 个;各类重点实验室 75 个,其中国家级重点实验室 2 个;各类工程技术研究中心 23 个,其中国家级工程技术研究中心 3 个,国家级企业技术中心 6 个。据《2010 年重庆科技统计公报》显示,重庆的综合科技进步水平从 2006 年开始仅次于陕西省,一直保持在西部第 2 位,在全国列第 12 位,这主要得益于"企业研发经费支出占产品销售收入比重"、"企业引进和消化吸收经费支出占产品销售收入比重"、"万名研发活动人员科技论文数"、"万人技术成果交易额"等指标多年来一直居前 5 位[1]。在研发投入方面,2006 年重庆市大中型工业企业共投入研发经费 26.51 亿元,比 2005 年增长了 23.33%,研发经费投入强度(研发经费占主营业务收入比重)为 1.12%;在人力资本投入方面,大中型工业企业科技活动人员达到 38 607 人,较 2005 年增长 14.9%,其中直接从事研发活动的人员折合全时当量 14 333 人,较 2005 年增长 6.0%,占全部科技活动人员比重为 37.1%[2]。也正是这些大中型工业企业的存在使得重庆技术能力投入要素的质量相对较高。从创新投入的要素数量因子来看,重庆从 2004 年开始一直在第 13 位徘徊,在全国处于中上

---

① 《2010 年重庆科技统计公报》,详见 http://wenku.baidu.com/view/b5852f150b4e767f5acfcece.html。
② 重庆市大中型工业企业研发投入持续较快增长,详见 http://www.stats.gov.cn/tjfx/dfxx/t20070816_402427052.htm。

游水平,但是也正是投入要素质量相对较高,使得重庆最终的技术能力因子高于全国平均水平。

3. 创新投入综合因子

创新投入是一个不可割裂的整体。在经济发展的贡献方面,很难说哪一个因素起决定性作用,两者必须达到科学的比例,才能使要素的效能得到最大程度的发挥。可以说,两者是一种耦合①协调的关系,它们相互影响、相互作用;两者的协调演进是技术能力提升的关键。

从表 6.6 来看,尽管创新投入要素的数量因子和质量因子排名各不相同,但总体而言,创新投入的综合因子与创新投入的数量因子排名大致保持一致。这归根结底在于目前的经济发展过程中,我国区域技术创新投入要素数量还比较低,还远远不能适应经济社会的发展,没有起到应有的作用,结果导致我国目前万人专业技术人员数量低下,各地规模以上工业企业和高技术产业全员劳动生产率不高。同时,创新投入要素的整体素质不高,没有形成要素数量与质量的协调演进发展,或者说没有形成良好的耦合协调关系。比如,上面分析的山西、湖南、江西、重庆等省,其投入要素质量因子排名比较靠前,但技术能力的综合排名靠后就是明证。

从表 6.6 也可以看出,中国区域技术能力差距明显。其中东部沿海地区技术能力普遍较高,西部地区技术能力相对较低。东部地区如北京、上海、天津、广东、浙江、江苏、辽宁、山东等地技术能力都高于全国平均水平,其原因就是相对而言这些区域要素的数量、质量和创新环境都显著优于中西部地区。在中西部地区比较突出当属陕西、四川和重庆,这三个省份的技术创新投入要素质量相对比较高,尤其是陕西,技术能力提升很快,这主要归功于陕西省高质量的要素禀赋投入。从表 6.6 看出,陕西省创新要素的质量和质量维度在全国都处于前列,远高于全国平均水平,尤其是创新要素的质量维度,一直在全国名列前茅,其对技术能力和

---

① 耦合原本作为物理学概念,是指两个系统或运动形式通过各种相互作用而彼此影响的现象。详见 Vefie Lingworth, *The penguin directionary of physics*. BeiJing, Foreign Language Press, 1996:92—93。

技术赶超的作用非常明显,使陕西省的技术能力远高于中西部其他省份。

6.3 技术能力对技术赶超门槛效应的测定

后发大国的技术赶超方式是随着该国技术能力而变化的,当技术能力参数较低时,应该采取模仿创新的技术赶超方式;当技术能力参数上升到一定的程度之后,可以采取合作创新的技术赶超方式;只有当技术能力上升的较高的程度时,才有可能实施自主创新的赶超方式。这样可以充分地节省研究开发投入,最大程度地利用现有创新要素禀赋实现技术赶超。这是第五章得出的核心结论之一,这个结论实际上界定了一个要素禀赋和技术能力的门槛效应。当后发大国和地区的要素禀赋和技术能力超出这个门槛后,才能凭借自己的要素禀赋和技术能力实现技术赶超。

Moschos(1989)最早提出门槛效应,他在研究出口扩张对经济增长的促进作用时,提出经济发展存在门槛效应,指出在经济发展水平未达到这个门槛时,出口扩张对经济增长的促进作用相对较小;一旦经济发展水平跨过了这个经济发展水平门槛,出口扩张对经济增长的促进作用将出现较大的飞跃。后发技术赶超面临着同样的门槛效应,当后发大国和地区拥有的要素禀赋和技术能力超越门槛之后,就获得了较高的自主创新能力,能够实现技术赶超,完成跨越式发展。但是这个发展门槛却并不明确,因此我们无法按照各个区域的技术能力与技术能力门槛相比较确定技术赶超情况。

为了有效地了解各个区域的技术能力状况,快速实现技术赶超,我们必须确定这个技术能力门槛,以明白究竟哪些区域已经跨越这个门槛,哪些还处于这个门槛之下,以便采取有效措施推动技术能力的培育和后发技术赶超,我们沿袭Moschos的思路,利用 Quandt(1958)提出的在非连续回归模型中寻找估计系数的关键拐点的方法来寻找这个技术能力水平的门槛。

6.3.1 技术能力门槛效应检验模型的描述

本部分利用我国经济数据对前述理论模型结论进行实证分析。我们面临的主要问题是本章刻画的后发技术赶超路径的经济系统。技术赶超在理论上是完美的、可行的,但是在现实中即使那些成功实现技术赶超的国家,如美国、日本、韩国等国家的经济运行系统也并没有位于其稳态增长路径上,对于中国这样经济转型的后发大国更是如此。尽管我们的理论模型给出了各类经济参数、变量对稳态经济增长率的影响作用,然而我们还必须利用现实经济数据对此进行检验。我们无法详细、真实地描述后发大国和地区技术赶超的作用机理,但是我们可以集中检验本书的核心假设和命题:后发大国和地区技术赶超取决于其拥有的要素禀赋和技术能力,当其拥有的技术能力跃过技术能力门槛之后,就可以采取自主创新加速实现技术赶超。

1. 检验模型的设定

要素禀赋通过技术能力作用于技术赶超,而技术赶超又是要素禀赋和技术能力共同作用的结果,这个过程的传导作用非常复杂。从前面技术能力测算过程可以看出,技术能力与要素禀赋的相互作用方式有很多途径,比如要素禀赋与技术能力或者单一作用于经济增长率,或者是交叉作用于经济增长率。其中,人力资本和研发的作用形式又有很多,但是不管怎么样的交互作用,技术能力都是要素禀赋聚合而成的一个复合变量,是创新要素数量和质量相互作用而形成的复杂变量。为了便于计算,我们剔除要素数量和要素质量维度与技术能力的再度相互作用,仅仅以要素数量和技术能力的单独作用的经济增长率来测定技术能力门槛[①]。

$$g_{it} = a_0 + a_1 H_{it} + a_2 L_{it} + a_3 F_{it} + a_4 \tag{6.20}$$

[①] 创新投入是一个整体概念,是不可割裂的,数量和质量是一个硬币的两个方面,是一个有机体。在经济发展的贡献方面,很难说哪一个因素起决定性作用,两者必须达到科学的比例,才能使要素的效能得到最大程度的发挥。但在目前创新投入数量有限的情况下,创新投入的数量的增加依然是技术能力提升的最为关键的因素,因此,这里以创新要素投入的数量来代替创新要素的要素禀赋,以达到理想的效果。

其中 g_{it} 表示 i 个省份 t 年经济增长率，H_{it} 表示 i 个省份第 t 年人力资本数量，L_{it} 表示 i 个省份第 t 年资本数量，F_{it} 表示 i 个省份第 t 年技术能力参数。具体的做法是：首先计算各省及自治区（以下简称为省）2004—2008 年各年的人均 GDP 值，根据这个均值把 31 个省份由小到大进行排队，然后根据式（6.20）加以改进，利用下面的回归方程进行回归：

$$g_{it} = a_0 + a_1 H_{it} + a_2 L_{it} + a_3 F_{it} + a_4 Dummy + a_5 \tag{6.21}$$

$Dummy$ 表示一个省份的技术能力是否已经超过了我们假设的技术能力门槛的虚拟变量，如果超过门槛，$Dummy$ 等于 1，如果未超过门槛，$Dummy$ 等于零。首先假设各省份最小的平均技术能力参数就是技术能力的门槛，这时所有的省份的 $Dummy$ 都等于 1，利用回归方程式（6.21）进行回归，假设倒数第二高的技术能力参数为发展门槛，这时技术能力最低的省份的 $Dummy$ 变为零，其他省份 $Dummy$ 仍然等于 1，再进行回归依此类推，直到找到 $Dummy$ 项最大的 T 检验值，这个 T 检验值相对的那个技术能力水平就是决定技术能力的门槛。

2. 对数据的说明

因为我国统计数据不够完善，特别是科技统计数据方面的缺陷，我们无法有效收集和计算连续多年各个地区的技术能力状况，我们便与前文一致，仅仅采用 2004—2008 年度的数据，值得说明的是，本次使用的省份数据，主要是为了让数据更具有可信性。在分析中，我们把来自 30 个省份连续 5 年的数据看成是同质的，不考虑时间和地域之间的区别，所以不使用面板数据（Panel Data）的回归方法[①]。

g_{it}——2004—2008 年度各个省份经济增长率，以各个省份 2004—2008 年度统计公报数据为主；

H_{it}——2004—2008 年度各个省份劳动就业数量；

L_{it}——2004—2008 年度各个省份年末实物资本存量。张军等（2004）的估算为后来的研究奠定了良好的基础。在此基础上，Zhang 和 Zhang（2003）把存货包含在内，对物质资本进行了重新估算，只不过张军等构造资本存量是以 1952 年以

---

① 这里参阅了何洁的计量处理方法。详见何洁于 2000 年发表在《世界经济》第 12 期上的文章《外国直接投资对中国工业部门外溢效应的进一步精确量化》，第 29—36 页。

来的时间序列,而 Zhang 和 Zhang 构造的时间序列则从 1978 年开始。由于资本存量仅代表潜在的而不是有效的生产投入,并且它的估计偏差随着最初年份和当前年份的时间间隔的扩大而减小,所以本书利用谢群和潘玉君(2011)的计算结果。谢群和潘玉君(2011)通过对比分析已有的研究文献,利用现有的资料与统计数据对永续存盘法估算每年实物资本存量所用到的几个指标:每年的投资流量、每年实物资本存量的折旧、每年投资流量的价格指数以及初始年份实物资本存量进行了详细的筛选与界定,并且对缺失的数据进行了研究与处理,利用永续存盘法对中国内地各省区 1952—2009 年的实物资本存量进行了估算。

F_{it} 代表 2004—2008 各个省份技术能力,具体数据见表 6.7。

表 6.7 区域经济增长要素、技术能力数据

省 份	年份	技术能力 F_{it}	省 份	年份	技术能力 F_{it}
	2004	7.247		2004	−1.922
	2005	8.176		2005	−1.698
北京	2006	8.948	山西	2006	−1.105
	2007	10.085		2007	−0.494
	2008	11.150		2008	0.144
	2004	2.556		2004	−2.015
	2005	3.243		2005	−1.635
天津	2006	4.427	内蒙古	2006	−0.991
	2007	5.291		2007	−0.237
	2008	5.966		2008	0.549
	2004	−2.075		2004	−0.013
	2005	−1.628		2005	0.174
河北	2006	−1.171	辽宁	2006	0.591
	2007	−0.769		2007	1.338
	2008	−0.270		2008	2.083

省　份	年份	技术能力 F_{it}	省　份	年份	技术能力 F_{it}
吉林	2004	-1.182	安徽	2004	-2.451
	2005	-0.804		2005	-2.154
	2006	-0.255		2006	-1.505
	2007	0.311		2007	-1.209
	2008	0.756		2008	-0.619
黑龙江	2004	-1.382	福建	2004	-1.039
	2005	-1.026		2005	-0.788
	2006	-0.561		2006	-0.118
	2007	-0.108		2007	0.290
	2008	0.336		2008	0.964
上海	2004	4.248	江西	2004	-2.167
	2005	5.008		2005	-2.021
	2006	6.113		2006	-1.472
	2007	7.594		2007	-0.920
	2008	8.585		2008	-0.501
江苏	2004	-0.085	山东	2004	-0.769
	2005	0.677		2005	-0.251
	2006	1.623		2006	0.463
	2007	2.322		2007	0.943
	2008	3.331		2008	1.751
浙江	2004	-0.342	河南	2004	-2.447
	2005	0.362		2005	-1.965
	2006	1.370		2006	-1.338
	2007	2.029		2007	-0.884
	2008	2.997		2008	-0.245

续表

省　份	年份	技术能力 F_{it}	省　份	年份	技术能力 F_{it}
湖北	2004	−1.438	重庆	2004	−1.736
	2005	−0.978		2005	−1.257
	2006	0.071		2006	−0.405
	2007	0.578		2007	−0.210
	2008	1.155		2008	0.284
湖南	2004	−1.978	四川	2004	−1.704
	2005	−1.390		2005	−1.263
	2006	−0.801		2006	−0.555
	2007	−0.413		2007	−0.162
	2008	−0.105		2008	0.034
广东	2004	0.941	贵州	2004	−2.902
	2005	1.297		2005	−2.776
	2006	2.336		2006	−2.149
	2007	2.732		2007	−2.016
	2008	3.581		2008	−1.549
广西	2004	−2.196	云南	2004	−2.786
	2005	−1.868		2005	−2.594
	2006	−1.267		2006	−2.001
	2007	−1.245		2007	−1.749
	2008	−0.841		2008	−1.317
海南	2004	−1.934	西藏	2004	−3.529
	2005	−1.842		2005	−3.315
	2006	−1.122		2006	−3.181
	2007	−0.492		2007	−2.597
	2008	−0.099		2008	−1.819

续表

省　份	年份	技术能力 F_{it}	省　份	年份	技术能力 F_{it}
陕西	2004	−0.557	青海	2007	−1.089
	2005	−0.304		2008	−0.227
	2006	0.272	宁夏	2004	−2.403
	2007	0.831		2005	−2.107
	2008	1.486		2006	−1.481
甘肃	2004	−2.687		2007	−0.808
	2005	−2.292		2008	−0.364
	2006	−1.827	新疆	2004	−1.652
	2007	−1.586		2005	−1.353
	2008	−1.030		2006	−1.019
青海	2004	−2.605		2007	−0.267
	2005	−2.364		2008	0.264
	2006	−1.669			

注：需要说明的是，2006 年《中国经济统计年鉴》上缺乏各省就业人数数据，本书组查阅了各省的当年国民经济社会发展统计公报的数据，但发现，2007—2008 年各省的当年国民经济社会统计公报的数据与当年《中国经济统计年鉴》的数据不一致，因此采用 2005 与 2007 年的平均数作为 2006 年各省份的劳动就业人数。

资料来源：《中国经济统计年鉴》(2004—2008)。

6.3.2　技术能力门槛效应的量化结果

按照上述方法，针对各省区 150 组数据，我们利用方程式(6.26)需要进行 30 次回归检验。经过逐次的计量回归发现：西藏、云南、贵州、海南、青海、甘肃和宁夏 7 个省份是处于技术能力门槛之下的，其他的省份都已经越过技术能力门槛，已经具备合作创新和自主创新的能力。如果按照这种方法，对剩下的 24 个省份进行重复性逐次回归发现，北京、上海、天津、广东、江苏和浙江 6 个省份越过了第二个技术能力门槛,具备了自主创新的能力。其他 18 个省份处于两个门槛效应之间,具备了合作创新的能力。

　　上述测算方法不一定非常精确,其原因在于技术能力衡量指标体系的选择还存在着较大的争议,还有计量回归方法使用过程中数据数量过少也影响着计算结果的精确程度。因此,得出的结论也存在着一定的争议,但是它给出了一种技术能力门槛效应的测算思路。我们不去深究那些已经跨越过技术能力门槛效应地区技术能力对技术赶超效应到底有多大,我们只是粗浅地对中国各个区域进行分类,初步确定各个区域应该采取的技术赶超方式。按照上述测算结果,我们得出本书又一个重要结论。

　　中国区域技术赶超过程存在着技术能力门槛效应,其中西藏、云南、贵州、海南、青海、甘肃和宁夏 7 个省份还没有跨越技术能力门槛,这些区域主要应该采取模仿创新进行技术赶超,北京、上海、天津、广东、江苏和浙江六个省份越过了第二个技术能力门槛,具备了自主创新的能力。其他 18 个省份处于两个门槛效应之间,具备了合作创新的能力。

第 7 章

要素禀赋、技术能力与后发大国技术赶超的国际比较

根据前文的结论,我们知道,后发大国技术赶超的关键是培育自己的技术能力,提升自己的要素禀赋。与之相对应的则是后发大国采取某一种技术赶超方式时要基于自己的要素禀赋和技术能力,结合自己的实际情况,不断采用各种创新策略,改进生产工艺,在设计、生产、销售和管理等环节,以提高技术水平,提升竞争能力。技术赶超的核心就是将创新要素进行整合,充分发挥创新要素的数量和质量两个维度的作用,通过要素禀赋的整合达到提升自己技术能力的结果,从而实现后发大国某些产业或某些典型企业技术水平的提升。

本章从经济史学的角度来考察世界范围内后发大国通过整合要素禀赋、提升技术能力以实现技术赶超的案例和实践,以其为中国实现后发技术赶超提供借鉴。由于世界经济史就是一个后发经济不断赶超的历史,我们选择成功实现赶超的后发大国日本和韩国,考察其技术赶超的历史,以探索后发大国技术赶超过程真谛所在。

7.1 日本技术赶超的实践

日本在二战后成功地实现了经济高速增长和产业结构调整,从而跃居世界第二经济大国的地位。在这一发展过程发挥作用的诸多要素中,技术进步与创新无

疑是最为重要的要素,它成为经济高速增长的最大的推动力。在积极消化、吸收、引进的国外先进技术的基础上,日本大力推进本国的技术开发与创新,使其制造业的技术水平得以迅速提升,实现了产品的高质量、低成本,并在新产品的开发上不断取得成功。这种技术进步与创新推动了技术水平的不断提升,导致经济发展水平的高速增长,而经济的高速增长反过来又进一步促进技术水平和技术能力的不断提升。日本经济的成功经验之一就是形成了这种良性的循环。本节将围绕日本从模仿创新到自主创新的技术赶超机制进行详细探讨,以揭示日本实现技术赶超和经济高速发展的关键所在。

7.1.1 模仿创新成为日本战后技术赶超的主要方式

二战后,日本的经济体系遭受到沉重的打击。原有工业固定资产破坏严重,原材料及粮食进口的渠道被切断,失业率和通货膨胀率都很高,社会再生产秩序混乱。因此,当时经济发展的首要任务是恢复和稳定经济秩序。这一阶段日本的产业政策是具有弹性的,能够迅速及时地根据国际经济形势和国内经济环境的变化而做出调整。除了扶持经济发展的基础产业比如钢铁和能源之外,日本政府将工作的重点转移到技术创新方面。考虑到日本当时各项创新投入都严重不足的现实,日本政府采取低成本的技术赶超战略,采取模仿创新的策略实现技术赶超。在积极引进欧美国家先进技术的过程中,培育自己的要素禀赋和技术能力,并在此基础上加以消化吸收,从而在短时期内迅速地提升了本国的技术水平,实现了经济的高速增长。

1. 日本技术模仿创新的背景

历届日本政府都非常重视技术能力的培育,实际上日本二战前的科学技术水平已经达到了与欧美国家大致相同的水平,但由于战争使得其与国外的技术交流中断而停滞不前,二战后日本在科学技术水平上与欧美发达国家相比出现了巨大的差距。因此,在二战后为了更快地赶超发达国家,日本政府积极引进发达国家的先进技术来弥补这种差距,使本国的科学技术迅速赶上国际先进水平。

日本技术模仿创新得以顺利展开的原因来自以下两个方面:第一是拥有一定的技术能力,使企业有能力、有条件迅速引进发达国家的技术并能消化吸收;第二是积极有效的政府干预,为企业创造了模仿创新的有利条件,为实现技术赶超提供了保证。

(1)技术能力的基础作用。后发国家要想充分利用发达国家的现有技术而发挥其后发优势,是有一定的条件的:需要有充足的要素禀赋与之相对应,保证有充足的资金和大量的人力资本,保证拥有的技术能力能够支撑后发国家充分地消化吸收发达国家的先进技术。日本政府在这方面一直做得很好。其一,日本重视教育,注重人力资源的开发。教育投资的多寡是一个国家教育政策的根本体现,是这个国家对教育重视程度的根本标志。正因为日本特别重视教育,因此也特别重视教育投资。二战后日本教育经费的增长速度是惊人的。从 1970—1982 年,日本的公共教育经费平均每年增长 15.8%,公共教育费在国民收入中所占的比例,从 1970 年的 4.7% 上升到 1982 年的 7.2%。从国际比较的角度看,这个比率与美国不相上下,略低于英国的 7.5%,高于法国和联邦德国。正是大量的教育投入使得日本拥有模仿创新和技术赶超的人力资本基础。其二,日本重视研发投入。根据日本总务厅统计局《科学技术研究调查报告》数据显示,1975 年日本的研发经费为 3 兆日元,1989 年达到 11.8 兆日元,每年平稳增长。从 1975 年到 1989 年不足 15 年间,日本研发经费增长了 4 倍,平均每年增长 21%,其占 GDP 的比重逐年提高,从 1975 年以来的数据分析,日本研发经费高于当年 GDP 增长是一条刚性原则。与西方发达国家相比,研发经费在 1975 年与德国、英国、法国大体相同,约为 2 至 3 兆日元,但从 1979 年开始,日本与德国、英国、法国三国明显拉开了差距。1995 年,日本研发经费是英国的 3.2 倍,是德国的 1.76 倍,是法国的 5.9 倍。大量的投入使得日本的技术能力得到飞速发展,使引进的技术得到了充分有效的利用,进而也推动了其自身的技术创新能力的进一步提高。

(2)政府积极有效的干预。为了更快地培育自己的技术能力,日本政府对于模仿创新出台了许多优惠措施,鼓励企业大力引进技术,有效地消化吸收。随着技术能力的不断演进,日本政府有关技术引进的政策选择也随经济环境的变化而及时进行了调整,20 世纪 50 年代其重点是进口替代或出口创汇型产业、关系国计民生的重要产业、生活必需品产业、公用事业等。进入 60 年代的经济高度成长期,其政策选择则侧重于以下几个方面:第一,有利于本国技术的发展;第二,维持现有的产业秩序;第三,有利于中小企业的发展;第四,引进技术的企业是否具有技术资金以及实现商品化的能力①。同时,为了更好地提升自己的技术能力,日本实施优惠的税收政策,如对于引进重要技术的企业降低其企业所得税率、对于引进日本国内不能制造的具有高新技术的产业机械免除进口关税,等等。此外,其他一些经济政策也间接地对技术引进产生了重大影响。例如,以促进设备投资为目的的各种税收优惠政策,以及政府金融机构的低息贷款,在促进设备投资的同时也促进了技术引进。促进经济增长的宏观经济政策,扩大了国内需求,也间接地起到了促进技术引进的作用。总之,技术引进的顺利进行得益于有利的政策环境。

2. 日本技术模仿创新的实践

（1）直接的、全方位的技术引进。技术模仿创新过程是一个动态的学习过程和融合过程。与欧美国家技术经济发展上的巨大差距以及生存竞争的严峻环境,使日本历史性地选择了把引进作为创新的起点,以降低追赶成本和加快自身的发展脚步。尽管经济发展的后进性及其与他国的技术经济差距,使日本在工业化起步及第二次世界大战后恢复时期的经济活动处于低水平,但是日本却成功地利用了这一点,孜孜不倦地学习一切能够学习的先进科技知识,把握一切可以利用的引进机会,在广泛汲取民族发展营养的同时促进自身的成长。例如,在工业化早期,它尽可能聘用各种掌握一定科学技术知识的在日外籍人员,利用一切能够得到的科技书籍从事发明与创新。在第二次世界大战后的赶超期间,日本为规避风险,节省费用和节约时间,又积极推行以引进国外先进技术为基础的吸收型科技发展战略,将发展之初的劣势成功地转化为后发优势。可见,利用科技发展的国际传递特点,尽可能以全人类创造的科技知识武装自己,实行开放式发展,乃是一

---

① 杨林:《日本技术创新机制与经济增长》,见 http://web.cenet.org.cn/upfile/84512.pdf。

个经济体迅速崛起的关键。

技术引进过程并不只是一个简单的资源转移过程,而是对创新要素和创新资源的一个整合过程。对于具体的部门来说,既包括它所拥有的各种资源,也包括使用这些资源的方式。基于技术创新活动的不确定性及其创新所要求的经济技术条件实施技术引进,是许多国家的制造业部门在权衡成本—收益后所做的一种必然选择。日本政府在技术引进方面始终是与自身技术能力运用并行不悖的。原有的技术基础和对新技术的驾驭能力,使日本在二战后采取了多样化的技术引进运行模式。在自身的消化与吸收能力允许的前提下,日本根据各部门的实际需要,多通道实行引进。例如,二战后初期日本对工业技术的引进,既包括了日本二战前已建立起来的钢铁、造船、电机等产业技术,也包括欧美二战前已发展的汽车、家电行业的技术;有当时欧美应用成功的电子工业、高分子合成材料、原子能工业的最新技术;更有虽已完成实验但尚未在生产中应用,或还未实现商业化的技术。正是技术引进上的这种广揽博收、博采众长,才使日本在尽可能短的时间内,以最低的成本奠定完整的新技术基础成为可能。在 1950—1975 年的 25 年里,它通过引进吸收了全球半个世纪开发的先进技术,而支付的外汇总额不到 60 亿美元。据日本自己测算,这种做法使其节约了 2/3 的时间和 9/10 的研究开发费用。结果使它在 20 世纪 60 年代与西方国家的科技差距缩短到 10—15 年,70年代大部分制造业部门的技术水平已接近欧美发达国家,到 80 年代其工业技术水平在国际市场已处领先地位。

（2）多形式的技术引进网络。为了获取技术创新能力,日本采取了大量的、多种多样的模仿创新模式。比如,让研究人员积极参与国际上的学术会议,通过教授保持与大学的联系以及派遣人员去海外留学[1],在国外大学内建立新实验室等[2]。Roussel 等(1991)的研究发现,在麻省理工学院,企业赞助的教授讲座中的 1/3 以上是由日本公司提供资金的。Nakatani(1990)令人信服地证明,日本企业

---

[1] 见 Aoki(1988)，De Woot(1990)，Giersch(1992)，Hedlund 和 Nonaka(1991)，Nester(1990)，Anderson(1991)等人的研究。

[2] Kenney 和 Florida(1993，60)，Westney(1990；1992)等人对日本在国外大学建立实验室有详细的研究和统计。

的技术创新是一个横向和纵向结合的庞大的网络,这个网络更能促进和鼓励各成员企业积极地引进先进技术、消化并吸收先进技术。同时,日本的政府也对之进行了大量的政策倾斜,这在日本的专利法律体系可以看出,因此,Spero(1990)称日本的专利法律体系更加注重分享技术而不是保护技术,这种技术分享模式为其他企业有效地消化吸收先进技术提供了良好的平台。

　　日本的技术模仿创新网络非常庞大。首先,在微观层面上,企业经常交流工程技术人员。这种开放性的交流使企业的工程技术人员系统的、密切的合作成为可能,这样做有利于提高产品的开发效率,缩短研发时间,又有利于较快地掌握发达国家的先进技术。比如住友集团内 NEC 的一个开发部有 3 500 名工程技术人员,其中有 700 人是来自属于 NEC 的垂直供应商系统而非 NEC 自己的雇员;在马自达公司开发 Miata 车型时,研发小组内有 50% 供应商企业派来的"客座工程技术人员"。其次,超越专业化的创新。母公司通常是其附属子公司技术进步的主要后援,它提供专门工程技能及多种形式的技术支撑,并低价出售或租赁生产设备,这给附属企业的技术研发提供了坚强的支持。同时,日本企业的技术人员经常转换职业,在日立,索尼和佳能这种大企业工作的人员实际上不可能只专于一个行当,索尼木原研究中心是 1988 年索尼公司同 Kihara 博士共建的合资企业,该研究中心只保留 30 人左右的少量研究人员,没有官僚主义作风,鼓励培养起了发明和进步的气氛。最后,日本企业还组建了庞大的外部合作创新网络,与大学联系,派更多技术人员到大学从事与企业业务有关的研究工作,建立海外研究开发设施,与其他企业组建技术研发的战略联盟。也正是合作网络的存在,使日本在二战后迅速实现了技术上跨越式发展。在 20 世纪 70 年代中期,日本就赶上甚至有些领域已超过世界先进水平,在钢铁、汽车、电子技术、家电等工业部门均处世界领先地位。同时,这种模仿创新有力地促进了日本的经济增长。1961—1970年,日本劳动生产率年平均增长速度为 11.1%,而同期美国仅为 3.1%,英国3.2%。日本只用了 20 多年就完成了欧美几十年才完成的现代工业体系建设。"日本化"的技术是集各国技术优势于一身,通过模仿创新网络,引进消化吸收,加以创新,变成日本技术。

正是这种广泛有效的技术引进及早日实现赶超欧美的目标,使日本在引进中不仅了解到相关产业部门的世界最新技术动向,而且也通过比较了解了世界先进技术国家同类技术的不同特点,以及该技术研制中对所遇问题的解决过程。这对日本准确地选择自身所需的新技术,确定本国技术创新的切入点有着极为重要的帮助。因此成为后起国家的日本,不仅能在钢铁、造船、汽车等传统制造业领域获得强大的国家竞争力,而且能在短时间内在半导体、机器人、集成电路等高端领域取得突破性业绩。通过技术引进,使得日本的制造业企业开阔了国际视野,锻炼了对现实中的先进技术乃至潜在技术产业化前景的准确判断,从而能在本国制造业的技术创新中,尽可能地避免重复研发和少走弯路,直接向世界水平的关键技术发起冲击。

7.1.2 自主创新不足导致的经济低迷

基于模仿创新而导致的技术突破使日本经济得到迅速的发展。然而,20 世纪 90 年代以后,日本经济一落千丈,从此进入经济低迷期。具有代表性的瑞士 IMD 竞争力指标表明,1993 年日本在综合竞争力排行榜上失去了连续五年拥有的桂冠而下降到第二名,在 2002 年下降到了第 26 位,到 2003 年倒退至第 30 位。日本经济 2002 年的经济增长率为 0.75%,而 2003 年的增长率为−1%,根据日本信金中央金库的计算,2002 年到 2006 年的 5 年间,日本的平均增长率只有 1%。这种令人沮丧的现实让人百思不解,虽然有关探讨性的论著不断发表,但至今尚缺乏具有说服力的解释。按照技术能力演变理论可知,技术能力的演进必须伴随着技术赶超方式的演进,如果不能有效地、适时地在技术能力得到提升之后改变技术赶超方式,就有可能制约经济的进一步发展。日本 20 世纪 90 年代末期及 21 世纪初期的经济表现就有力地支持了这一观点。

一个国家或者一个企业技术赶超方式与其拥有的要素禀赋和技术能力密切相关。模仿创新这种赶超方式以较低的成本获得了经济赶超的关键技术,但赶超方式对其拥有的要素禀赋和技术能力的要求都不是很高。从技术能力的视角来看,技术赶超的过程实质上一个不断学习的过程,无论"用中学"或者"干中学"都需要要素禀赋和技术能力的积累,模仿创新多是小的创新,大量的小创新可以使创新意识、文化、能力得到积累,当模仿创新的技术能力达到一定程度以后,自主创新所需要的能力才能出现。有时虽然一国采取"举国战略"集中财力到某些认为重要的关键技术战略上,并取得了某项技术的突破,但如果缺少国家整体技术创新能力的衔接,这种突破往往只具有政治意义。

在二战后,日本的经济遭到了严重的破坏,但是日本自明治维新之后就非常注重教育和企业管理水平的提高,使日本具备了技术进步的基础,通过大规模的技术合作创新,导致经济跨越式地发展。技术水平的提高使要素的禀赋得到进一步提高,进一步促进了技术能力的提升。在模仿创新的同时,历届日本政府都比较重视人力资本投资,在教育方面投入大量的资金;在企业文化建设方面,充分利用儒家文化并不断创新,崇尚团队精神——这些使企业的技术基础、人力资本和管理能力等都有一个很大的飞跃,使日本企业具备了自主创新所需要的要素禀赋和技术能力。但是日本政府并没有意识到要素禀赋飞跃导致技术能力的大规模的提高,没有意识到其赶超方式应该随着技术能力的提高而改变,从而使日本政府和企业的技术赶超方式具有一定的路径依赖性。企业能否跃升到自主创新不仅需要具备一定的要素禀赋和技术能力,还需要国家的宏观战略引导。日本也正好缺乏赶超方式转变的宏观战略引导,使技术赶超战略仍然停留在以模仿创新为主的较低级的技术赶超方式上。这种赶超方式长期坚持的结果表现在战略导向的失误,而战略导向上的失误往往会给一个经济体带来毁灭性的危机或长期的停滞不前。比如,拉美国家的战略失误使其经济发展至今仍然徘徊不前。

随着日本要素禀赋的充裕和技术能力的提高,日本的资本得到大规模积累,技术水平十分接近先进国家水平,技术差距越来越小,可供模仿的成熟技术大幅减少,模仿创新的空间越来越小,并且成本也越来越高,经济进一步增长的能力和速度在战略导向的失误下无法再有大的提高,经济发展赖以存在的技术能力动力不足,使得日本企业无法再有更大的发展空间。政府在自主创新方面引导作用的不明显,加剧了日本经济的低迷,经济的低迷影响到日本的各个方面,使得日本经济陷入一种迷茫和低迷时期。

7.1.3　自主创新力度的加强促使日本经济的第二次腾飞

20 世纪末期的经济低迷,使日本政府意识到了自己危机的根源,认识到"模仿型"技术赶超战略越来越不适应自身要素禀赋和目前国家的技术能力,也不适应突飞猛进的科技发展和激烈的国际竞争的需要,便开始致力于应用基础科学的研究,着力于"推出具有能创性的科学技术研究",从"模仿创新"时代转向"首创和领先"时代。一般来说基础研究多是由国家进行,而企业主要是进行应用研究的。日本在泡沫经济破裂后,削减了许多对投资效率不好的基础研究,使得经济技术进步的基础日益丧失,日本企业最得意的应用研究和制造技术的优势也日益丧失。如果不从基础研究入手,就不可能产生富有竞争力的技术和产品。面对信息通信、生物工程等领域的基础研究成果直接与未来的市场相连接的趋势,日本企业看清了基础研究和应用研究的界线日益模糊,也看到技术创新方式僵化导致的严重后果,便纷纷加大对基础研究的投入,加大自主创新的力度。

20 世纪 90 年代以来,日本政府为了摆脱经济陷入长期不景气的状态,采取各种措施,高度重视和进一步加强了高新科技领域的创新活动,以培育自己的技术能力为根本出发点,主要表现为以下几个方面。

第一,强调"独创"。一方面,政府先后制定《科学技术基本法》(1995 年)、《科学技术基本计划》(1996 年),其后又实施了一系列高技术计划及有关的方针和政策;另一方面,科技厅和通产省共同提出了新的战略口号——"创造科学技术立国",1993 年,通产省制定了"产业科学技术研究开发制度"。"创造科学技术"、"产业科学技术"这两个新概念的使用表明日本技术创新活动又提升了一个台阶,即技术创新已经向纵深方向发展。这一系列的活动表明,日本在技术创新方面强调"独创"、"创造",始终围绕着"创出新产业"进行。关于这一点,日本政府在列举制定《科学技术基本法》的理由时说得非常清楚:"在科学技术上,我国结束了所谓的赶超时代……今后,必须向未知的科学技术领域挑战,最大限度地发挥创造性,开拓未来……为开拓光明的未来,必须开发具有独创性的科学技术,并以此创出新产业。"《科学技术基本计划》规定的"推进研究开发的基本方向"也明确表示,日本将技术置于优先地位,而对于纯科学的研究则被放在其次。该计划列出的日本推进研究开发的基本方向及重点包括:(1)物质和材料系科学技术;(2)信息电子系科学技术;(3)生命科学;(4)软科学;(5)尖端性基础科学技术;(6)宇宙科学技术;(7)海洋科学技术;(8)地球科学技术。日本将这些高技术、大科学称为"基础性、先导性科学技术"。其最重点的领域是物质材料、信息电子、生命科学及宇宙开发等四大科学技术,物质材料是所有科学技术的基础,因此被置于首位。

第二,政府采取分类措施,加大自主创新赶超策略的扶持力度。日本政府一方面采取了一系列有战略意义的政策导向,另一方面在政策上大力扶植民间的自主研究开发。在日本,政府支出的研究开发经费中支付给民间企业的只是极少一部分,大部分是支付给研究机构及国立和公立大学,其比例分别为54%和42%,而支付给企业的只有约4%(1994年例)。但需要说明的是,作为政府研究费的主要使用主体是研究机构(包括政府研究机构和民营研究机构)。政府研究机构又由国营研究机构、地方及公共团体的公营研究机构和特殊法人研究机构构成,其中的特殊法人,作为政府与产业的连接点,重点是基础研究、高级技术以及和公益事业相关的技术开发。因此,日本政府研究开发支出对民间的研究开发活动具有很强的补充作用,而且还对民间部门研究开发在政策上进行大力扶植,如实行税制优惠措施、研发补贴与委托费低息融资等。

第三,改革研究开发机构,促进创新主体的有效竞争。日本的研究开发体制由政府科研机构、大学和民间企业研究开发机构组成。基本分工是:大学从事科学研究或者说基础研究,政府各部门所属国立研究所主要从事应用研究和发展研究,企业的研究开发机构主要进行发展研究。由于一般产业技术已达到了世界先进水平并考虑到技术创新的需要,20世纪80年代以来,日本开始对研究开发体制作相应的改革,通过引进竞争机制,激发研究人员的积极性和创造性。科技厅首先实行了所谓的"流动性研究开发制度",以求打破原有科研组织的封闭性和僵硬性,激发研究人员的主观能动性和创造性。在引进外部科研人才方面,日本从80年代起,就开始有选择地聘用外国年轻的优秀科学家。政府在90年代也制定法律,允许国内大学教授和国立科研机构的科学家相互流动,大学聘请民间企业的科学家做教员,大学教授到民间企业兼职。此外,日本还加大技术转化力度。日本政府认为,要实现自主创新战略,很关键的一点是民间企业必须掌握高新技术,将之转化为现实的生产力。因此,日本政府千方百计采取各种有力措施,加强对民间企业的技术转让,如通过设立专门机构,进一步密切同企业的关系,使技术转让得以更顺利地进行等。"产官学"结合曾是日本在工业技术上通过引进、吸收、改良和发展等方式赶超欧美国家的成功模式。在 90 年代,这一方式仍然成为日本推进技术创新的重要手段。目前,日本的大部分国家级高新科学技术的研究开发计划和项目,仍然采用上述"三结合"的联合攻关方式。

第四,构筑企业自主创新的技术能力。从政策上引导企业成为创新主体,使企业在政府的宏观引导下能够自发地提升要素禀赋和技术能力。在研发投入方面,企业成为市场的主体。相对政府而言,企业更知道市场的导向,更能把握市场的脉搏。政府负担的研发费用越低,企业自主创新能力培育的投入就越高,因此企业的研发投入往往更具有指导性。从国际比较来看,研发费中政府负担最高的是法国,为 44.3%,德国次之为 37.8%,美国是 35.%,英国是 32.3%,日本最低仅为 21.5%。这说明日本研发费用中的大部分是由企业来负担的,这种以企业为主导的研发投入模式更有助于企业技术能力的形成。在人力资本方面,日本科研人员分布在民间企业的比重较大。企业为了抢占市场,谋求发展,除投入大量的费用进行研发外,还不惜花巨资大力吸收、引进科研人员。在创新环境方面,政府鼓励企业通过研发和技术引进来降低生产费用和开发新产品,以改善产品的供给条件和需求条件。在市场经济中,有效的竞争是资源有效配置的必要条件。日本企业承担了研发投资的主要部分,在技术创新竞争中表现出较大的积极性。制造业研发费用占销售额的比重在 1976 年为 1.64%,1984 年上升为 2.34%,1992年达历史最高,为 3.52%。在技术赶超方式选择方面,日本企业在竞争中寻求合作,进行共同研究开发,甚至成立技术研究组合,以增加研发的成功率,减少自己的风险,弥补自己技术的不全面性。并且合作方式也多种多样,从企业间单纯地交换技术信息,到企业筹集资本、人力,设立具体组织而进行的共同研究开发。这样可以加速技术信息的转移,有效地分配研发的资源,克服研发规模的限制,从而促进技术创新的发展。

通过日本政府全方位的努力,日本企业拥有的要素禀赋和技术能力得到不断的提升,并在政府的引导下,日本政府的技术赶超方式由模仿创新逐渐向自主创新演变,其结果是日本经济景气持续增长,自 2002 年 2 月以来,这种经济景气增长的时间已经持续了 58 个月,接近于 5 年,经济复苏连续性直逼 20 世纪 60 年代末至 70 年代初"伊奘诺景气"①时期 57 个月的历史纪录。最新资料显示,2005 年日本 GDP 增长高达 2.8%,在 G7 所有国家中表现仅次于美国,而 2005 年第四季度日本 GDP 增长更是急升至 4.2%,甚至领先于同期的美国。

综上所述,日本之所以能够取得今天的科技成就,核心经验是在前 50 年采取大规模的技术引进和以消化吸收为基础的二次创新。在技术引进过程中,日本人始终朝着培育自己的要素禀赋和技术能力的目标发展,通过消化吸收引进技术,然后逐步形成自己的技术能力。引进的方式也很有特色,只引进关键技术和核心设备,为自己的进一步创新留有空间,很少像中国一样动辄引进全套设备。实际上,日本这样做培养了本国的技术能力,是一种主动的学习过程,简单地套用只能使创新能力逐步退化,要素禀赋和技术能力得不到提升,在技术赶超的过程中失去机会。

7.2　韩国技术赶超的实践

被誉为"亚洲四小龙"之一的韩国是东亚新兴经济的一个重要代表,曾经沦为日本殖民地的韩国直至 20 世纪 60 年代仍然处于贫困国家的行列。但是自 1962

---

① 20 世纪 60 年代的那次经济繁荣增长阶段被称做"伊奘诺景气"。伊奘诺是日本神话里开天辟地之祖,是日本神话中天照大神等众神之父。这一阶段的日本经济增长期曾经是日本二战后最长的一次经济景气,年平均增长率达 11.8%,经济规模扩大了一倍。而就在"伊奘诺景气"之前,日本经济还经历过两次持续时间较长的景气,即 1954 年 12 月至 1957 年 6 月的 31 个月的"神武景气"和自 1958 年 7 月至 1961 年 12 月的"岩户景气"。

年开始,韩国经济几乎以年均 9% 的速度递增,人均国民生产总值以当前价格计算,从 1962 年的 87 美元增至 1994 年的 8 483 美元。1995 年韩国的人均国民生产总值超过 1 万美元,国民生产总值达 4 400 亿美元。韩国就其国民生产总值而言,在世界经济强国中名列第 11 位,而就其制造业增加值而言,名列世界第 7 位(Kim,1997)。2005 年《财富》全球 500 强企业中,韩国企业占有 11 个席位,其中三星电子、现代汽车、乐金电子(LG)以及鲜京炼油甚至跻身全球前 200 强。与此同时,韩国企业的技术能力也得到快速发展,实现了由一个单纯依靠的技术引进的后进国家向在多个领域的世界技术前沿占有重要地位的新兴工业国家的转变。

7.2.1　韩国集权政府保证了技术模仿战略的实施

1961 年夺取政权的朴正熙军人政府,为了巩固政权,一心一意想把韩国从落后的自给自足的农业经济转变为现代化的工业经济。为了实现这一目标,朴正熙创立了一个高度中央集权的强硬政府来制定和实施雄心勃勃的经济发展计划。早期阶段政府全面的产业政策包括推行重化工业化、推动和激励出口、扶持少数企业成为大型财团、开发人力资源以及在必要时限制对外国投资等,对韩国企业的技术发展产生了重要影响。

第一,以出口促使企业直接面对海外市场,提升学习能力。

20 世纪 60 年代末,随着美国军事援助的逐渐减少,韩国政府出于国防工业自力更生的需要,推行了重化工业化的发展计划。重工业和化工工业的仓促进展造成企业技术学习的重大危机,财团由于缺乏技术能力,在技术上只好完全依赖外国。朴正熙政府推动的另一项重要政策是由进口替代向出口导向性政策的转变。韩国政府把出口看做能否实现经济增长目标的生死攸关的斗争,具体步骤包括以下方面(Cyhn,2001):(1)对于出口收入可以减免最多为 50% 的公司税;(2)对于用于出口的进口品实施关税减免;(3)对于出口企业提供低息贷款;(4)建立韩国贸易促进公司和韩国对外贸易委员会以搜集海外市场信息;(5)扩张出口制造业;(6)向对出口作出贡献的人颁发奖章。出口的迅速扩张使韩国企业在国际市场上直接面临来自发达国家企业的竞争,促进其技术水平不断提高。推行出口导向性政策的另一个原因是韩国国内市场非常有限,规模效应使得许多财团企业的大量产品不能由本国市场完全消化,因此政府和财团都非常重视出口。

在政府"胡萝卜加大棒"政策的指挥下,韩国出口总值从 1965 年的 1.75 亿美元(占国民生产总值的 5.8%)上升到 1971 年的 11.32 亿美元(占国民生产总值的 12%)。韩国的出口年均增长率达 36.5%,在此情况下,它的出口地位由 1962 年名列第 101 位上升到 1986 年的第 14 位。

替代进口和促进出口的政策在给企业创造新的商业机会的同时,也给企业制造了危机。为了应对危机,获得国外的技术,韩国企业投入巨资进行技术学习,增强技术能力,以使企业能够更有效地消化吸收引进和改进外国技术,也正是这个时期,政府的政策为韩国技术水平的提升提供了契机。

第二,以发展高技术含量的重工业和化工工业提升技术能力。

韩国政府意识到重工业和化工工业的高技术含量对经济发展具有极强的关联作用,故其下大力气发展重工业和化工工业。从 1971 年开始,韩国陆续投入 127 亿美元来发展重工业和化工工业,占 1973—1979 年全部产业投资的 75% 以上。根据发展重工业和化工工业的计划,韩国创建了钢铁、造船、重型机械、石油化工、工业电子仪器和有色金属工业。仅用了 15 年的时间,韩国的轻工业生产增加值与重工业生产增加值之比从 4∶1 降到 1∶1,而同样的变化日本用了 25 年,美国用了 50 年。

这样一种没有充分的技术能力准备的情况下,仓促建立大规模重工业和化工工业的做法,最重大的效应就是造成了技术学习的重大危机。企业缺乏技术能力,只好在技术上完全依赖国外。在这些企业中,对消化吸收引进技术的要求远远超出了企业具备的能力,为了生存,企业被迫加快学习以消化吸收引进的技术,提高设备使用效率,提升自己的要素禀赋,特别是要素的质量维度。

第三,为模仿创新能力的提升提供全方位的政策支持。

为了有效提升韩国企业的模仿创新能力,韩国政府制定了一系列的政策来鼓励、支持企业的模仿创新,为企业技术水平的提升提供帮助。

一是采取贸易开放政策,培育企业在国际市场上的竞争能力。韩国在 20 世纪 60 年代一直实施出口补贴奖励计划,为了培育企业直接面对国际市场的竞争能力,韩国在 60 年代逐步废除了出口奖励计划,采取完全开放的出口贸易政策,如纯出口补贴对外汇汇率之比从 1963 年的 36.6 降至 1970 年的 6.7,又降至 1980 年的 0.4。换句话来讲,虽然外向型工业化政策在 80 年代和 90 年代仍在继续,但韩国的企业在这 20 年中已经有能力在不借助政府补贴的条件下,在国际市场上进行竞争了。在 80 年代韩国还开放了进口政策,将关税从 1984 年的 26.7% 降到 1994 年的 7.9%,结果进口增长率上升了 20.1%,而同期出口增长率仅为 2.8%。这就迫使韩国企业在几乎没有政府帮助的情况下,不仅在国际市场上,而且在国内市场上同跨国公司进行直接竞争。

二是支持以技术为基础的中小型企业发展。韩国的经济是一种财团经济,大的财团控制着国家的经济命脉,并且长期以来,韩国政府也是一直在支持财团,为各个财团的发展壮大提供了各种支持,财团为韩国技术水平和技术能力的提升作出了巨大的贡献。但与此同时,财团经济面临的一些弱点也暴露无遗,如大量的技术集中在财团内部,广大的中小企业没有技术支撑,两者差距过大,使整个国家的技术能力并不强大,使经济结构出现严重的失衡。到了 20 世纪 70 年代,韩国政府意识到中小型企业在经济健康发展中的重要性,特别是以技术为基础的中小型企业。为此,政府设立了中小型企业保护区,划定 205 项生产经营项目,不允许大企业以及它们的子公司涉足,强制出借率计划规定将国家级商业银行应将其全部贷款的 35%,地方性商业银行的 80% 投向中小型企业。为了扶持中小型科技企业,培育国家的技术能力和要素素质,政府还率先成立了风险资本产业、通过了中小型企业法,为中小型企业的发展提供良好的外部环境。同时,为了提升这些企业的技术能力,政府部门还成立了几家重要的技术支撑机构,如中小型工业扶持公司、韩国贸易扶植公司和中小型企业相关研究与开发中心,来作为支持中小型企业开发技术,提高自主创新能力。

三是制定产业科技政策,提升技术能力。韩国政府真正系统地促进产业技术进步是开始于 1962 年。当时的主要目标是促进外国技术的引进、建立科技基础结构、促进技术人力资源的开发、建立推动科技进步的行政和法律制度。在这个过程中,韩国政府制定法律、设立科技政策机构、制定科技发展长期规划和人力资源开发的长期规划,促使国家产业技术政策发生实质性起步。此后,韩国政府先后制定了《国家科学和技术促进法》(这是韩国在国家层次上系统地促进科学和技术进步的基本法)、《科技长期综合计划》、《长期人力需求计划》,标志着比较系统的国家产业技术政策开始形成。产业技术政策的重点是强化重化工业领域的技术和工程教育,改进吸收引进技术的制度和机制,促进研究开发以满足产业发展的需要。

不仅如此,韩国还从供给方出发制定了技术转让、技术传播和外资引进政策,为构筑模仿创新能力提供了全方位的支持。也正是这些政策的支持,韩国政府的人力资本、研发投入等要素的数量和质量都得到较大程度的提升,为自主创新能力的提高奠定了基础。

7.2.2　以要素禀赋和技术能力的培育来提升韩国的自主创新能力

以技术引进模仿创新为主导的技术赶超方式使韩国的要素禀赋和技术能力得到较大规模的提升,但是随着本国技术能力的上升,模仿创新过程中出现的问题如后续发展力量不足、技术支撑平台不稳定、同国外大型跨国公司的竞争处于弱势地位等问题困扰着韩国技术的进一步提高,自主创新从而成为韩国政府和企业当务之急。为了进一步提升要素禀赋和技术能力,韩国政府采取了种种措施,如加强科技基础设施的建设、加大科研机构的投资力度、注重人力资本投资等,以提升技术能力。

第一,促进基础科学研究,提升国家的技术基础。

为了强化创造性科学家和能够推动科学技术全球化的高水平技术人才的培养,政府还采取种种措施促进基础科学的发展。在韩国,为基础科学研究提供资金的主要机构一是韩国教育部的学术促进基金,二是韩国科技处的科学和工程基金。目前韩国大学里的研究开发经费还很少,研究设施严重不足。为改善这种状况,韩国政府制定了一项旨在促进基础科学研究的中期综合计划。这项计划的主要目标是建立创造性研究能力和为技术创新奠定基础。随着计划的实施,对大学研究开发投资的比重将会持续增加,到 2001 年,对高等院校的研究开发投资将增加到研究开发投资总额的 12％。韩国对大学基础科学研究的投资，1993 年为 5.81 亿美元，1994 年增到 8.12 亿美元，1995 年增加到 10.73 亿美元，1996 年增加到 14.14 亿美元，1997 年增加到 18.43 亿美元，到 2001 年增加到了 44.9 亿美元。随着投资的增加，韩国政府扩大了对大学中科学研究中心（SRC）、工程研究中心（ERC）和地区研究中心（RRC）的支持。其中，科学研究中心由 1993 年的 14 个增加到 1998 年的 20 个，工程研究中心从 1993 年的 16 个增加到 1998 年的 30 个。在采取这些措施的同时，政府将通过持续的投资大力改善科学技术领域的高等教育。作为基础科学研究的一个机构，政府将建立"韩国高等研究院"，邀请世界知名的科学家和有发展前途的青年科学家到这个研究院从事他们各自领域的研究。

第二，加强政府在研究与开发中的作用。

鉴于大学的研究活动的不足，政府的研发部门起到了韩国高级研究与开发支柱的作用。政府已使这些研究所在工业非专利技术开发项目、国家研究与开发项目和国家研究与开发高精尖项目中，成为主力军。他们接受了 90％以上的政府用于新技术领域的研究资金，政府研发部门和私营企业合作承担了大多数这方面的研究项目。工业非专利技术开发项目着重解决当前具有广阔经济发展前景的技术领域的问题。每年商工部和动力资源部都要进行调查，以确定工业企业中紧迫的研究与开发项目，然后向政府的科研机构和大学实验室提供资助，帮助他们与私营企业一起承担研究项目。这些项目大多是标准世界市场的，其目的是在这些产业迅速赶上并超过日本和美国。比如，1989 年，韩国确立了 174 个技术项目，其中 146 项作为政府资助项目，政府为这些项目注资 115 亿韩元，1993 年达 887 亿韩元，平均每个项目资金为 38.8 万美元。政府雄心最大的展望是开展高精尖国家研发项目，也称 G—7 项目，目标是到 2020 年，将韩国的技术能力提高到与七国集团相同的水平上。为了实现这个目标，韩国政府开始直接组织研发活动，逐渐形成韩国的国家研发体系。到 1974 年，韩国只有 5 个国家研究机构，它们分别是韩国科学院、韩国开发研究院、国防科学研究所、韩国科学技术研究所、韩国科学技术情报中心。1975 年至 1976 年间，韩国政府先后建立了电子、船舶、资源、标准、机械等研究所。这些研究所通过开发新产品、新工艺以及吸收和改进进口技术等,对产业的发展作出了重大贡献。为适应高速经济增长,以产业技术的战略性开发为目标,韩国政府于 1973 年决定建立大德科学城。20 世纪 70 年代韩国政府建立的研究机构有韩国船舶研究所、韩国核燃料开发工团、韩国标准研究所、韩国资源开发研究所、韩国热管理试验研究所、韩国通信技术研究所、韩国机械金属试验研究所、韩国电气机器试验研究所、韩国电子技术研究所、韩国烟草研究所、高丽人参研究所、韩国海洋开发研究所和韩国太阳能研究所共 17 个研究所;其集中力量,将技术创新重点放在高技术和核心技术领域,如生物技术、新材料、工程、大科学和包括航天、海洋、原子能、高精度技术等。在执行这些项目计划时,韩国政府大力鼓励私营企业的广泛和积极参与。2001 年韩国出台为期五年(2002—2006 年)的《科学技术基本计划》,重点开发"6T"领域,即 IT(信息技术)、BT(生命工程)、NT(纳米技术)、ST(宇宙航空技术)、ET(环境工程)和 CT(文化技术)。2004 年,韩国启动"十大新一代成长动力工程",重点发展数码广播、智能机器人、新一代半导体和未来型汽车等十大高技术产业。为了加强对科技工作的领导,2004 年决定提升科技部地位,由一位副总理兼任科技部部长,从宏观上加强政府的引导功能。

不仅如此,韩国还针对某些重大项目开展国家研究项目,韩国目前研究开发项目计划包括三个内容:高度先进国家项目计划、战略性国家研究开发项目计划和国际合作项目计划。从 1982 年到 1995 年,这些研究开发项目计划累计总投资26.6 亿美元。其中政府投资 14.39 亿美元,企业投资 12.2 亿美元,企业投资所占平均比重为 45.9%。此外,还有商工能源部制定、实施的产业技术开发项目计划和替代能源技术开发项目计划,信息通信部资助和管理的电信技术开发项目计划。信息通信部目前正在领导预计在 21 世纪初完成的韩国信息高速公路的建设。政府的参与使韩国的技术能力得到迅速的提高,汽车、电子、钢铁、造船等产业的技术水平和技术能力迅速赶上并超过西方发达国家,并在某些产业上雄踞世界前列。

第三,加大研发投入。

为了支撑韩国技术快速实现赶超,在过去几十年里,韩国用于研究与开发的投入数量大幅度地增加。表 7.1 显示研发投入从 1971 年的 106 亿韩元增加到 1994年的 78 900 亿韩元。虽然韩国经济增长率是世界经济增长率最快的国家之一,但用于研究与开发的投入的增长速度比国民生产总值还快,研究经费从 1971 年的 0.32% 增长到 1994 年的 2.61%。特别是进入 21 世纪后,韩国政府的研发投入的规模进一步加大,2002 年为 144 亿美元(占 GDP 的 2.53%)、2003 年为 164 亿美元(占 GDP 的 2.64%),2004 年为 190 亿美元(占 GDP 的 2.82%)。目前,韩国研发投入占 GDP 的比重仅低于日本,远高于美、德、法、英等发达国家。同时,韩国对基础理论研究倍加重视,在研发投入中的比重占 1.45%,这意味着科技发展有充足的后劲。

表 7.1　韩国研发费用(1965—1993 年)(10 亿韩元)

	1965 年	1970 年	1975 年	1980 年	1985 年	1990 年	1994 年
研发费用	2.1	10.5	42.7	282.5	1 237.1	3 349.9	7 894.7
政府	1.9	9.2	30.3	180.0	306.8	651.0	1 257.1
私营部门	0.2	1.3	12.3	102.5	930.3	2 698.9	6 634.5
研发费用/国民生产总值	0.26	0.38	0.42	0.77	1.58	1.95	2.61
制造业部门							
研发费用	无	无	16.70[a]	75.97	688.59	2 134.7	4 854.1
销售的百分比	无	无	0.36[a]	0.50	1.51	1.96	2.55
研究人员数量(总数)[b]	2 135	5 628	10 275	18 343	41 473	70 503	117 446
政府/公共机构	1 671	2 458	3 086	4 598	7 542	10 434	15 465
大学	352	2 011	4 534	8 695	14 935	21 332	42 700
私营部门	112	1 159	2 655	5 141	18 996	38 737	59 281
研究与开发/研究人员(工人:1 000)	967	1 847	4 152	15 325	27 853	47 514	67 220
研究人员/万人	0.7	1.7	2.9	4.8	10.1	16.4	26.4
公司研究与开发中心数	0	1[c]	12	54	183	966	1 980

注:a:1976 年的数字;b:这个数字不包括研究助理、技术人员及其他辅助人员;c:1971 年的数字。

资料来源:[韩]金麟洙,《从模仿到创新——韩国技术学习的动力》,新华出版社 1998 年版,第 62 页。

为了全面提升韩国的技术水平,构筑国家的技术能力,韩国政府对私营企业建立研究与开发实验室进行奖励,包括税收奖励和优惠贷款,以及给予研究与开发骨干人员免除兵役的权利。在这种政策的刺激下,韩国企业在 20 世纪 80 年代开始设立研发所,此后研究所数量迅速增加:1983 年有 100 家,1991 年为 1 000 家,2000 年超过 5 000 家,2004 年超过 10 000 家。一些特大企业都拥有数个研发所。韩国前 30 强上市企业的研发投入,平均占其销售收入的 3.15%。比如,三星电子公司拥有 42 家研发所,1997 年从事研发的有 12 000 人,占员工总数的 22%;2004 年增加到 24 000 人,占员工总数的 36%。其中,硕士、博士从 2000 年的 5 000 人增加到 2004 年的 24 000 人。研发投入更是逐年提高:1999 年为 1.6 万亿韩元,2001 年为 2.4 万亿韩元;2003 年为 3.7 万亿韩元,占销售收入的 8.5%,2004 年上升到占销售收入的 9%。目前,三星电子有四个产品(存储器、液晶显示器、移动通信、数码电视)位居世界第一。2004 年,韩国注册专利 1 604 件,居世界企业第六位。现代汽车为了实现进入“全球汽车前五名企业”的目标,现有 14 家研发所,2007 年研发人员增加到了 1 万名。研发经费 2004 年为 2.5 万亿韩元,占销售额收入的 5%;2005 年超过 3 万亿韩元,占销售额收入的 6%。目前,现代汽车年产量超过 300 万辆,正在向德国奔驰、日本丰田发起挑战。LG 集团的电子产品、半导体产品和家用电器也有很强的竞争力,现有 27 家研发所,研发经费 2004 年为 2.4 万亿韩元,2005 年为 3.4 万亿韩元。在由美国《商业周刊》和全球品牌管理咨询公司共同调查的“2005 年全球 100 大品牌”中,上述三家韩国公司全都榜上有名,三星电子列第 20 位,现代汽车排第 84 位,LG 排 97 位。三家公司还被列入世界 100 强 OEM(“拥有自有品牌进行产销”)企业。

第四,大力促进人力资源的开发。

20 世纪 70 年代,韩国先后制定了促进人力资源开发的有关法律法规。1973 年制定了《国家技术资格法》和《技术劳务育成法》,1974 年制定了《职业培训特别法》等。在高等院校,加强大学本科和研究生教育,特别是突出加强了化工、电气与电子工程领域的专业教育。韩国政府建立专门的研究生院——韩国高等科学院,是加强研究生教育的重要措施,这个机构的宗旨是培养和造就一批研究开发的先导型人才即学科带头人,韩国政府为这个机构确定的基本方向是:参与产业发展,移植推广科技成果,提高研究生教育水平,促进产学合作。为加强职业教育提高企业职工技术水平,韩国政府强制规定,拥有 500 名员工以上的公司必须对他们的员工进行内部技能培训,各种培训学校毕业的学员都必须参加技术资格考试并根据他们的技术水平向他们颁发不同的证书。同时,韩国政府加大教育投资力度,对普通教育、职业培训、高等教育进行大规模的投资,其直接的结果是,韩国从事研究与开发的科学家和工程师,从 1980 年的 18 434 人增加到 1993 年的 98 764 人,增加了 5 倍还多,年均增加 14%,居世界首位。同期,每万人中科学家和工程师的人数由 4.8 人增至 22 人,接近法国的 23 人和英国的 21.3 人。并且,为了将韩国的技术能力提升到世界发达国家的水平,韩国还开展了海外培训,政府系统地开展海外的留学生、科学家和工程师回国活动,借助各方人力资本的支持,韩国的技术能力得到大幅度的提升。

第五,为要素禀赋和技术能力的提升创造良好的政策环境。

韩国在建成钢铁、机械、汽车、电子、石化等现代化资本密集型产业之后,在近 20 年发展的基础上,即进入 20 世纪 90 年代后开始重视优先发展技术、知识密集型产业。韩国商工部制定了《1990 至 1994 年知识密集型产业部门发展五年计划》并拨款 388 亿美元来实施这项计划。其中 164 亿美元用于微电子、航空航天、生物工程、精细化工、激光技术、光学设备以及新材料等领域的技术开发;224 亿美元用于促进加工工业生产能力的现代化和建立有效利用最新技术的工业综合体。韩国政府明确提出在产业政策中"将扩大科学技术投资,以促进尖端科学技术的产业化"作为首要任务,将产业结构的调整、技术创新、信息网络的改进、人力及其他资源的利用作为强化产业国际竞争力的突出手段。在科技领域,政府政策的重点放在加强国家研究开发项目计划上,强化以需求为导向的技术开发和促进研究开发活动的全球化。为此,韩国政府制定了一系列的提升要素禀赋和技术能力的政策。

一是税收鼓励措施。企业可为技术开发、技术情报和研究开发人力和设施等开支提取储备基金,这笔基金可享受三年税收减免。可以享受税收减免的这笔储备基金可高达销售额的 5%。私营企业能够享受培训和企业技术学院总开支 15%的税收减免优惠。此外,私营企业可以享受研究设施投资 10%的税收减免或研究测试设施投资一年之内按照 90%折旧率折旧。

二是政府财力支持。目前韩国政府支持产业技术开发的主要财政金融措施有:私营企业研究机构承担或参与核心技术开发、基础技术开发、产业技术开发、替代能源开发的国家研究开发项目任务的,韩国政府给予研究开发经费 50%的补贴。对于个人或小企业从事新技术商业化的,韩国政府提供总经费 80%至 90%的资助。韩国电力公社、韩国通信公社等国营企业将它们研究开发投资的 80%提供给相关的研究中心和产业技术研究联盟。韩国开发银行及韩国产业银行等都为私营企业进行新产品开发和工艺技术开发以及新技术商业化等方面的研究开发活动提供长期、低息的贷款。

三是风险资本机构提供的支持。韩国技术银行(KTB)等风险资本机构为私营企业技术开发活动提供综合性财力支持。这种财力支持主要采取股权投资、购买债券、契约贷款、技术开发贷款、租赁服务等形式。政府规定,凡属于研究开发性质的项目,均可向韩国技术银行申请贷款,如果通过技术银行的项目审查,即可得到年息为 6%(韩国一般银行贷款利率为 12%)的 3 期贷款。贷款到期后,有效益的项目要还贷,而失败的项目则可免除。政府允许技术银行以发行技术彩票的形式,筹措部分风险资金以弥补银行因资助研究开发项目所造成的亏损。

四是情报服务,标准化和质量管理,知识产权保护,政府采购,产、学、研的合作研究开发,建设科学城等。正是由于政府对科技的大力扶持,韩国迅速成长为一个科技实力比较雄厚的国家。韩国的不少产业,如汽车、造船、半导体、信息通讯等,都在世界上占据一定的位置,韩国的汽车年产量突破 500 万辆;造船占世界船舶市场份额的 40%,居世界第一;手机销售量占世界市场份额的 22%。韩国产品之所以行销世界各地,靠的就是自己拥有强大的技术能力,凭借这种技术能力,研究出大量的原创性技术,构筑了其在世界市场上强大的竞争能力。据瑞士国际经营开发院发表的《2005 年世界竞争力年鉴》报道,2004 年韩国技术竞争力和科学竞争力分别居世界第 2 位和第 15 位。科技进步特别是自主创新有力地促进了韩国经济的发展。据韩国产业开发院的研究,技术进步对韩国经济增长的贡献率越来越大:20 世纪 70 年代是 12.84%, 80 年代为 18.7%, 1990—2002 年为 39.54%。1997 年的亚洲金融危机曾使韩国经济遭受重创,但韩国是最早也是最成功走出困境的国家。韩国经济学家认为,韩国之所以能够比亚洲其他国家更快地恢复元气,主要就是依靠自己拥有雄厚的要素禀赋和技术能力。

7.3 新兴后发大国技术赶超实践的比较

随着中国、印度、俄罗斯、巴西等"金砖四国"的群体性崛起,新兴大国的技术赶超成为学界关注的重要问题。新兴大国具备两个典型特征:一是国土、人口、资源和市场规模大,国家规模居于世界前列;二是表现出强劲的发展势头和巨大的发展潜力,增长速度居于世界前列(张晓晶,2010)。无论是从面积、人口、资源、市场,还是从发展潜力和势头来看,"金砖四国"都有独特优势,对世界政治、经济和社会事务都具有重大的影响力,尤其是近年来不俗的经济表现,使占据世界领土总面积 26%,全球总人口 42%的"金砖四国"成为新兴大国经济跨越式发展的典型代表,也成为后发国家经济赶超的代表。2006 年至 2009 年,"金砖四国"经济平均增长率接近 10%。尽管受世界金融危机的影响,"金砖四国"的经济发展势头仍然良好,2009 年国内生产总值总计为 87 211 亿美元,占世界经济总量的 12%。同时,"金砖四国"的经济增长率也大大高于西方发达国家平均水平,最快的当属中国,经济增长高达 8.7%,印度也达到了 6.7%。但是从近 10 多年的经济增长情况看,"金砖四国"并没有进入以自主创新赶超模式驱动的经济发展成熟阶段。其在经济发展的初级阶段增长率较高,借全球化红利和发挥自身禀赋优势获得了较高成长速度。这种高速增长是一种畸形发展、代价高昂、持续性较低的增长模式。因此,必须结合要素禀赋和技术能力,构筑科学合理的技术赶超模式,发挥大国综合优势,构建有竞争力的、可持续性的经济增长模式。

技术赶超模式是指一个国家或地区在一定时期内创新主体所采用相对稳定的一般创新行为倾向和机制,它是国家技术创新体系的基石(Freeman, 1995)。技术赶超模式的形成是在国家创新政策引导下,创新主体为构筑自己竞争优势而在市场机制发挥过程中逐渐形成的倾向性创新行为,是创新主体依据自己要素禀赋和技术能力而适应创新环境的必然选择(Freeman, 1987)。因此,技术创新模式是由要素禀赋、创新主体、创新环境和创新机制相互作用而形成的,是创新主体在要素禀赋和技术能力决定的创新环境基础上,由政府创新机制诱发的倾向性创新行为。由于技术赶超涉及许多因素,这些因素组合与配置的方式及其结构上的差异,就构成了技术赶超的不同模式。

由于要素禀赋和技术能力的复杂性和差异性,"金砖四国"都处于转型阶段,但其所处的阶段不同,决定了"金砖四国"不同的技术赶超模式。由于技术赶超模式是由要素禀赋、创新主体、创新环境和创新机制四个要素相互作用而形成的,因此下文重点从这几个方面来比较巴西、印度和俄罗斯这三个国家的技术赶超模式。

7.3.1　新兴后发大国技术赶超的要素禀赋不同

巴西、印度和俄罗斯这几个国家都是人口大国,都信奉市场化改革,并且这四个国家的资源禀赋不同,发展的侧重点不一样,导致某些产业发展很快,能够在新兴经济体中独占鳌头,并且以较快的增长速度在全球经济体中脱颖而出,取得世界瞩目的成就。尤其值得关注的是,由于要素禀赋的差异,造就了这些新兴大国各自具有一定比较优势的产业。如巴西地广人稀,有得天独厚的发展农业生产的自然条件,历届政府也都通过不同的措施去促进农业发展,使巴西成为全球第二大粮食生产国,成为仅次于美国和阿根廷的第三大转基因作物种植国,及世界上牛肉、家禽、大豆、蔗糖、咖啡、橘汁和乙醇的最大出口国。农业方面的先天优势使巴西成为当今世界新兴的农业超级大国,有世界"原材料的供应地"之称;单就信息产业部门来说,印度已经拥有接近 60 万的软件服务专业人员,其中有接近 75%

的劳动力毕业于工程专业,凭借其绝对优势的人力资本的支撑,印度在起步阶段选择准入门槛较低而市场潜力大的劳务输出、软件定制加工等信息服务业作为切入点,把目标瞄准全球重要的北美市场、欧洲市场。由于质量可信、交货及时、服务周到,印度在全球软件开发市场中占据了 16.7％的份额,即使在信息产业最为发达的美国,印度占据其软件销售市场份额高达 60％以上,这些成就使印度拥有"世界办公室"之名;而俄罗斯是世界上最大的石油和天然气出口国,拥有世界石油储量的 13％和天然气储量的 32％,有"世界能源加油站"的美誉。因此,有学者认为:巴西的农业＋中国的工业＋印度的服务业＋俄罗斯的资源＝完整的新兴市场(郑锦荣、屠梅曾,2007)。

7.3.2 新兴后发大国技术赶超的主体不同

从赶超主体来看,这几个新兴大国中的侧重点是不一样的。巴西是典型的政府主导型技术赶超模式,政府充分发挥在创新中的主导作用:比如制定和实施适宜的创新政策,为创新营造良好的政策环境;完善体制和机制,为创新营造良好的体制环境;切实转变政府管理职能,为创新营造良好的服务环境;构建创新文化,为创新营造良好的人文环境。也正是政府创新环境的营造以及创新资源的集中配置,尤其是在特定项目上,政府以绝对主体的身份进行参与,使得巴西在某些特定领域走在世界前列。当然,在印度和俄罗斯的技术创新体系里,政府也起到了较大的推动作用,但是政府的作用仅仅限于通过创新环境的营造引导企业参与创新,并成为创新主体。在两国的技术赶超中,企业都是创新主体,但其所起到的主体作用却截然不同。在印度,赶超主体是具有庞大社会网络的私营部门,印度每年有 250 万大学毕业生,其中有 35 万工程师。他们中的核心人物是一些具有全球化视野的印度人,这些人将印度与硅谷以及更多的地方连接起来,形成了一个庞大的、沟通及时的创新网络。因此,可以说,印度不存在着创新体系,仅仅存在一个创新阶层。产业主导是印度重点扩散型技术赶超模式的一大特征。研究印度技术赶超模式的发展过程就可以知道,以软件为主导的服务业一直保持较快的增长速度,并以此带动赶超领域逐渐向空间技术、核能技术、生物技术等领域衍生,以此又形成了一个庞大的创新网络。俄罗斯的大型企业实际上不是一种完全的企业,是政府创新意识和社会行为的代言人,在俄罗斯的 6 家超大型国家公司里,很少有真正按照市场规律来进行商业运作的,在俄罗斯所获得的技术成就里,大部分是受政府直接资助完成的,因此,可以说,俄罗斯的技术赶超主体是"政府+大型国家公司"。当然,在未来"社会导向型赶超发展模式"下,政府和大型国家公司还是处于绝对主导地位,只不过更侧重于科技的产业后化,更注重知识转化为经济而已,真正要发挥社会企业的创新主体地位,可能还要更长的时间,这也是新兴大国转轨的阶段性任务。

7.3.3　新兴后发大国技术赶超的环境不同

赶超模式的环境包括经营环境和创新政策。新兴大国在经营环境和创新政策上的差异是造成创新模式与体系差异的重要原因。在经营环境方面,巴西和印度相似,注重企业合作、强调团队精神、合作精神与质量管理,这归功于两国传统文化中集体主义的体现,也是维系其经济高速增长的制度基础。良好的质量管理可以确保产品的市场占有率和企业的诚信度,尤其是印度,为了保证软件服务业在国际上占有绝对优势,印度政府要求相关公司设立质量保证部门,对项目过程中所有的数据都要有记录,包括用户要求、产品设计思路、所用编程技术、工作进度计划及按计划完成情况、阶段和最终产品检测结果、总体质量评估、用户使用情况反馈等,作为公司的珍贵档案。这种做法大大减轻了公司人员的流动可能给产品质量带来的不利影响,保证了产品质量的稳定性,也为公司参加国际权威机构的等级评估积累了必不可少的文字资料。目前,印度通过 ISO9000 质量论证的软件企业 170 多家;在全球 71 家达到"计算机软件成熟度模型"(CE—CMM)五级标准的企业中,印度公司或设在印度的独资、合资公司占了 43 家。这些数据足以说明印度软件产品的高质量和竞争力。俄罗斯的情况却恰好相反,在俄罗斯,很多企业的技术引进是为了确立自己在行业内的垄断地位,基本上与其他同行很少建立合作机制。在创新政策上,印度政府只充当了一个政策制定者和发布者的角色,并没有发挥政策指导促进的作用。而巴西和俄罗斯则是对研究开发直接参与,不仅对技术创新活动进行规划和指导,还通过研究机构的研究开发直接参与技术创新活动。在专利制度方面,巴西历届政府都高度重视知识产权法律制度建设,相继出台了《工业产权法典》、《版权法》、《计算机软件保护法》等法律法规,保护和激励知识创新。同时,印度还放松商标注册的条件,扩大商标权的保护范围。印度的专利制度比较灵活,注重产业升级,如印度政府规定,对于食品、药品、农用化学品等大类只授予方法专利,而不授予产品专利,这为印度大型企业快速完成产业升级创造了条件。俄罗斯在专利制度方面起步较晚,直到 20 世纪 90 年代末还在为某些涉及非法利用专利的案例付出沉重的代价,在吸取了以前失败的经验之后,才开始逐步重视专利申请的重要性。

7.3.4 新兴后发大国技术赶超的机制不同

赶超机制是指赶超主体在创新赶超过程中选择创新赶超目标之后,在创新赶超动力和创新赶超支撑体系的作用下,把握合适的赶超机会,选择科学的赶超突破点,实现技术赶超的过程和机理。因此,赶超机制包括赶超目标、赶超动力、赶超支撑体系和赶超机会四个要素(Chesbrough, 2003)。俄罗斯的赶超目标是自主创新,而印度和巴西是依赖型技术赶超。俄罗斯正努力成为一个"自主创新"的国家。而印度和巴西一直在努力建立独立的自己的科学和创新体系。但是,自从1991 年印度经济面向国际投资和贸易开放之后,就将自己定位为依赖型的赶超者,为跨国公司提供服务并为全球市场创造技术。而巴西则凭借"出口导向型战略",使其与跨国公司成为一个相互依赖的创新体。在赶超动力方面,俄罗斯和巴西的赶超动力源于政府,而印度的赶超能量来自国民。在俄罗斯和巴西,国家是技术赶超的核心,政府研发支出的大幅增加充分体现了他们想成为科学大国的雄心。而印度技术赶超动力来自私营部门和社会精英,这些私营部门和社会精英构成一个庞大的社会网络,推动着印度现代服务业的蓬勃发展。在技术赶超支撑体系方面,新兴大国不管是从政府的宏观指导上还是在教育体制、法律保护上的差异较大,政府政策的切入点和侧重点都不一样。巴西的政策框架是期待形成一个有效的运行机制,俄罗斯是期待在某些方面形成引领世界的技术赶超能力,印度是期待通过政策支撑体系,形成以软件服务业为龙头带动其他相关产业的发展。在技术赶超机会方面,虽然这几个新兴大国都有技术赶超的思维,但是巴西和俄罗斯在技术赶超过程中都忽视了经济发展的要求,产业化水平和技术能力较低,技术赶超具有一定的盲目性;而印度在一开始就确定了满足用户和市场的定位,后期的配套服务和政策措施都是围绕用户和市场展开的,成效明显高于其他两个国家。

7.4　要素禀赋、技术能力与后发大国技术赶超实践的总结

由于要素禀赋和技术能力的复杂性,不同后发大国的技术赶超模式具有较大的差异性。由于技术赶超模式都涉及要素禀赋、赶超主体、赶超环境、赶超机制等四个方面,加之技术赶超模式是由政府创新机制诱发的倾向性创新行为,因此政府在技术赶超模式中拥有重要的作用,这使不同后发大国的技术赶超又有一些共性。首先,技术赶超模式的复合化,无论是日本、韩国还是新兴大国,不仅关注原始创新,也注重产品的集群创新和集成创新,更关注科技产品市场发展趋势,技术赶超日趋复合化。其次,重视政府、企业和科研人员的三主体作用,以企业为技术赶超主体的自主创新观念基本上形成,并且逐步深入人心。上述国家的政府在促进企业技术赶超方面都采取积极扶植企业技术创新的政策和措施,政府努力为科技创新制定相关适宜政策,服务于企业作为技术赶超主体的自主创新。同时,也重视科研人员作为科学研究工作主体在技术赶超过程中的重要作用。日本、韩国和新兴大国的科研人员呈现递增趋势,且政府培养力度空前增加,这为经济发展提供了持续不断的动力源泉。最后,技术赶超模式是动态演进的,不是一成不变的,随着要素禀赋、赶超主体、赶超环境、赶超机制的变化而变化,比如俄罗斯由大

型企业主导高技术赶超模式向"社会导向型技术赶超模式"转变,以更好地适应要素禀赋、技术能力和赶超环境的变化。

值得一提的是,日本和韩国从模仿创新到自主创新的技术赶超转变历程告诉我们一个事实,模仿创新虽然对一国技术水平的提升乃至经济发展水平的提高具有重要的影响和推动作用,但是模仿创新决不能代替自主创新成为后发大国技术赶超的主要发展路径。因为,模仿创新还只是后发大国或企业进行技术赶超的基础和前提,它标志着本民族的产业部门或企业对当时国外先进技术的了解和一定程度的掌握。要把模仿创新的技术应用到本国要素禀赋下的企业生产过程中,或者进一步形成一个新的产业,则必须经过一个从设计、生产、销售到服务的完整创新过程。像日本和韩国成功的企业那样,在创新过程中融入新的思想,使原有的技术得到升华,使原来的工程得以再造。通过这样的创新活动,使引进的技术符合本国的资源禀赋状况,使融入了先进技术的产业发展具有本国或本企业的特点。因此,从这个意义上讲,模仿创新这种技术赶超方式只是一个阶段或一个过程,而自主创新是技术赶超的结果。

综上所述,即便是再先进的技术,如果不能与本国的人力资源、研发投入和物质资源有机结合,不能适合现实生产力发展的需要,那么这种引进是无法实现资源的有效配置的,是资源的浪费。其次,后发国家在技术过于薄弱的情况下是很难实现技术的持续进步与发展的。只有到具备一定技术能力之后,从模仿创新到自主创新的技术赶超才成为可能。再者,对一个国家或一个民族来说,最为严重的后果就是无法形成自己的技术能力,先进技术永远是他人的囊中之物,只能在技术拥有者认为转让技术不削弱其产业和产品竞争力的条件下才能得到。换句话说,就是在技术上受制于人。在此情况下,既失掉了技术引进本身的产业经济学意义,同时还将丧失民族独立和未来发展的技术根基,成为他人的技术附庸。事实证明,没有创新能力的民族是不会赢得尊重的,这样的民族既不可能引进真正先进的技术,更不可能自立于世界民族之林。只有在要素禀赋和技术能力得到一定的提升之后,后发国家才能实现由模仿创新到自主创新的技术赶超转变,才能彻底实现后发国家的技术赶超。

第8章

要素禀赋、技术能力与中国技术赶超的策略选择

8.1 积极培育要素禀赋^①

8.1.1 积极培育人力资本要素禀赋

积极培育人力资本要素禀赋，要从以下几个方面着手。

1. 确立以人力资本禀赋提升为依托的经济发展模式

传统的跨越式发展在很大程度上是以物质资本为依托的经济发展模式，其经济增长依赖于物质资本生产力，而物质资本生产力是指土地、资本品（工具、设备、原材料）或其他物质资本的投入而产生的生产力。以技术赶超为核心的新的跨越式发展理论则以技术提升为核心，突出人力资本数量的扩充与质量的提升，强调人力资本禀赋对后发经济的作用和影响。

在知识经济时代，具有技能的人力资本是一切经济活动的根本决定因素。区域经济发展的速度和水平、规模与效益，都是由该经济区的劳动力的数量和素质决定的，尤其是劳动力的质量。许多资源奇缺、资金紧张的经济区同样可以高速高效地发展经济，其中一个根本性的原因，就是有较高的劳动力素质。第二次世

---

① 按照前面的内容，要素禀赋包括人力资本、研发投入、社会资本等其他一系列要素的数量和质量，在这里我们仅仅分析人力资本要素和社会资本要素。尽管我们很重视教育，但是人力资本的全面提升和社会资本的培育是不够的，课题组希望能够提出一些有可操作性和创新性的建议。

界大战之后的日本和韩国,就很能说明这个问题。

后发经济体往往是一个多维复杂的系统。就系统内部而言,有些产业是资源密集型的,有些产业则是资金密集型的,还有一些产业很可能就是技术密集型的,这为产业布局提供了极大的回旋和选择余地。只要有了较高素质的劳动力,人们就完全可以在区域内部扬长避短,通过生产要素的合理配置和优化组合,及提高区域经济结构的有序度,来达到自己预期的目的。日本致力于高精密度的微电子工业,韩国专注于技术含量密集、关联性强的汽车产业就成功地说明了这一点。就系统外部而言,只要有了高素质的劳动力,人们就完全可以在世界范围内来组合生产要素以发展经济,进行跨越式发展。不难理解,在一个后发国家或地区内,如果人力资本素质很低,即使客观物质条件十分优越,经济也很难高速高效地发展起来。其一,低下的劳动力素质很难从丰厚的资源中充分发掘并有效获取它固有的多方面、多层次的使用价值,因而难以避免各种资源有形或无形的浪费或虚耗;其二,低下的劳动力素质不可能通过对各种生产要素的合理配置和有序组合,获取应有的结构效益和比较效益,因而很难发挥区域经济的整体优势;其三,低下的劳动力素质极有可能导致错误的甚至愚蠢的资源利用方式,带来自然界惊人的报复,从根本上阻碍了经济的长远发展。因此,对后发大国和地区而言,必须确立以人力资本禀赋提升为依托的经济发展模式。

确立以人力资本禀赋提升为依托的经济发展模式,最为重要的是重视人力资本投资,切实落实科教兴国战略。各级政府需要转换思想,提高对人力资本积累重要性的认识。人力资本投资像物质资本投资一样,也是一种投资,但是不同于物质资本投入的是其投资回收期长、见效慢。后发大国和地区的各级地方政府在追求政绩的前提下,往往重视投资见效快的物质资本投入而忽视人力资本积累投资。美国有一组统计资料表明,在过去长达 57 年的时间里,物质资本投资增加4.5 倍,利润只增加了 3.6 倍,而人力资本投资增加 3.5 倍,利润却增加了 17.6倍①。这说明人力资本投资的回报率比物质资本的回报率要高得多。更新转变政

---

① 详见杨云:《西部民族地区跨越式发展研究:基于人力资本的视角》,北京:民族出版社 2007 年版,第 172 页。

府观念,首先需要政府从人力资本积累的角度,全面考虑市场政策、教育科技政策、就业政策、收入分配政策以及财政、税收、利率等政策,使人力资本积累与教育投资的收益率逐步提高,真实反映人力资本的收益率高于物质资本收益率的客观关系;其次,后发地区的各级地方政府领导,要真正了解人力资本积累对经济发展的重要作用;再次,要把后发地区人力资本投资和后发人力资本存量的变化作为考核政府官员政绩的指标之一,使其像引进外资一样受到各级地方政府的高度重视。并且建议国家统计部门设计出一系列的统计指标,定期对人力资本投资和人力资本存量进行统计、监测,以便及时了解各省、市、区的人力资本投资状况和存量变化状况。同时,建议设置一定的制度来鼓励、监督各级地方政府重视人力资本积累的投资。

2. 加大人力资本投资,加速人力资本禀赋的提升

(1) 强化人力资本投资意识,提高投资积极性。观念是行动的先导,要使人们积极地对人力资本进行投资,首先必须让人们形成人力资本投资意识,不再把人的教育、就业流动费用看成是消费,而是看成一种可以增加预期收入的一种投资行为,一种经济行为。这需要大量的宣传和引导工作,尤其是要让后发省份明白个人的知识、智能、技能及健康,在市场经济中对个人收入及发展的重要性,而知识、智能、技能及健康只有通过投资才能获得。改变他们短期行为的观念,使他们摆脱读书—文凭—走出农村工作的思维模式,注重自己的技能的培养,增强竞争意识,强化只有对人力资本进行投资才能脱贫致富的观念,引导他们对人力资本进行自觉主动的投资。当然人力资本投资意识的树立只靠宣传是不够的,关键是理顺投资成本与收益的关系,让人们看到投资带来的好处,从而主动积极地对人力资本进行投资。

(2) 加大人力资本投资总量,尽快提高人力资本存量。教育是振兴一个民族的强大力量,是人力资本形成的主要途径,也是人力资本积累的前提和基础,更是后发技术赶超的一条重要途径。基础教育由于其巨大的社会效益,政府应该成为投资主体。因此,政府应该加大后发地区教育的投资力度,按照公共财政的要求,进一步推进财政改革,调整支出结构,特别是调整经常性支出结构,把国民初等教育的开支尤其是后发地区基础教育的开支列为国家财政开支的重点,缩减那些可以由非政府主体完成的经常性开支;保证落后地区发展教育所需的校舍、基础设施和师资队伍等,加大对初、中等教育的投资,尽快提高人力资本存量。同时,加大教育投资力度,它是决定经济发展速度和水平的重要决定因素。而我国目前的教育投资结合不合理,亟待改善。我国现阶段教育结构问题主要表现在三级教育结构不合理:高等教育投入的比重相对偏高,而对初中等教育的投入严重不足,这是不正常的,严重地影响了国民素质的普遍提高,制约了人力资本的培养。舒尔茨的研究表明:后发大国和地区对小学、初中等的教育投资比高等教育投资更有效率(舒尔茨,中译本,1990)。因此,必须对三级教育投资结构进行改革,把政府的教育投资用在刀刃上,才能惠及绝大多数人,同时又能从整体上迅速提高人力资本积累,提高经济效益,从而加速经济发展。

(3)加强在职培训,努力提高科技人员的整体素质。用于经济增长的资本和技术在生产上的应用,故需要同劳动力新增的职业和技术技能有一个适当的结合。普通教育与生产活动和技术创新之间的关联作用是间接的,而技能培训与创新与经济发展的关系是直接的。并且实践也证明,凡是注重对在职职工进行就业后的再培训的企业,其生产效率就高,产品质量好,在市场中竞争力就越强,企业的发展就越快。因此,后发大国和地区,包括后发企业在技术赶超过程中必须注重在职培训,努力提升包括企业家在内的科技人员的整体素质。企业家人力资本是指企业家在不确定的市场中的经营决策能力,它对企业的技术创新起着决定性作用,因为企业家人力资本是一种决定其他一切资源配置效率的基础性资源,企业家人力资本存量高低,配置是否有效直接决定着其他经济资源配置效率的高低,也决定着后发经济体技术赶超的程度和速度。同时,还要注重企业员工,尤其是技术人员的培训和后续教育,采取到高校进修、到同领域中发达企业进行学习或者到国外访学等方式,让技术人员充分接触该领域中最发达的技术、最前沿的知识,并建立多层次、全方位的技术创新网络,最大程度地提升科技人员的整体素质,促进后发技术赶超。

(4)多渠道筹措教育资金。当前,教育资金主要来源于国家财政性经费,但我国的教育经费占 GDP 的比重明显偏低,以至于形成了"教育经费少—人力资本存量低—流失严重—经济发展水平低—教育经费少"的恶性循环。要打破这种恶性循环,唯一的出路就是在争取财政拨款的同时,努力开拓其他的资金来源,吸引其他投资主体参与办学,如社会集资、捐赠等。但对于义务教育、重点学校、学科仍然由政府投资,而对非义务教育,则应鼓励个人、企业甚至外资力量共同参与办学,逐步形成产业化管理的运作方式,提高教育投资的效率,加速人力资本的积累。

3. 建立健全劳动力市场,合理进行人才资源配置

(1)健全劳动力市场,改善人力资本的配置,充分发挥现有人力资本的作用。在注重人力资本投资的同时,还要重视人力资本的配置和使用,这是实现人力资本的合理配置,发掘人力资本潜能,发挥人力资本效能的关键。因为投资只是手段,而充分利用人力资本发展经济才是目的。高质量的人力资本会对经济持续发展产生强有力的推动,人力资本只有被充分利用才能对经济持续发展起到应有的作用,而人力资本的充分利用和合理配置离不开其发挥作用的环境和条件。在我国绝大多数地区,还没有真正形成能够刺激人力资本投资与有效利用、合理配置的机制,一方面造成人力资本的低度积累;另一方面,造成人力资本在利用和配置中仍显出很大的惰性,构成闲置和浪费。因此,应充分发挥政府对劳动力市场的宏观调控作用,构建与之相适应的有效的法律、法规制度,消除劳动力市场的二元分割状况,建立完善统一的劳动力市场,从而调节劳动力的供求关系、总量和结构,规范劳动力流动秩序,促进劳动者的自由流动,提高人力资本的配置效率。政府还应建立信息、培训、咨询和就业一体化的服务体系,降低劳动者进入市场的成本;建立由城镇拓展到乡村的人力资源信息网络,促进劳动力的合理有序流动。同时,要建立人尽其才的用人机制,加大绩效改革,促使工资与其绩效直接挂钩,给劳动者以压力和动力,使其充分发挥自己的才能和潜能。

(2)制定合理的人才政策。制定有利于后发地区吸引人才、留住人才的政策。稳定、利用好现有的人才,激活现有人才,通过多种方式,培养一批用得上、留得住、能解决实际问题的人才,创造有利于人才发展的和谐环境,更好地开发当地的人力资源,提高后发地区人力资本的存量。要加快后发地区经济和社会的发展,必须高度重视当地的人力积累,因地制宜地制定一套全面系统的后发地区人力资本积累战略。此外,还应制定各种优惠条件,吸引外地人才流入。对后发地区来说,需要的人才是多方面、多层次的,需引进的人才应当构成一个群体,这个群体应该由有层次、有技术专攻、有知识侧重的人员组合而成。既要注重人才的数量,也要注重人才的质量,使两者能够协调起来,共同促进后发地区技术赶超和经济发展。

(3) 建立人才激励机制,推进全社会人才资源的优化配置。制定和实施有利于技术发展的人力资源政策,鼓励归国留学人员创新开发,推进产学研之间科技人员的合理流动,支持科技人员从事成果转化。对技术成果转化实施人给予一定的奖励。灵活运用户籍制度、用人制度、工资分配制度,调动科技人员的积极性,努力引导和培育世界前沿科技人才。同时,还要强化经济激励,理顺人力资本投资的成本收益关系。在市场经济条件下,人的理性行为依据在于成本与收益的衡量。如果人力资本含量高的劳动者工资报酬不能相对高于简单劳动者的收入水平,人们就会失去对人力资本投资的兴趣。长此以往,人力资本的形成就会受到影响,人力资本的存量也相应会受到大影响。所以,必须强化经济因素在人力资本投资中的激励功能,必须从经济收益的角度进行激励和诱导,通过经济利益的激励提高人们进行人力资本投资的兴趣。在经济因素的激励中,不仅要从长期收益的角度进行诱导,还要从近期收益的角度来增强人们对人力资本投资的激励。为此,应进行工资、福利改革,将个人收入的增加与个人人力资本投资成本的变动直接挂钩,理顺人力资本投资的成本收益关系,激励个人、企业和政府部门形成全方位的人力资本禀赋提升机制,为后发技术赶超奠定基础。

8.1.2 积极培育社会资本要素禀赋

1. 培育积极的学习倾向

学习倾向是技术能力培育和技术赶超实施的一个重要的决定因素,一个社会或者组织如果拥有较强的学习倾向,就会积极主动、努力地学习合作伙伴或者竞争对手的先进经验和技术,最大限度地吸收一切有利于企业发展的技术。而学习倾向是由一个国家或者社会的文化氛围决定的。因此,政府必须加大社区文化建设和企业文化建设力度,培育良好的学习氛围,树立学习倾向的典范,引导学习型社会的建立。同时,企业领导者的学习态度对企业的学习倾向建设影响也很大,一个企业的领导者如果拥有良好的教育经历,他就会看中企业的学习能力,因为这是一个企业发展壮大的精神动力,他就会倾注大量的精力去培育企业的学习倾向。所以政府机构要增加资金的投入力度,加大企业经营者的培训,同时通过文化建设,培育企业的学习倾向和学习能力,增强技术吸收扩散的能力。

2. 增强技术学习和技术扩散的努力程度

努力程度反映了企业学习吸收先进技术的情绪、智力和精力等的付出水平。对后发地区而言,首先,政府要采取进口鼓励等政策,打破国内市场的垄断状况,确保企业在竞争中提高努力程度,积极地吸收发达地区的技术,加速技术扩散的速度和效率。其次,社会文化在培育人的主观能动性方面发挥着重大作用,因此,政府可以提倡一种积极向上、乐观的社会文化,培育自强不息、努力向上的社会文化氛围,使企业将这种文化融入企业的观念之中。最后,给组织授权同样可以提高技术的扩散效应的努力程度。每个员工都可以勇敢地创造、自由地表达观点,通过自己的方法解决问题,最终调动其工作积极性和努力程度,自觉或不自觉地提高技术扩散效应。

3. 培育相关企业的组织能力

企业的组织能力与社会资本密切相关。社会资本是解释企业或者社会组织效率和经济表现的重要变量,这里的社会资本不仅指资金,还包括在相互信任基础上形成的社会价值观和道德观等,这对技术能力的培育和技术赶超的实施尤为重要,因为合作创新这种赶超方式企业之间的信任是技术赶超的基础,也是技术扩散溢出的决定因素,所以,政府必须基于本国的现实,建设良好的社会诚信道德体系。同时,企业的组织能力必须在经营管理的实践中得到提升,还可以通过大学的常规教学和经理培训学习中得到新的管理知识和经营理念,作为政府,可以组织大规模的商业培训,资助大量的中小企业、民营企业加强管理培训,提升组织能力,为技术能力的提升提供宏观的指导和帮助。

8.2　努力提升技术能力

在后发国家或地区进行技术赶超的过程中,有两个主体,一个是宏观主体——政府,另一个是微观主体——企业。在众多的社会系统要素中,政府是一个关键角色。因此,在实现技术赶超,提升要素禀赋、培育技术能力的过程中,政府仍然是一个重要的主体。

8.2.1　树立技术能力立国的宏观战略

在日本、韩国等新兴工业化国家的技术赶超过程中,政府首先就把技术能力放在了战略高度,并且在后来的技术赶超过程中也一直执行这样的战略,因此才有了日本、韩国等国家的高速发展。比如在日本,斋藤优在全面考察了技术创新在社会经济发展中的地位和作用后,提出了"技术立国"的主张,这一建议被日本通产省采纳为 20 世纪 80 年代的基本国策,1981 年也被定为"技术立国元年"。日本政府的技术立国政策对日本企业界乃至全社会都起到了战略整合租用。通产省机械信息产业局在 1981 年也明确指出,技术创新是社会进步的源泉,并对具体产业的技术能力培育提出不同的策略,为日本技术赶超战略的实施奠定了基础。

对我国而言,也要高度认识技术能力对后发技术赶超的战略驱动作用,从战略层面提出"技术能力立国"这一宏大战略并统领企业及社会各界,从而使社会目光远大,这也是弥补"市场失灵",促使企业加速技术赶超的根本。具体而言,实施这一战略包括以下措施。

1. 进一步完善市场机制,为技术能力提升奠定制度基础

充分利用 WTO 保护特定产业的规则,建立保护国内企业进行技术能力发展所必需的市场环境。完善知识产权制度,加大执法力度,保护专利权人的合法权益。同时,以市场为导向,采取技术引进、技术合作与自主创新等赶超方式进行全方位的技术赶超,发展高科技,实现产业化。做好技术选择与引进工作,支持鼓励国内企业在国外建立合资合作技术研发结构,鼓励外商企业在国内建立研究开发中心,促使技术扩散。

2. 以非平衡发展的思路,明确技术能力提升的优先次序与突破口

由于政府经济发展的目标差异、技术的社会属性及技术要素结构的不同,各国对技术发展的目标及优先发展顺序也是不一样的。因此,中国也应该遵循经济发展与技术能力发展的内在要求,以非平衡的发展理念,确定技术能力提升计划,明确技术能力发展的顺序和突破口。从宏观角度而言,应由技术引进、消化吸收向技术改进与技术自主创新转变。当然,这也要结合不同区域的要素禀赋和技术能力,按照要素禀赋的实际水平和技术能力的内在要求采取合适的技术赶超方式。

首先,应加强各产业技术消化吸收与改进能力。根据世界技术发展趋势,结合我国实际,选择具有一定基础和优势、关系国计民生和国家安全的关键领域,集中力量、重点突破,实现跨越式发展,力争在重点行业、重点企业、重点产品和重点工艺、重大技术装备制造上进行技术突破,力争达到世界先进水平。应重点选择一批关联性强、技术密集型产业(如汽车产业、航天技术、装备制造业)和具有战略制高点意义的高新技术项目,由国家进行资助,为产业升级奠定基础。同时,政府部门还要做好市场预测,加强信息引导,定期发布产业技术开发和引进的鼓励、限制和淘汰目录;组织制定特定区域技术能力发展规划,对我国不同区域制定不同的区域赶超战略。对东部区域,要鼓励这些区域的企业充分利用已有的优势,扬长避短,尽力采取自主创新模式进行技术赶超;对中部区域,要鼓励产学研紧密结合,采取合作创新模式,通过技术联盟、集群式创新来实现技术创新和突破,为技术赶超奠定基础;对西部区域,要加大技术引进力度,鼓励企业结合引进技术的特点,注重技术的消化吸收,为技术水平的提升奠定基础、积累力量,并大力推进以

企业为主体的技术能力发展体系建设。

3. 制定技术能力提升的财政政策和货币政策

在确立技术能力立国的宏观战略下，要认真落实并支持技术赶超，就需要制定提升技术能力的财政政策和货币政策。对那些事关国民经济和社会安全的重大技术、关键技术、共性和配套技术及其产业化项目，国家要重点给予支持。对关系到我国经济社会安全的"战略性、基础性、关键性"技术，尤其是国际垄断技术，要加大支持力度，通过财政政策、货币政策等手段，支持企业利用先进适用技术改造传统产业和实施高新技术产业化项目；继续扩大国家政策性银行的优惠贷款，加大对国家重点"技术创新工程"的资金支持力度；通过政府采购，加强对企业开发高新技术产品的引导和鼓励，培育技术能力。进一步鼓励企业增加研发投入，促使企业提高研发投入占销售收入比重的进一步提高，并充分发挥资本市场的孵化功能，促进技术能力的提升。

在推动技术能力提升的具体政策中，尤其是要发挥税收政策这个有效的工具，实行抵扣的创业投资者税制，比如：个人投资于创业投资基金的股份，在持满两年后可以抵扣其应个人所得税；企业类投资机构投资创业投资基金的股权，在持满三年后可以抵扣其税款；遗产、赠予资产投资于创业投资基金股权部分，可以免征遗产税和赠予税（安同良，2004）。

8.2.2 培育产业技术能力，构筑技术赶超的中观渠道

实施技术赶超是以科技为发展的第一要素，技术与相关要素结合产生物化效应，实现生产力的一次飞跃。尤其是产业驱动型技术实现跨越发展，必将波及多个行业并带动很大的产业面，经济效益巨大，社会效益深远。

1. 深化体制与制度创新，是实施技术赶超的根本保证

实施技术赶超带动产业发展的基本条件是要有一个能够支撑这种超常规发展的体制环境、制度环境以及先进的文化环境，而目前，我国绝大多数地区的技术赶超面临的主要问题是"大资源"与条块分割"小体制"的矛盾。市场化制度建设

尚不完善,社会法制尚不健全;创新文化不普及;标新立异、敢为人先、不怕失败、团结奋斗的社会氛围较差等等,这些都制约着技术跨越发展的步伐。因此,要实现技术赶超,必须进一步深化体制改革,加快现代经济制度的建设和先进文化制度的建设,优化地区环境,提升市场化水平。应在全国范围内优化政策环境、法制环境、金融环境,运用社会主义大市场这只"看不见的手",激活科技、人才、信息等资源,建立公平、公正、平等竞争的市场环境,发挥舆论媒体对市场的监督;积极培育中介市场,逐步建立以科技、人才、金融为主业的中介服务体系,发挥中介机构服务与调节功能。

2. 加强具体产业技术赶超模式识别,采取多模式赶超

中国是一个经济技术发展不平衡的"大国",有些地区或产业具有廉价的劳动力资源优势和适用技术优势,有些地区或产业又具有高新技术优势和资本密集型产业优势;中国又是一个处于转型时期的国家,有些地区或产业具有后发大国和地区的优势,有些地区或产业又具有发达国家的优势。因此,在技术赶超过程中,不同产业要采取不同的技术赶超模式,对于具有优势技术的产业,应该依靠自主创新和自主知识产权,结合吸收国外技术成果实施技术赶超。例如:软件技术、巨型计算机设计技术是我国的优势技术领域,在国际市场上具有重要的战略地位,我们应该采取自主创新的赶超模式。对以我国特有资源为基础,通过自主创新,形成垄断性的技术,应发展在国际市场上具有强大竞争力的产业。如以稀土为基材的特种材料及制品,中医中药(包括藏医藏药、蒙医蒙药)生产的现代化;运用现代生物技术提升丝绸制品等,也应该采取自主创新模式。对国民经济及国家安全有战略影响,而我国不具有明显优势的技术与产业,应采取先引进后发展模式,如能源技术(核能、煤的液化与气化技术等)、环保技术、微型制造、遥感遥测、现代医药等,这些领域可以利用国内市场和劳力优势,吸引跨国公司在国内建厂或引进技术及成套设备,在这些重要领域实现高起点发展,采取消化、吸收、提高的途径逐步提升技术能力,建立起自主的技术产业体系。

3. 构建技术赶超工程产业链

实施技术赶超是涉及社会多方面的系统工程:从科技原创、原理性实验、技术

验证、工程试验、产品开发、产品定型到市场开拓等；从时间尺度上看，要抓住发展机遇，争取后来居上，有很强的竞争性。因此应从技术经济发展的规律出发，调动官、产、学、研各方面的力量，构建"技术赶超工程"产业链。"技术赶超工程"项目应成为国家经济社会发展计划的重要组成部分，并列入专项，由专门机构负责总体规划和实施。"技术赶超工程"产业链应包括六个主链系统（原理性实验、技术单元实验、综合工业试验、产品样机研制、产品市场化研究、产品工业化定型等）和技术支撑系统与空间环境系统两个子系统构成。

从我国区域经济发展现状来看，构建"技术赶超工程"产业链应采取政府支持与市场运作相结合的机制，以科技园区为主要环境载体，延伸到有关科研机构、大学或企业。为推动"技术赶超工程"的顺利实施，政府应采取"更特殊"的政策和手段，建立"绿色创新"行动通道，避开行政体制或部门规章制度所设置的障碍，争取在较短时间内获得技术赶超示范性成果。

8.2.3 培育企业技术能力，构筑技术赶超的微观基础

后发地区技术能力从根本上来讲是一个区域内企业的技术能力，只要企业具备了赶超的技术能力，则后发地区就具备了技术赶超的基础。因此，企业技术能力的培育是技术赶超的微观基础。在经济转型的背景下，中国绝大多数企业还不具备现代企业的机制、结构和制度，还不是一个真正意义上市场经济主体。因此，必须全方位地提升企业的技术能力，培育后发技术赶超的微观基础。

1. 改革体制，理顺机制，完善制度，是企业技术能力培育的前提

在企业技术能力提升过程中，企业自身的产权制度、管理制度等内在机制是企业成为复杂适应性主体的关键变量。因此，要以企业产权制度的激励化、组织结构的动态化、生产制度的升级化、管理制度的转型化，奠定企业技术能力培育的环境、机制和模式。要发挥企业家主体的创新精神，尤其是专业技术人员的主人翁意识来构筑企业的产权制度，用经营者、管理者及主要技术人员持股的方式激发他们对企业剩余控制权的追求，一方面可以避免所有者缺位导致的企业经营短

视行为,另一方面能够更好地激发专用性人力资本的投资。同时要以企业技术能力提升为目标,构筑企业先进的生产方式。在产品生命周期日益缩短、技术竞争日益复杂的今天,企业要树立以世界市场为目标,动态地整合企业内部技术力量和外部力量,采取各种措施,不断地获取新知识、新技术、新技能,进行技术模仿、技术改造、合作创新、自主创新等,使产品创新不断,全方位地提升企业的技术能力。

2. 优化企业的技术学习方式

由于技术引进的低成本性和高收益性,使中国很多企业钟情于技术引进而不注重技术学习,具体表现是技术学习方式单薄,对技术学习缺乏精心的管理。因此,必须优化企业的技术学习方式,不能将技术学习仅仅停留在操作与策略层面上,而应该尽力学习成功企业技术战略层面的运作,提升组织能力和智力。在全面理解技术及技术链的基础上,以技术驱动因子,尤其是技术人员的价值取向和企业的价值取向为准则,事实科学的技术管理,强调技术选择中战略和组织的原则,了解企业技术学习的来源,从企业外部、内部、内外部三种来源的耦合中,优化技术学习的方式。改变我国企业惯性的内部干中学模式,了解、熟悉并学习联盟式、适应性等多种更为有效的技术学习方式,让企业学会在合作中学习,在学习中创新。同时要制定企业技术能力不断提升的远景规划,建立企业灵活的技术吸收、消化、提升的内在机制,如逆向学习、反解工程、合资企业的技术学习、技术联盟式学习、通过 OEM 学习、对购进图纸与生产设备的学习。尤其是技术联盟这种合作型创新方式,它能有效地分担风险、集中资源及充分利用各企业的技术基础和技术能力,方便快捷地获取技术能力提升的基础资源。

3. 以深度研发为基础,广泛地开展技术改进和技术创新

在技术赶超的有效方式中,模仿创新是一条有效的途径,这是我国企业经常采用的一种战略。要在模仿创新的基础上,借鉴国内外先进的研发模式,科学管理研发过程,并科学地把握技术赶超的切入点,集中发挥企业的研究机构或者高校科研机构的技术平台和基础优势,利用好现有人力资源和国家创新网络,在全球范围内寻求技术发展机会,把握技术机遇,尽可能地开展技术改造和技术创新。

4．改革技术创新组织，设计合理的技术创新组织机制

组织设计是技术能力提升的一项关键决策，因为研发的不确定性、知识生产的非常规性，企业为刺激和持续创新一般可以采取不同的组织机制：独立的研发中心、基于项目的组织、新的创业部门。建立独立的研发中心可以使企业引导基础研究和应用研究的重点与企业的努力在战略上保持一致，可以建立从科学团队收集、综合和转化科学技术知识的方法，创造出能发展成为新产品和服务的重大新工艺和产品技术。项目型组织是一种团队创新模式，这是我国企业在技术能力培育过程中应该重点使用的研发组织形式，在获取高难度的隐含知识时，组建特别团队，齐心协力，以危机为导向，被证明是一种成功的组织方式。在日本和韩国的技术赶超过程中都曾使用这种技术赶超形式。新创业部门把新的创业活动从企业现有的经营范围内分离出来，新创业部门从内部提供了一个创业环境，新的业务机会可以得到开发、孵化并转化为项目。

第9章

结束语

9.1 主要结论

9.1.1 拓展的要素禀赋是技术能力形成的关键,两者共同决定后发大国的技术赶超

传统的要素禀赋理论起源于国际贸易领域,是区域经济生产要素丰裕程度的对比。传统要素禀赋理论无视区域经济发展程度的区别、忽略区域要素质的差异,使要素禀赋理论等同于要素数量论,混淆了生产要素质和量的差别。按照这种观点,拥有丰富生产要素的国家会较快地实现发展,优先成为发达国家。而现实情况却恰恰相反,"里昂惕夫之谜"也变相地推翻了这个命题,这就需要我们重新审视传统的要素禀赋理论,以致重新审视后发经济赶超的实质。实际上,要素禀赋是由数量和质量两个维度共同决定的,是要素数量和质量的统一体。理解了这一点,有助于我们进一步从本质上去探讨后发经济赶超的实质。

后发大国或地区的经济赶超的实质是技术赶超,而技术赶超的关键是技术能力的赶超,而技术能力又是一个复杂的系统。在技术赶超过程中,技术能力是指对技术赶超机会进行识别,选择技术跨越突破点,同时尽可能地从外界获取先进的技术和知识,进行消化吸收,并结合内部的知识,产生新的技术与知识,突破技术赶超临界点,实现技术赶超,同时又使技术与知识得到储备与积累的能力。在

技术赶超过程中,经济体的技术能力是由其所拥有的要素禀赋所决定的,也就是说,要素数量和要素质量决定了技术能力,而技术能力和要素禀赋一起决定了技术赶超的实现。

9.1.2　技术赶超方式要与后发大国的要素禀赋和技术能力相匹配

按照新增长理论,技术是经济收敛的关键,后发大国和地区可以通过引进发达国家和地区的先进技术,缩小与发达地区技术水平的差距及与发达国家之间经济发展水平的差距,从而达到经济收敛。但是一个痛苦的事实则是后发国家,尤其是后发大国并没有通过技术后发优势实现如新经济增长理论所预料的经济收敛。出现这种情况的根源在于经济体要素禀赋、技术能力与技术赶超的匹配程度不一样。发达国家由于技术能力较高,相对而言总是能够开发出适合本国要素禀赋和经济技术发展水平的新技术。但对后发大国和地区来说,发达国家所开发的新技术可能对于它并不适合,因为后发大国和地区普遍缺乏像发达国家那样应用技术所必需的组织、技术或制度条件。脱离后发大国和地区国情的技术即使再先进,也难以推动经济增长和发展。因此,问题的实质是后发大国和地区在模仿发达国家先进技术的时候,一方面要注意选择适合本国国情的先进技术,积极创造使发达国家的先进技术得以吸收利用的条件。另一方面要避免一味地模仿国外技术,要将构筑国家的技术能力作为自己的战略目标,将技术模仿视为构筑自主创新能力的一种途径和方式。

换句话说,发达国家的现有技术是适合本国要素禀赋和技术能力的,但是对于后发大国和地区来说,发达国家所开发的新技术可能对于后发大国和地区并不适合,因为后发大国和地区普遍缺乏像发达国家那样应用技术所必需的组织、技术基础、人力资本等技术能力。所以在国际技术扩散中,我们可以看到一个奇怪的现象:很多后发大国和地区引进了发达国家的先进技术,但是却陷入一个"引进—落后—再引进—再落后"的一个怪圈,其根本原因就是后发地区缺乏与之相匹配的技术能力,使得引进的技术无法有效地得到消化吸收,脱离后发大国和地区技术能力的技术即使再先进,也难以推动后发大国和地区的经济增长和发展。因此,问题的实质是后发大国和地区在引进、模仿发达国家先进技术的时候,一方面要注意选择适合本国国情的先进技术;另一方面要积极创造使发达国家的先进技术得以吸收利用的条件。也就是说后发地区一边要引进与自己技术能力相适应的技术,一边要注意培育自己的技术能力,保证技术引进与技术能力的螺旋上升。

技术赶超方式有很多,从赶超主体的行为来看,主要有三种:模仿创新、合作创新和自主创新,这三种赶超方式对应的技术能力不一样,一般而言,模仿创新对应的要素禀赋和技术能力比较低,合作创新对应的要素禀赋和技术能力程度较高,而自主创新所对应的要素禀赋和技术能力最高。对后发大国而言,其技术赶超方式是随着该经济体技术能力而变化的,当技术能力参数较低时,应该采取模仿创新的技术赶超方式;当技术能力参数上升到一定的程度之后,企业可以采取合作创新的技术赶超方式;只有技术能力上升到较高的程度时,才有可能实施自主创新的赶超方式。这样做可以充分节省研究开发投入,最大程度地利用现有创新要素实现技术赶超。

9.1.3　后发大国技术赶超的方式与速度取决于该经济体的技术能力

技术赶超是一个综合概念,在理论上,我们可以进行直接或者间接地测度,但在现实中,我们无法直接用技术进步率来测度。纵观已有的赶超文献,大都用经济增长率来衡量,经过严格的推导我们发现,后发大国或地区在技术赶超过程中均衡经济增长率不仅取决于该经济体的技术能力,还取决于技术能力与人力资本、研发投入、技术基础与技术能力的交互作用。均衡经济增长率与人力资本、研发投入、技术能力呈正向关系,而与技术基础呈反向关系。

9.1.4　中国不同省份的技术能力差异决定了技术赶超方式的差异

中国是一个有着显著二元特征的国家,各个省份的经济发展和技术水平很不均衡,省际之间不仅在劳动力、资本、技术等学习能力和社会能力方面相差甚远,而且在市场体制与市场体系的发育和完善方面差距也甚大,这就决定了各个省份的技术差距不一,技术能力也有明显差异。即使在同一产业内部,中国技术进步也呈现出"多元化和多层次"的显著特征。这种状况决定了中国省域技术赶超方式选择的不确定性,因此全面衡量中国省域技术能力有助于正确地选择技术赶超方式。正确的技术赶超方式是区域经济技术赶超的前提和关键,战略选择的失误会使经济体的经济发展陷入困境,中国计划经济时代赶超战略选择失误所导致的经济停滞就是最好的明证。区域经济发展水平和技术能力的不平衡性决定了不同的区域必须采取不同的、与自己要素禀赋和技术能力相适应的技术赶超方式。

由于区域要素的数量和质量存在着较大的差别,而这种差别会最终表现在技术能力的差别上,经过严格的指标体系选择,我们用主成分分析计算出各个省份的技术能力,并经过进一步的计量分析发现,中国区域技术赶超过程存在着技术能力门槛效应,其中西藏、云南、贵州、海南、青海、甘肃和宁夏7个省份还没有跨越技术能力门槛,这些区域主要应该采取模仿创新进行技术赶超,北京、上海、天津、广东、江苏和浙江6个省份越过了第二个技术能力门槛,具备了自主创新的能力。其他18个省份处于两个门槛效应之间,具备了合作创新的能力。

在知识经济时代,各个省份要全面衡量自己的要素禀赋和技术能力,建立独特的区域技术创新体系,培育特色的技术能力,为区域经济技术赶超提供动力。

9.2 本书的创新

本书在认真考察了要素禀赋、技术能力和创新方式的本质、内涵和特征的基础上,深入挖掘三者之间的关系,构筑了基于技术能力和要素禀赋的技术赶超模型,比较分析几种创新方式的创新效果,并将之纳入内生经济增长模型中,考察技术赶超方式对后发经济赶超的作用机理。为了更具有说服力,本书认真地考察了日本和韩国技术赶超方式的演变路径,发现二战后日本经济依靠引进创新得到迅速恢复,通过合作创新得到飞速发展,但也正是持久的自主创新不足使日本经济长时期处于低迷,近年来通过自主创新力度的加大又重温昔日的辉煌。同时,通过科学的指标体系的设置,对中国技术能力进行科学的测算,并考察各个省份技术能力的门槛效应,对每个省份的技术赶超方式提出依据,为后发经济技术赶超提供了建议。

具体而言,本书的创新之处体现在:

(1)提出了拓展的要素禀赋理论。传统的要素禀赋理论是区域经济生产要素丰裕程度的对比,要素禀赋理论等同于要素数量论,混淆了生产要素质和量的差别。本书重新审视传统的要素禀赋理论,提出要素禀赋是由数量和质量两个维度共同决定的,是要素数量和质量的统一体。

(2)要素禀赋决定一个经济体的技术能力。后发大国或企业的经济赶超的实质是技术赶超,而技术赶超的关键是技术能力的赶超,而技术能力是一个复杂的系统,在技术赶超过程中,它是指对技术赶超机会进行识别,选择技术赶超突破点,同时尽可能地从外界获取先进的技术和知识,进行消化吸收,并结合内部的知识,产生新的技术与知识,突破技术赶超临界点,实现技术赶超,同时又使技术与知识得到储备与积累的能力。在技术赶超过程中,经济体的技术能力是由其所拥有的要素禀赋所决定的,也就是说,要素数量和要素质量决定了技术能力,它与要素禀赋一起决定了技术赶超的实现。不同的劳动力数量和质量、资本的数量和质量、技术基础状况等要素禀赋的差异性,使得后发大国技术赶超能力的表现也各不相同,这是后发大国技术赶超的关键。更直接地说就是后发大国的技术赶超的关键是由要素禀赋和技术能力共同决定的。

(3)要素禀赋和技术能力是动态的概念,他们的动态演变决定了技术创新的动态性,从而也决定了技术赶超的动态性。一个国家或地区的要素禀赋和技术能力在不同时期有不同的表现,这是要素禀赋和技术能力动态进化的结果。当一个国家的要素禀赋和技术能力逐渐由低向高演变时,后发国家(地区)的技术创新方式也逐渐由模仿创新逐渐向合作创新和自主创新演变。也就是说,什么样的要素禀赋就决定了什么样的技术能力,从而也就决定了什么样的技术创新方式。

(4)构建了基于要素禀赋的技术能力测算体系。技术赶超的过程实质上也是技术能力的超越过程,本书基于技术赶超的过程,提出了基于技术赶超的技术能力概念,提出了比较科学合理的要素禀赋指标体系,构建了完整的技术能力体系,并对区域技术能力进行了精确的测算,得出了一些有益的结论,对技术能力体系的构建有较强的指导性。

9.3 展望

后发大国技术赶超是一个非常复杂的系统过程,受到多种因素的影响,同时,技术赶超的研究又是一个全新的领域,前进的每一步都要付出艰辛的努力。并且因时间和篇幅所限,本书只是从要素禀赋和技术能力的视角对后发技术赶超进行研究,可以说,这只是起点,而决非终点。研究的过程是一个信息不断充分、不确定性不断减少、问题不断发现的过程,在本书即将告一段落之际,却发现更多的问题展现在我们的面前,需要进一步研究。

(1)拓展的要素禀赋理论的完善。要素禀赋理论已经相对成熟,而本书仅仅是弥补与扩充,这种提法究竟是否科学合理,还需要进一步的研究。尤其是像我——一个学生,去提出拓展的要素禀赋理论,还有许多疑惑,比如比较完整的框架,拓展的要素禀赋理论对国际贸易的影响、对国家的策略等,还有很多工作需要去尝试。

(2)技术赶超条件的研究需进一步加强。限于精力,本书对技术赶超条件的研究未能涵盖多个方面。比如,对于技术差距的研究,技术差距包括技术基础、技术现状等方面,这是技术赶超的关键问题之一;在涉及技术赶超方式上,我们提到模仿创新这种技术赶超方式,而模仿创新又往往涉及知识产权保护问题;知识产权保护又是当今的一个热点问题,本书对这些问题的研究不够深入。因此,本书在相应的政策建议上略显不足。在进一步的研究中，可以进行专题讨论，也可以就具体的问题进行实证研究和统计分析。

（3）对技术赶超在各产业领域的实践模式和操作方法的研究需要加强。本书研究的是宏观上技术赶超的一般性理论和方法。但是，技术赶超往往是产业的赶超，而各产业领域存在着其个性的特征。如汽车产业是关联性强、技术密集度高的产业，它与其他产业有着相当程度上的不同；再比如劳动密集型产业的技术赶超也可能和技术密集型产业的技术赶超存在差异，因此需要进一步研究技术赶超在各产业领域中的实践模式和操作方法。

（4）对技术赶超所需要的技术能力的测度需要进一步研究。技术赶超的核心是技术能力，而技术能力又是由要素禀赋来决定的，本书在技术能力测度上仅仅采用主成分分析的方法，并且技术能力指标的有限性和获得的困难性，使本书测度出的技术能力的真实性和科学性有待进一步商榷。并且，本书提出的拓展的要素禀赋理论的说法还有待进一步的考证。

（5）要素禀赋、技术能力与后发技术赶超的作用机理阐述不够充分。要素禀赋决定着技术能力，两者又共同作用决定着后发技术赶超方式和赶超速度。但是，遗憾的是作者无法将要素禀赋、技术能力和技术赶超方式整合在一个统一的分析框架内。在分析过程中，作者虽然阐述了要素禀赋作用于技术能力的过程，但后续的研究是探讨了要素禀赋对后发技术赶超的机理、技术能力对后发技术赶超的机理，并且在探讨要素禀赋对后发技术赶超作用机理时也是借用了 Barro 和 Sala-I-Martin 以及 Grossman 和 Helpman 等人的技术创新框架，这是不完整的，在逻辑上是有缺陷的，这需要本书组在今后的工作和学习中继续努力。

参 考 文 献

Krugman P. , Brezis E. , Tsiddion D. Leapfrogging: A Theory of Cycles in National Technological Leadership[N]. NBER Working Paper: No. 3380, 1991.

Barro R. , Sala I-Martin X. Technological Diffusion, Con-vergence, and Growth[J]. Journal of Economic Growth, 1997(2):1—27.

Verspagen, B. A new empirical approach to catching up and falling behind[J]. Structural Change and Economic Dynamics, 1991(2):359—380.

Verspagen, B. Uneven Growth Between Interdependent Economics, An Evolutionary View on Technology Gaps. Trade and Growth[M]. Maastricht: Universitaire PersMastricht, 1992:23—29.

Stewart, F. Technology and Underdevelopment[M]. London, Macmillisn, 1977: 22—23.

Hellenier, G. K. the role of multinational corporation in less developed countries' trade in technology[J]. World Development 3, 1975(4):161—189.

ESCAP/UNCTC. Cost and condition of technology transfer through Transnational Corporations: A Regional Perspective[A]. In: Edward K. Y. Chen. Technology Transfer to Developing Countries, 1984:82—87.

Brooke, M. Z. Selling Management Services Contracts[A]. In: International Business, London: Holt, Rinehart and Winston, Cited in Robinson, 1988, 124—138.

Sahal, D. Alternative conceptions of technology[J]. Research Policy, 1981(10):

2—24.

Sahal, D. , The form of technology[A]. In: Sahal, D. The Transfer and Utilization of Technical Knowledge [C]. Lsington Publishing, Lexington, MA, 1982: 125—139.

Enos, J. L. Transfer of technology[J]. Asian-pacific Economic Literature, 1989(3): 3—37.

Hobday. M. Innovation in East Asia: the challenge to Japan[M]. Edward Elgar, Hants, 1995:22—30.

Lee. K. , Lim. C. Technological Regimes, Catching-up and Leapfrogging: indings from Korean Industries[J]. Research Policy, 2001(30):459—483.

Posner. M. V. International Trade and Technical Change[J]. Oxford Economic Paper, 1961, 13.

Vernon. R. International Investment and International Trade in the Product cycle[J]. Quarterly Journal of Economics, 1966(5):197—207.

Brezis. E. , Krugman. P. R. , Tsidon. D. Leapfrogging in International Competition: A Theory of Cycles in National Technological Leadership[J]. The American Economic Review, 1993, 83(5):1211—1219.

Gerschenkron. A. Economic Backwardness in Historical Perspective[M]. Cambridge MA: Harvard University Press, 1962:145—167.

Mathews. J. A. , Cho. D. S. Combinative Capabilities and organizational learning in Latecomer Firms: The Case of the Korean Semiconductor Industry[J]. Journal of World Business, 1999, 34(2):139—156.

Utterback. J. M. , Abernathy. W. J. A Dynamic Mode of Process and Product Innovation[J]. Omega, 1975(3):639—656.

Lake, A. W. Technology Creation and Technology Transfer By Multinational Firms [A]. In R. G. Hawkins. The Economic Effects of Multinational Corporations, Greenwich, Conn[C]. JAI Press, 1979:1—32.

Smith，C. H. Japanese Technology Transfer to Brazil［M］. UMI Research Press，Ann Arbor，Mich，1980：134—138.

Gee，Sherman. Technology transfer，innovation，and international competitiveness ［M］. Willey，New York，1981：89—102.

Caves，R. E. Multinational firms，competition and productivity in host country market ［J］. Economica，1974(41)：176—193.

Findly，R. Relative backwardness，foreign direct investment，and the transfer of technology：a simple dynamic mode［J］. Quarterly Journal of Economics，1978. Vol. XCII，No. 1：345—375.

［28］Pavitt，K. the multinational enterprise and the transfer of technology［A］. In： J. H. Dunning，The multinational enterprise［C］. Allen，Unwin. London，1984： 89—102.

Patel P.，Pavitt K. Laarge firms in the production of the world's technology：an important case of non-globalisation［J］. Journal of International Business Studies， 1991(22)：1—21.

Hymer，S. H. the efficiency of multinational corporations［J］. American Economic Review，1970(60)：441—448.

Moran，T. H. Multinational corporations and dependency：a dialogue for dependentistas and non-dependentistas［J］. International Organisation，1970(32)：79—100.

Lall S.，Streeten P. Foreign Investment，Transnationals and Developing Countries ［M］. Macmillan，London，1977：453—461.

Lall S. Multinational，Technology and Exports［M］. Macmillan，1985：53—66.

Cantwell J.，Dunning J. H. MNES technology and the competitiveness of Europen industry［J］. Aussnwritschaft，1991(46)：45—65.

Fagerberg，J. Technology and international differences in growth rates［J］. Journal of Economic Literature，1994，32：1147—1175.

Cohen，Levinthal. Absorptive capability：a new perspective on learning and innovation

参 考 文 献

［J］. Administrative Science Quartely, 1990(35):128—152.

Kindly E. Technology Transfer and Economic Development Lessons of History［J］.
The Journal of Developing Areas, 1978(21):403—427.

Kokko A. Technolony, Market Characteristic, and Spillovers［J］. Journal of Development Economics, 1994(43):279—293.

Blomstrom M. , Sjoholm F. Technology Transfer and Spillovers: Does Local Participation with Multinationals Matter? ［J］. European Economic Review 1999(43):915—923.

Bin Xu. Multinational enterprises technology diffusion and host country productivity growth［J］. Journal of Development Economics, 2000(62):477—493.

Guan Gong, Wofgang Keller. Convergence and polarization in global income levels: a review of recent results on the role international technology diffusion［J］. Research Policy, 2003(32):1055—1079.

Kim L. Lmiitation to innovation: the Dynamics of Korea's Technological Learning ［M］. Boston. Masschustetts: Harvard Business School Press, 1997:124—154.

Hobday M. Innovation in East Asia: The Challenge to Japan［M］. Edward Elgar Publishing, 1995:12—54.

Gil Y. , Bong S. , Lee J. , Integration Model of Technology Internalization Modes and Learning Strategy: Globally Late Starter Samsung's Successful Practicces in South Korea［J］. Technovation, 2003(23):333—347.

Lee J. , Bae Z. , Choi D. Technology Development Process in a Developing Country: a Global Perspective Model［J］. R&D Management, 1998(3):235—250.

Putranto K. , Stewart D. , Moore G. International Technology Transfer and Distribution of Technology Capabilities: the Case of Railway Development in Indonesia ［J］. Technology in Society, 2003(25):43—53.

Brezis E. S. Kuugman P. R. , Tsiddon D. Leapfrogging in International Competition: A Theory of Cycles in National Technological Leadership［J］. American Economic Review, 1993(83):1211—1219.

Brezis E. S. , Kuugman P. R. Technology and the Life cycle of Cities[J]. Journal of Economic Growth, 1997(2):369—383.

Ohyama M. , Johnes R. W. Technology Chlice, Overtaking, and comparative Advantage[J]. Review of International Economics, 1995(2):224—234.

Desmet K. A Simple Dynamic Model of Uneven Development and Overtaking[J]. Economic Journal, 2002(112):894—918.

Krugman P. R. Increasing Returns and Economic Geography[J]. Journal of Political Economy, 1991(99):83—499.

Krugman P. R. , Venables A. J. Globalization and the Inequality of Nations[J]. Quarterly Journal of Economics, 1995(110):857—880.

Venables A. J. Equilibrium Locations of Vertically Linked industries[J]. International Economic Review, 1996(37):341—359.

Brezis E. S. , Tsiddon D. Economic Growth Leadership and Capital flows: the Leap-frogging effect[J]. The Journal of International Trade and Economic Development, 1998(3):261—277.

Amiti M. Regional Specialization and Technological Leapfrogging[J]. Journal of Regional Science, 2001(41):149—172.

Helpman E. Innovation, Imitation, and Intellectual Property Right[J]. Econometrica, 1993(61):1247—1280.

Markusen James R. Contracts, Intellectual Property Rights, and Multinational Investment in Developing Countries[J]. Journal of Intemational Economics, 2001(53):189—204.

McCalm P. , Reaping What you sow: An Empirical Analysis of International Patent Hamonization[J]. Journal of Intemational Economics, 2002(55):161—186.

Glass, Saggi. Intellectual Property Right and Foreign Direct Investment[J]. Journal of Intemational Economics, 2002(56):387—410.

参 考 文 献

Fagerberg, J. Technology and international differences in growth rates[J]. Journal of Economic Literature, 1994(32):1147—1175.

Cohen, Levinthal. Absorptive capability: a new perspective on learning and innovation [J]. Administrative Science Quartely. 1990(35):128—152.

Kindly E. Technology Transfer and Economic Development Lessons of History[J]. The Journal of Developing Areas, 1978(21):403—427.

Kokko A. Technolony, Market Characteristic, and Spillovers[J]. Journal of Development Economics, 1994(43):279—293.

Blomstrom M. , Sjoholm F. Technology Transfer and Spillovers: Does Local Participation with Multinationals Matter?[J]. European Economic Review 1999 (43): 915—923.

Krugman P. Brezis E. , Tsiddion D. Leapfrogging: A Theory of Cycles in National Technological Leadership[N]. NBER Working Paper: No. 3380, 1991.

Barro R. , Sala I-Martin X. Technological Diffusion, Con-vergence, and Growth[J]. Journal of Economic Growth, 1997(2):1—27.

DeLong, J. B. , Summers, L. H. Equipment Investment and Economic Growth[J]. Quarterly Journal of Economics, 1991(106):445—502.

Fagerberg, J. Technology and International Differences in Growth Rates[J]. Journal of Economic Literatures, 1994(32):1147—1175.

Quah, D. Empirics for Economic Growth and Convergence[J]. European Economic Review, 1996(40):1353—1375.

Levine, R. , R. Enelt, D. A Sensitivity Analysis of Cross-country Growth Regressions [J]. American Economic Review, 1992(82):942—963.

Nelson, Richard R. , Edmund S. Phelps Investment in Humans, Technological Diffusion, and Economic Growth[J]. American Economic Review, 1966(56):69—75.

Johnson, H. On Economics and Society[M]. Chicago: University of Chicago Press, 1975:283—301.

Psacharo poulos, G. Returns to Education[M]. Amsterdam: Elsenier, 1973:82—101.

Spence, Michael. Product Selection, Fix Costs, and Monopolistic Competition[J]. Review of Economic Studies, 1976, 43(2):217—235.

Dixit, Avinsh K. , Joseph E. Stiglitz. Monopolistic Competition and Optimum Product Diversity[J]. American Economic Review, 1977, 67(3):297—308.

Romer Paul M. Growth Based on Increasing Returns Due to Specialization[J]. American Economic Review, 1987, 77, 2(May):56—62.

Romer Paul M. Endogenous Technological Change[J]. Journal of Political Economy, 1990, 98, 5(October):71—102.

Feldstein, Martin, Horioka, Charles. Domestic Savings and International Capital Flows[J]. Economic Journal, 1980, 90(June):314—329.

Barro R. , Mankiw, N. Gregory, Sala-I-Martin-X. Capital Mobility in Neoclassical Models of Growth [J]. American Economic Review 1995, 85 (March): 103—115.

Feldstein, Martin. Temporary Layoffs in the Theory of Unemployment[J]. Journal of Political Economy, 1976, 84(October):937—957.

Romer Paul M. Increasing Returns and long Run Growth[J]. Journal of Political Economy, 1986, 94, 5(October):1002—1037.

Solow, Robert M. A Contribution to the Theory of Economic Growth[J]. Quarterly Journal of Economics, 1956, 70, 1(Febrary):65—94.

Swan, Trevor W. Economic Growth and Capital Accumulation[J]. Economic Record, 1956, 32(November):334—361.

Griliches, Zvi. Productivity Puzzles and R&D: Another Explantation[J]. Journal of Economic Perspectives, 1988, 2, 4(Fall):9—21.

Romer Paul M. Endogenous Technological Change[J]. Journal of Political Economy, 1990, 98, 5(October):71—102.

Grossman, Gene M. , Elhanan Helpman. Innovation and Growth in the Global

参 考 文 献

Economy[M]. Cambridge MA. MIT Press, 1991:45—85.

Aghion, Philipps and Peter Howitt. A Model of Growth through Creative Destruction [J]. Econometrica, 1992, 60, 2(March):323—351.

Mankin, N. Gregory, Romer, David, Weil, David N. A Contribution to the Empirics of Economic Growth [J]. Quarterly Journal of Ecomomics, 1992, 107 (May): 407—437.

Spence, Michael. Product Selection, Fixed Costs, and Monopolistic Competition[J]. Review of Economic Studies, 1976, 43, 2(June):217—235.

Dixit, Avinash K. , Joseph E. Stiglitz. Monopolistic Competition and Optimum Product Diversity[J]. American Economic Review, 1977, 67, 3,(June):297—308.

D'Aspremont C. , Jacquemin A. Cooperative and non-cooperative R&D in a duopoly with spilloverr[J]. American Economic Review, 1988, 78:1133—1137.

D'Aspremont C. , Jacquemin A. Cooperative and non-cooperative R&D in a duopoly with spillovers: Erratum [J]. American Economic Review, 1990, 80 (3): 641—642.

Kamin M. , Muller E. , Zang I. Research Joint Venture and R&D cartels[J]. American Economic Review, 1992, 82:1293—1307.

Suzumura K. Cooperative and noncooperative R&D in an oligopoly with spillovers[J]. American Economic Review, 1992, 82:1307—1320.

Reinganum J. F. The Timing of Innovation: Research, Development, and Diffusion [A]. In: Schmalensee R L, Will R D,(Eds). Handbook of Industrial Organization[C]. North-Holland, New York, 1989:849—908.

Grossman G. M. , Shapiro C. Dynamic R&D competition[J]. Economic Journal, 1987, 97:372—387.

Poyago-Theotoky J. A. Equilibrium and Optimal Size of a Research Joint Venture in an Oligopoly with Spillovers [J]. Journal of Industrial Economic, 1991, 12: 83—103.

Ziss, Steffen. Strategic R&D with Spillovers, Collusion and Welfare[J]. Journal of Industrial Economic, 1994, XLII(4).

Cohen, W. , D. Levinthal. , Innovation and Learning: The Two Faces of R&D[J]. Economic Journal, 1989, 99:569—596.

M. Abramovitz. Catching Up, Forging Ahead and Falling Behind[J]. Journal of Economic History, 1986, 46(2):385—406.

E. Borensztein, J. D. Gregorio, J. W. Lee. How Does Foreign Direct Investment Affect Economic Growth? [J]. Journal of International Economics, 1998(45): 115—135.

B. Xu, Multinational Enterprises, Technology Diffusion, and Host Country Productivity Growth[J]. Journal of Development Economics, 2000(62):477—493.

Findly E. Technology Transfer and Economic Development Lessons of History[J]. The Journal of Developing Areas, 1978(21):403—427.

Cohen, Levinthal. Absorptive capability: a new perspective on learning and innovation [J]. Administrative Science Quartely. 1990(35):128—152.

Fagerberg, J. Technology and international differences in growth rates[J]. Journal of Economic Literature, 1994(32):1147—1175.

Anderson, T. W. An Introduction to Multivariate Statistical Methods[M]. New York: John Wiley, 1958:27—29.

Moschos, D. Export Expansion, Growth and the Level of Economic Development, An Empirical Analysis[J]. Journal of Development economics, 1989(30):93—102.

Quandt, R. E. The Estimation of a Linear Regres-sion System Obeying Two Separate Regimes[J]. Journal of the American Statistical Associatin, 1958 (53): 873—880.

Campbell II, T. L. , Keys, P. Y. , Corporate Governance in South Korea: the Chaebol Experience[J]. Journal of Corporate Finance, 2002(8):373—391.

Choung, J. , Hwang, H. , Choi, J. , Transition of Latecomer Firms From Technology Users to Technology Generators[J]. Korean Semiconductor Firms, World Development, 2000(28):969—982.

Kim, Y., Lee, B. Patterns of Technological Learning among the Strategic Groups in the Korean Parts Industry[J]. Research Policy, 2002(31):543—567.

Lee, K., Lim, C. Technological Regimes, Catching-up and Leapfrogging. Findings from the Korean Industries[J]. Research Policy, 2001, 459—483.

Vonortas, Nicholas S., Safioleas, Stratos P., Strategic Alliance in Information Technology and Developign Country Firms Recent Evidence[J]. World Development, 1997, 25(5):657—680.

邹薇,代谦. 技术模仿、人力资本积累与经济赶超[J]. 中国社会科学,2003(5):26—37.

林毅夫,刘培林. 自身能力与国企改革[J]. 经济研究,2001(9):60—70.

林毅夫. 后发优势与后发劣势——与杨小凯教授商榷[R]. 北京大学中国经济研究中心讨论稿,No. C2002012, 2002b.

何洁,许罗丹. 我国工业部门引进外商直接投资的外溢效应的实证研究[J]. 世界经济文汇,1999(2):8—14.

何洁. 外商直接投资对中国工业部门外溢效应的进一步精确量化[J]. 世界经济,2000(12):29—36.

彭水军,包群,赖明勇. 技术外溢与吸收能力:基于开放经济下的内生增长模型分析[J]. 数量经济与技术经济研究,2005(8):35—46.

赖明勇,张新,彭水军,包群. 经济增长的源泉:人力资本、研究开发与技术外溢[J]. 中国社会科学,2005(2):32—46.

许和连. 出口贸易的技术外溢效应:基于三部门模型的实证研究[J]. 数量经济与技术经济研究,2005(9):103—111.

徐雪刚. FDI 技术外溢效应与模仿创新[J]. 现代管理科学,2006(12):32—34.

刘正良,刘厚俊. 东道国对 FDI 技术外溢效应吸收能力的研究综述[J]. 南京社会科学,2006(7):16—20.

韩玉雄,李怀祖.知识产权保护对社会福利水平的影响[J].世界经济,2003(9):69—77.

张亚斌,易先忠,刘智勇.后发国家知识产权保护与技术赶超[J].中国软科学,2006(7):60—67.

易先忠,张亚斌.技术差距、知识产权保护与后发国技术进步[J].数量经济与技术经济研究,2006(10):111—121.

蔡昉,王德文,王美艳.工业竞争力与比较优势——WTO框架下提高我国工业竞争力的方向[J].管理世界,2003(2):58—63.

林毅夫.自生能力、经济转型与新古典经济学的反思[R].北京大学中国经济研究中心讨论稿,No.C2002012,2002b.

王永贵.产业政策中的中长期主题:发展中技术产业[J].管理世界,2002(4):72—77.

亨廷顿,等.现代化理论与历史经验的再探讨[M].上海译文出版社,1993:223—225.

列维.现代化的后来者与幸存者[M].北京:北京知识出版社,1988:828—848.

侯高岚.资本积累与经济赶超[J].当代经济研究,2005(11):43—47.

李贺军.中国经济增长方式选择[M].北京:社会科学文献出版社,1999:10—16.

邵云飞,谭劲松.区域技术创新能力形成机理探析[J].管理科学学报,2006(4):8—12.

许垚.论社会资本对构建和谐社会的重要性[J].经济学动态,2005(10):53—55.

李新功.社会资本理论与区域技术创新[M].中国经济出版社,2007:76—77.

施培公.后发优势——模仿创新的理论与实证研究[M].北京:清华大学出版社,1999:22—24.

李纪珍.研究开发合作的原因与组织[J].科研管理,2000,20(1):106—112.

裴学敏,陈金贵.知识资产对合作创新过程的影响分析[J].科研管理,1999(1):25—29.

安同良.中国企业的技术选择[J].经济研究,2003(7):76—92.

王子君. 外商直接投资、技术许可与技术创新[J]. 经济研究, 2002(3):69—75.

王子君. 市场结构与技术创新[J]. 经济研究, 2002(12):70—78.

林毅夫, 蔡昉, 李周. 中国的奇迹:发展战略与经济改革[M]. 上海:上海三联新华书店 & 上海人民出版社, 2006:18—19.

赖明勇, 张新, 彭水军, 包群. 经济增长的源泉:人力资本、研究开发与技术外溢[J]. 中国社会科学, 2005(2):32—46.

姚志坚. 能力空间与技术跨越能力的积累[J]. 科学学研究, 2003(6):263—268.

姚志坚. 技术跨越能力的实证研究[J]. 科研管理, 2003(6):125—132.

安同良. 企业技术能力发展论[M]. 北京:人民出版社, 2004:38—40.

邵云飞, 唐小我, 陈光. 中国区域技术创新能力的线性实证分析[J]. 管理评论, 2006(4):14—24.

唐春晖, 唐要家. 企业技术能力与技术创新模式分析[J]. 辽宁大学学报(社科版), 2006(1):121—126.

罗炜. 企业合作创新理论研究[D]. 上海交通大学博士学位论文, 2001:67—79.

赵江林. 外资与人力资源开发:对中国经验的总结[J]. 经济研究, 2004(2):23—36.

赖明勇, 张新, 彭水军, 包群. 经济增长的源泉:人力资本、研究开发与技术外溢[J]. 中国社会科学, 2005(2):32—48.

彭水军, 包群, 赖明勇. 技术外溢与吸收能力:基于开放经济下的内生增长模型分析[J]. 数量经济技术经济研究, 2005(8):35—46.

鲁志国. 广义资本理论与技术创新能力的相关关系研究[M]. 上海三联书店, 2006:66—80.

斋藤优. 从加工贸易立国到技术立国[J]. 世界经济评论, 1975(6):1—12.

斋藤优, 王月辉. 技术开发论[M]. 北京:科学技术文献出版社, 1996:16—17.

安同良. 企业技术能力发展论[M]. 北京:人民出版社, 2004:209—210.

欧阳峣. 基于"大国综合优势"的中国对外直接投资战略[J]. 财贸经济, 2006(5):6—11.

后　记

　　经过将近三年的辛勤劳动,我承担的国家社科基金项目《要素禀赋、技术能力与后发技术赶超的理论与实证研究》(批准号:09CJL032)顺利地通过验收,并被评为优秀,本书是该课题的最终研究成果。在项目的研究过程中,我有幸得到众多前辈的关心和支持,在专著出版之际,要感谢的人太多。首先,感谢我的博士生导师李松龄教授。本书所涉课题是在我博士论文的基础上不断充实、修订和完善的,在课题研究过程中,我得到了李老师始终如一的精心指导和关怀。李老师指导我走上了科研的道路,他以严谨的学风、敏捷的思维、对新事物独特的领悟力和判断力影响了我,教育着我;师泽绵绵,恩深情长,远非只言片语所能表达,在此只能略表心意。

　　感谢湖南商学院大国经济研究中心主任欧阳峣教授,他以独有的眼光带领"大国经济"研究团队,关注着经济发展现实和经济研究热点,督促着我们以严谨、严肃的态度投入学术研究中。欧阳教授以自身的行动为我们树立了学术研究榜样。感谢湖南商学院旅游管理学院院长钟志平教授,他以宽容的胸怀包容着我,给予我们年轻人极大的关照,鼓励着我们前行。还要感谢大国经济研究中心的易先忠博士、刘智勇博士、汤长安博士……是你们给予我前行的动力,感谢你们!

　　最后,感谢我的妻子贺文女士,她与我相濡以沫,协调家务,让我安心进行学术研究,并包容我的"大男子主义";在此也表达一下我对心爱的女儿的歉疚,每次的"承诺"都让她失望,让我觉得作为父亲的不称职。好在书的出版,总算对师长和亲人有了一个交代。

　　路漫漫其修远兮,我将努力求索!

生延超

图书在版编目(CIP)数据

要素禀赋、技术能力与后发大国技术赶超/生延超
著. —上海:格致出版社:上海人民出版社,2013
(大国经济丛书/欧阳峣主编)
ISBN 978 - 7 - 5432 - 2295 - 3

Ⅰ. ①要… Ⅱ. ①生… Ⅲ. ①技术革新-研究-中国
Ⅳ. ①F124.3

中国版本图书馆 CIP 数据核字(2013)第 210442 号

责任编辑　　彭　琳
美术编辑　　路　静

大国经济丛书
要素禀赋、技术能力与后发大国技术赶超
生延超　著

出　　版　世纪出版集团　　格 致 出 版 社
　　　　　www. ewen. cc　www. hibooks. cn
　　　　　　　　　　　　上海人 & 出 版 社

(200001　上海福建中路193号23层)

编辑部热线 021-63914988
市场部热线 021-63914081

发　　行　世纪出版集团发行中心
印　　刷　苏州望电印刷有限公司
开　　本　720×1000 毫米　1/16
印　　张　17.5
插　　页　2
字　　数　198,000
版　　次　2013 年 10 月第 1 版
印　　次　2013 年 10 月第 1 次印刷
ISBN 978 - 7 - 5432 - 2295 - 3/F • 672
定　　价　46.00 元